수시채용이 두렵지 않은

READY
TO 취업

SD에듀
(주)시대고시기획

코로나19 팬데믹 이후
변화하는 채용시장

지난 3년간의 코로나19 팬데믹(전염병 대유행)이 기업 채용 문화를 바꿔버렸다. 신입사원 공채를 기반으로 한 인재 채용에서 벗어나 상시 채용이라는 새로운 형태가 대두되고 있기 때문이다. 대표적으로 삼성그룹을 제외하고는 신입사원 공채를 모두 폐지하였으며, 신입사원 채용 시즌을 맞이해 대학교마다 진행되던 캠퍼스 리쿠르팅은 온라인 가상공간인 메타버스 공간에서 채용 관련 서비스를 제공하고 있다. 이는 비대면 채용시장의 변화에 맞춰서 MZ세대 취준비생들에게 새로운 소통 창구가 될 뿐 아니라, 기업들 또한 청년 구직자들에게 유연하고, 젊은 기업의 이미지를 구축한다는 점에서 양측 모두에 높은 만족도로 이어졌다.

그러다 보니 최근 코로나19 엔데믹(풍토화)을 앞두고 기업 인사담당자들이 꼽은 가장 큰 채용 변화는 '비대면 채용문화'였다. 비대면 채용은 더 확대되고 있다. 삼성은 "온라인 GSAT을 코로나가 끝나도 지속할 것"이라고 밝혔고, 다른 기업들도 인적성 검사 자체를 제외하거나 온라인 면접 전형에 포함하고 있다. 이외에도 화상 면접, 인공지능(AI) 채용, 챗봇 등 다양한 형태로 기존과 다른 채용 프로세스 개선으로 이어지고 있다. 이제는 코로나라는 전대미문의 위기 상황이 끝나고 엔데믹이 오더라도 채용 프로세스는 코로나 이전으로 완전하게 회귀하는 것은 불가능하다고 볼 수 있다.

그렇다면 기업은?
팬데믹 이후에도 비대면 채용 문화를 이어갈까?

이는 MZ세대 지원자들의 변화를 고려해 채용 과정을 새롭게 설계했기 때문이다. 특히 서류 인적성, 면접이라는 회사의 관점이 아니라 지원자의 관점에서 채용 프로세스가 변화하고 있다고 볼 수 있다. 현재 기업은 지원자를 고르는 주체이고, 지원자는 선택의 대상이라는 과거의 '채용(採用)' 방식을 과감하게 버리고, 지원자들과의 양방향 소통으로 더 나은 인재를 찾는 데 집중하고 있다. 대학교 리쿠르팅은 온라인으로 변경되었고, 인사담당자가 채용 절차 안내, 부서별 직무소개, 질의응답 순으로 이어졌던 진부한 채용설명회를 벗어나 입사한 1~4년 차 사원들이 직접 발표자로 나서 직무소개와 함께 솔직담백한 회사 이야기를 전하고 있다. 그러다 보니 지원자들은 본인이 지원한 부문의 선배 사원들에게 업무와 부서 분위기 등에 대해 자유롭게 물으며 회사에 대한 이해도가 높아지고, 기업은 자신들이 요구하는 적합한 인재를 채용할 수 있다는 점에서 서로가 WIN-WIN 하고 있다고 볼 수 있다.

지원자만을 배려했던 '다대일(多:1)' 비대면 면접

일반적으로 기업체에서 진행하는 면접은 그룹 면접으로, '다대다(多:多)' 면접을 진행하는 경우가 많다. 그룹 면접에서 지원자 한 사람에게 주어지는 평균 시간은 길어야 10분 남짓. 혹여 다른 지원자가 면접관과 조금 길게 이야기를 나눌 경우, 면접 시간은 상대적으로 더 줄어들 수밖에 없다. 질의응답에서 소외된 지원자는 불공평하다고 느낄 수 있는 대목이다.

하지만, 현재 면접 전형은 공정하게 모든 지원자가 면접관들에게 최대한 자신의 역량을 보여줄 수 있도록 지원자 한 명당 40분씩, '다대일(多:1)' 화상 면접을 선택하고 있다. 그러다 보니 지원자들은 면접 시간 동안 자신에 대해 충분히 설명하고 보여줄 수 있으며, 기업은 우리에게 적합한 지원자인지를 정확하게 파악할 수 있게 됐다. 현재는 LG, 현대, 삼성전자, 롯데 등 모든 대기업에서 비대면 면접을 진행하고 있으며, 이러한 변화는 엔데믹 이후에도 계속될 것이다.

객관성이 높아진 'AI 딥러닝을 활용한' 채용 방식

빅데이터 정보를 활용하여 신뢰도 있는 지원자 분석이 가능하고, 주관적 판단을 최소화함으로써 공정성을 확보하며, 짧은 시간에 수많은 지원자 정보를 처리하므로 비용을 감소시킨다는 장점 때문에 많은 기업에서 AI 채용을 도입했다. 그중 우리에게 가장 잘 알려진 것은 AI(인공지능) 면접으로 수백 곳에 달하는 기업들이 이를 도입했었다. 하지만 현재는 자기소개서 분석에 적극적으로 활용되고 있다.

현재 기업은 필요 인재의 부합도, 직무적합도, 자기소개서 표절 여부, 기업의 인재상과의 비교 분석 등에 AI를 활용한다. 구체적으로는 첫째, 기본적 문서의 결함을 파악하는 데 활용한다. 지정 글자 수 위반 여부, 맞춤법, 비속어, 기업명 오기재, 반복 어휘, 반복 문항 등 감점 요인을 파악한다. 둘째, 베껴 쓴 표절 문서를 확인한다. 인터넷에서의 표절 여부, 온라인 공개 콘텐츠 및 다른 자기소개서들과의 비교를 통한 표절 여부를 판단한다. 셋째, 채용직무와의 매칭비율을 분석한다. 채용 공고 직무소개 또는 필요역량 등과 비교하며 연관성을 분석한다. 넷째, 적합 인재의 합격 여부를 예측한다. 딥러닝 기술(Deep Learning : 사물이나 데이터를 분류하거나 군집하는 데 사용하는 기술)을 기반으로 합격자의 자기소개서를 학습함으로써 AI가 주목한 단어를 검토할 수 있다.

그러다 보니 대기업을 중심으로 점차 확대되는 분위기다. 현재 롯데그룹, 현대자동차, 기아자동차, CJ그룹, SK그룹 등도 AI를 활용한 자기소개서 분석 지원 시스템을 도입했으며, 금년도 삼성그룹 또한 하반기 대졸 신입사원 공채 프로세스 중 서류전형에 해당하는 직무 적합성평가에서 AI 평가시스템을 도입하면서 신기술을 접목한 채용 방식이 업계 전반에 확산될 것이라 예상해 본다.

이러한 급변하는 상황에서 경쟁력 있는 취업 준비가 필요하다. 지원자가 가지고 있는 경험, 강점, 전공 등을 어떻게 보여줘야 할지 몰랐다면 필자의 책을 통해서 해결할 수 있다. 여기서 분명히 알아야 하는 것은 기술이 발전해도 본질은 언제나 변하지 않는다는 것이다. 기존에 평가하던 주체가 인공지능으로 바뀐 것뿐이지 취업을 위해서는 나라는 사람을 객관적으로 이해하고, 기업에 보여줘야 하기 때문이다.

수시채용 확대의
숨겨진 의미

지금까지 대부분의 대기업은 상·하반기로 나눠 연 2회에 걸쳐 수백 명을 채용해 왔지만, 사실 공채의 실효성에 대한 의문이 꾸준하게 제기되어 왔다. 많은 시간과 물적 자원을 들여서 수백 명을 채용하는 정기 공개채용은 한국과 일본 등에서만 시행되는 제도로, 구직자의 '일자리의 미스매치' 문제가 지속적으로 제기되어 왔다. 그리고 공채 N기라는 인식은 입사자 사이에서는 또 다른 차별을 만들었으며, 향후 진급과 직무 배치 등 여러 측면에서 갈등이 발생했다. 특히, 지금처럼 국내외 산업환경 변화에 발맞춰 나아가야 하는 글로벌 시대에서 빠르게 변화하는 산업과 기술을 선도할 수 있는 인재를 뽑기 힘들다는 지적이 끊임없이 제기되어 왔다.

〈채용별 특징 비교〉

구분	정기채용	수시채용
시기	대기업의 경우 상·하반기로 연 2회에 걸쳐 채용	불특정한 시기에 필요 시 모집
대상	신규 대학 졸업자 위주	신규/경력
특징	• 인력에 대한 수요가 공급대비 많을 때 사용 • 기업문화에 적합한 사람 채용	• 직무 및 업종에 적합한 인재를 찾을 때 사용 • 직무 전문성을 갖추고 있는 사람을 채용
장점	조직적합성 및 다수인재 확보 가능	전문성 및 유연성 확보
단점	직종에 관계없이 배치함으로 근로자의 적성이나 개인의 만족도를 고려하지 못함	• 교육연수 없음 • 동료의식, 조직가치 등 조직적합성 확보가 어려움

이에 따라 현대차그룹이 2019년에, LG그룹이 2020년에 각각 공채를 폐지했다. 이후 롯데, SK, KT 등은 정기공채 방식에서 벗어나 단계적으로 수시채용을 도입했으며 현재는 대졸 신입사원 공채를 전면 폐지하기로 확정했다. 현재 삼성을 제외한 대다수의 기업들이 수년 전부터 언급되던 수시채용을 실제로 반영하였다.

현대자동차	수시채용 도입(직무 중심)
LG	수시채용 도입(4주 간 채용 연계형 인턴십)
SK	수시채용 도입(22년 첫 도입)
롯데	수시채용 도입(계열사, 부문별 진행)
KT	수시채용 도입(6주 간 수시 인턴 채용제 도입)
신한, 우리은행	수시채용(디지털, ICT, 기업금융 등)

기업의 수시채용 확대, 그 이유는?

구직자 입장에서는 갑작스러운 수시채용의 확대가 부담스럽게 느껴질 것이다. 하지만, 기업의 입장에서 수시채용의 효과는 의심할 여지가 없다. 그룹으로 운영되는 기업의 경우 계열사, 사업부, 직무 등에 따라서 인력이 필요한 시기가 다르다. 그런데 지금까지는 내부 사정을 제대로 고려하지 않고, 대규모로 신입사원을 선발하는 방식을 선택했다. 그러다 보니 다음 신입사원이 입사하기 전까지 내부적으로 인력 운영 및 관리적인 측면에서 비효율성이 발생했다. 이는 세계를 무대로 활동을 진행하는 그룹사의 입장에서 제약으로 다가왔고, 이번 기회를 통해 고질적인 고용 경직성을 개선하고자 하는 의지로 볼 수 있다.

그렇다면 이제 갓 대학교를 졸업한 구직자에게 '직무'를 강조하는 이유는 무엇일까? 정기공채를 통해서 입사한 신입사원 중 평균 37%가 입사 1년 이내에 퇴사한다는 점을 들 수 있다. 퇴사 이유는 직무 불일치, 조직 부적응, 조직문화 불만족 등 다양하다. 이처럼 매년 똑같은 문제가 발생하는 이유는 '정기공채의 한계성' 때문이다. 대기업은 한 번에 수백 명의 인력을 채용하는 만큼 지원자들의 직무역량을 집중적으로 파악하기보다는 인재상, 핵심가치, 비전 등을 기준으로 채용을 진행해 왔다. 신입사원의 빠른 적응을 위해 1년간 인사평가에서 제외하거나 다양한 멘토링 제도 등을 통하여 직무 적응에 필요한 다양한 교육훈련 프로그램을 제공했지만, 퇴사율을 낮추지는 못했다.

수시채용을 통해 필요한 인원을 채용하면 서류 및 면접 과정에서 좀 더 많은 시간을 할애하여 구직자의 역량을 파악할 수 있다. 그러나 공개채용을 준비하던 구직자의 입장을 고려하면 통상적인 기준에 맞춰서 준비하던 가이드(스펙 쌓기, 기업별 필기시험 준비 등)가 사라졌다. 수시채용의 강화된 정성 평가와 여러 차례의 심층 면접을 겪어야 하는 만큼 직무 경력이 없는 지원자라면 준비과정에서 어려움에 부딪힐 수 있다. 그 중 가장 큰 문제는 1~3년 미만의 경력을 가진 중고신입들과의 경쟁이다.

연중 상시채용으로 진행될 수 있는 만큼 구직자는 불시에 나오는 채용 공고에 대응할 수 있도록, 필기, 면접 준비 등을 진행해야 한다. 때문에 좀 더 직무에 대한 만족도, 적응력, 관심 등을 갖지 않으면 기회를 얻을 수 없다. 예상컨대 구직자들에게 '맞춤형 스펙'을 강조하게 되는 만큼 기존의 과도한 스펙 쌓기 같은 사회적 낭비 요인은 줄어들 것이라 예상된다.

물론 수시채용에도 부작용은 존재한다. 가장 큰 문제는 평균 4주 정도의 인턴십 전형을 진행했지만, 정규직으로 전환되지 못한 경우이다. 이러한 불확실성은 결국 구직자가 떠안아야 하며, 기존보다 취업 준비 기간이 늘어날 수밖에 없다. 지푸라기라도 잡는 심정으로 하루하루 열심히 근무하면서 긴 시간 동안 공들여 임한 만큼 입사로 연결되지 않았을 때 그 실망감과 허탈감은 정신적인 후유증으로 이어질 수 있다. 사실 이러한 문제는 최근까지 비일비재했다. 일례로 기업은 채용을 전제로 인턴사원을 선발했다. 이렇게 뽑힌 인턴은 1년 동안 현장 교육과 실무 연수를 거쳐 근무성적에 따라 정규직으로 전환되는데, 기업 측은 80% 정도를 정규직으로 채용하겠다고 안내했다. 확실하게 검증된 인력만 남기겠다는 의도로 해석할 수 있지만, 구직자 입장에서는 1년의 시간을 투자한 뒤 취업에 실패할 수도 있어서 결코 좋다고 보기는 어렵다.

특히, 기업의 매출 감소 및 사업부 축소로 채용 비율이 기존의 55%까지 감소하면서 그 피해는 고스란히 구직자가 떠안아야 했다. 수시채용이 더욱 확대됨에 따라 새롭게 예상되는 피해를 겪지 않기 위해서 가장 중요한 것은 현재의 변화를 받아들이는 일이다.

특별함이 아니라
다름의 중요성

취업을 준비하면서 구직자들이 가장 처음 겪게 되는 고민은 바로 직무에 대한 선택이다. 이는 수시채용이 활성화되면 더 큰 고민으로 자리잡게 될 것이다. 앞으로는 자신이 선정한 직무에 맞춰서 관련 경험을 쌓아야 하고, 준비정도에 따라서 합격과 불합격이 결정되기 때문이다. 그렇다면 구직자들은 왜 직무 선택을 어려워하는 것일까? 이는 대부분의 구직자들이 자신과 찰떡궁합인 직무를 선택하고자 하는 마음에서 비롯된다.

"제가 이 직업을 선택하는 것이 옳을까요?"
"이 직무는 괜찮을까요?"

구직자들은 자신의 선택을 다른 누군가에게 확인받고 싶어 한다. 마음 한편으로는 누군가 나타나 "네 길은 바로 여기야!", "이 길로 가면 창창한 앞날이 널 기다리고 있어!"라며 방향을 결정해 주길 바란다. 때문에 취업 상담을 하면 "저는 어떤 직무가 잘 맞는지 모르겠어요.", "제가 가진 경험에 차별성이 없어요." "특별한 역량을 갖추고 싶은데 아쉽게도 그렇지 못한 것 같아요."라는 이야기를 많이 듣게 된다.

수시채용이 활발해지면, "저는 특별한 능력이 없는 것 같아요."라는 고민을 하는 지원자들은 더욱 늘어날 것이다. 이때 지원자들이 가져야 할 마음가짐은 '몰입'을 할 수 있는 직무를 찾고, 목표를 정한 다음에 계속해서 발전해 나가는 것이다. 어떤 선택을 해도 후회는 남기 마련이다. 우린 늘 의심하고 고민하며, 이게 최선인지, 내가 잘할 수 있을지 의심할 수밖에 없다.

수많은 명작을 남긴 화가 빈센트 반 고흐는 붓만 잡으면 정신없이 몰입하는 것으로 유명했다. 하지만 그조차도 늘 스스로를 의심했다. 이처럼 불안감 속에서 남과 다르게 나를 차별화시키는 것은 '진정한 몰입'이다. 필자는 주체적으로 인생의 방향을 정하고 그 방향을 따라가다 보면 결국 자신만의 길을 찾을 수 있다고 믿는다. 따라서 작은 변화부터 시작해야 한다. 지금 당장 실천할 수 있는 최소 단위의 활동을 찾아내는 것이 필요하다.

"왜 우린 처음을 두려워할까요?
인생에 있어서 하루하루가 모두 처음인걸요."
- 취업지킴이 -

'내가 할 수 있을까?'라는 의문 때문에 시작하지 못하는 게 아니라, 시작하지 않기 때문에 계속해서 의문이 생기는 것이다. 입맛이 없었는데 한 술 뜨다 보면 입맛이 돌고, 산을 타기 싫다가도 일단 정상에 올라가면 잘했다는 생각이 드는 법이다. 이런 일이 가능한 것은 '몰입'을 해서 어떤 일을 시작하면 우리 뇌의 측좌핵 부위가 반응하며, 점점 그 일에 흥미를 갖게 하며 몰두할 수 있게 돕기 때문이다. 우리의 몸과 마음은 일단 발동이 걸리면, 더 나은 목표를 찾아서 발전하며 그 상황에 맞춰서 적절하게 적응한다.

이러한 정신 현상을 정신의학자 에밀 크레펄린은 '작동흥분이론(Work Excitement Theory)'이라고 명명했다. 우리가 잘 알고 있는 '시작이 반이다.'라는 말의 뇌과학적 근거가 되는 이론이다. 남들보다 특별해지고 싶다면, 당장 생각을 멈추고 실행부터 하는 게 가장 중요하다.

PART 3

남들보다 눈에 띄는 서류와 면접 준비하기(실전)

PART

1

수시채용 들여다보기

2002년생부터 '정기공채'는 없다

때가 되면 원하든, 원치 않든 나의 의사와는 상관없이 여러 기업에서 공개 채용 공고를 내고 채용을 시작했다. 하지만 이제는 '적기'가 가장 중요하다. 수시채용의 비중은 더욱 높아질 것이고, 공채의 비중은 점점 더 줄어들 것이다. 지금 막 대학에 입학한 신입생들에게 공채는 아무런 의미가 없다고 생각하는 편이 현명할지도 모른다. 현재 대학교의 학사일정은 정기공채에 최적화되어 있어 1~2학년에는 진로, 인성 등에 초점이 맞춰진 학사일정이 진행되고 있다. 하지만 이제는 1학년도 산업, 직무, 기업을 분석하며 자신이 지원하고자 하는 직무에 관한 다양한 경험을 갖춰야 한다. 당장 자신이 원하는 직무를 찾지 못했더라도, 수시채용을 염두에 두고 자신의 진로를 찾기 위해 노력해야 한다.

> **"**
> *상황은 비관적으로 생각할 때에만 비관적으로 된다.*
> – 빌리 브란트 –
> **"**

여기서 많은 취업준비생은 직무적합성을 갖추는 것이 전문자격증을 취득하는 일이나 경력을 쌓는 것이라고 오해한다. 예를 들어 무역 직무를 원하는 구직자들이 가장 많이 취득하는 자격증은 무역관리사, 무역영어 등이다. 하지만 기업이 해당 직무에서 원하는 것은 기본적인 영어 능력을 활용하여 필요한 물품을 해외에서 직접 구매해봤던 경험이다. 만약 유통직무에 지원한다고 하면 유통관리사 자격증을 가진 지원자보다 자신이 팔고 싶은 상품을 구매하여 이를 판매해 본 경험을 가진 지원자를 기업은 환영할 것이다. 자신이 아직 대학교 1~2학년이라면 지금부터 다양한 경험을 쌓아야 한다. 지금까지는 부모님과 학교라는 그늘에서 화초처럼 성장했다면, 이제는 과감하게 그늘에서 벗어나야 한다.

반대로 3~4학년은 관심 있는 산업과 회사를 찾고, 배우고 싶은 직무를 구체적으로 고민하는 시간을 갖기 바란다. 수시채용이 활성화되는 과정에 있지만, 바로 모든 채용제도에 적용되는 것은 아니다. 그렇다고 비정기적으로 나는 공고를 무시할 수 있는 것도 아니다. 정기공채와 수시채용을 동시에 준비해야 하는 만큼 사전준비를 철저하게 해둬야 하며, 지금까지 마구잡이로 해왔던 묻지마 지원에서 벗어나 전략적이고 소신 있는 지원이 필요하다. 이미 많은 구직자들은 경험을 통해 묻지마 지원이 성공률보다 실패율이 높다는 것을 잘 알고 있다. 취업 공백기가 짧게는 6개월에서 길게는 3년까지 있는 취업 장수생들과 경쟁하기 위해서는 한 가지 직무를 집요하게 파고드는 것이 중요하다.

많은 구직자들이 아직은 낯선 수시채용에 지레 겁을 먹고 있다. 직무적합성이라는 말에 "경력자들만 채용한다는 뜻인가? 경력이 없는 나는 어떻게 하지?"라고 생각하며 시작도 전에 자신감을 잃어 버린다. 그러나 수시채용은 직무에 대한 이해도를 집중적으로 보기 위함이고, 현재 환경의 변화에 맞춰서 시작된 제도일 뿐이다. 오히려 구직자들이 많이 몰리지 않으면서 공채보다 경쟁률은 훨씬 낮고, 불필요한 인적성 준비나 다수의 면접을 준비하지 않아도 되어 훨씬 유리할 수도 있다.

이제 불안해하지 말자. 모든 구직자가 똑같은 입장이기에 기선제압이 중요하다. 벌써 겁먹고 부정적으로 생각하면 될 것도 안 된다. 수시채용은 완전히 새로운 시스템이 아니다. 기존에도 수시채용은 진행되어 왔고, 다만 준비 방법이 다름에서 낯설게 느껴질 뿐이다.

기업 인재상의 변화,
앞으로는 무엇을?

수시채용이 활성화되면 기업의 인재상에도 변화가 시작된다. 인재상은 '인재를 영업하려는 주체가 설정한 하나의 추상적인 이미지'로 기업은 이를 실현할 수 있는 조직원을 찾는다. 따라서 구직자들은 앞으로 변화할 인재상이 무엇인지를 확인해야 한다.

〈100대 기업 인재상 변화〉

순위	2008년	2013년	2018년
1	창의성	도전정신	소통, 협력
2	전문성	주인의식	전문성
3	도전정신	전문성	원칙, 신뢰
4	원칙, 신뢰	창의성	도전정신
5	소통, 협력	원칙, 신뢰	주인의식
6	글로벌역량	열정	창의성
7	열정	소통, 협력	열정

© 상공회의소

대한상공회의소에서 발표한 100대 기업의 인재상 변화를 살펴보면, 시기마다 인재가 갖춰야 할 덕목이 변화한 것을 볼 수 있다. 2008년에 창의성이 강조된 배경에는 페이스북, 알리바바 등 새로운 산업의 IT기업들이 대거 등장했기 때문이었고, 2013년에 도전정신이 강조된 이유는 기업들이 국내시장을 벗어나 세계로 눈을 넓히면서 다양한 도전이 필요했기 때문이었다. 이후 2018년에 소통과 협력이 강조된 이유는 밀레니엄 세대와 기존 세대 간의 갈등이 커져서 기업 내 소통 과정에 심각한 문제가 나타났기 때문이다.

이러한 배경에는 구직자들의 능력이 상향평준화된 점을 들 수 있다. 치열한 경쟁에서 살아남고자 현직자의 인터뷰 등 많은 자료를 찾아보고, 이에 맞는 직무교육을 받거나 자격증을 취득한다. 그리고 이러한 역량을 가진 구직자가 취업에 성공하면 기존의 직원과 갈등이 발생한다. 입사하고 나서 만나는 상사들이 신입사원의 눈에 어수룩하게 보이기 때문이다. 특히, 함께 근무하는 40~50대의 직원이 특정 용어를 모른다거나, 능숙하지 못한 컴퓨터 실력을 보고 있으면 답답함이 몰려온다. 직급을 실력으로 얻은 것이 아니라, 소위 '짬' 하나로 얻은 것이라는 생각에 상사와 갈등은 더욱 심화되고, 결국 실력 있는 신입사원의 퇴사로 이어졌다. 이를 방지하고자 인재상이 변화하게 된 것이다.

그렇다면 수시채용이 활성화되었을 때의 인재상은 어떻게 변화할까? 이는 최근 수시채용을 도입한 회사들의 행보를 보면 어느 정도 예상 가능하다. 2020년 상반기에 수시채용을 진행한 기업의 채용과정을 살펴보면 크게 '비판적 사고 능력', '협업 능력', '디지털 능력'을 핵심역량으로 꼽았다. 앞으로의 인재상은 다양한 사람들과 끊임없이 '협업'하고, 자신이 맡은 업무에서 '비판적 사고'를 통해 변화를 만들고, 4차 산업혁명에 발맞춰서 '디지털 역량'을 학습하는 인재가 될 것이다.

협업능력

지금까지는 경쟁적인 업무 방법이 중시되어 왔다면, 앞으로는 인성, 협업, 공감 능력이 필요하다. 반복적인 노동이 로봇과 AI로 대체되는 만큼 인간만이 가지고 있는 고유한 감성, 진실한 소통능력과 공감력이 주목받게 될 것이다. 즉, 인지능력과 지식을 소유한 사람보다는 동료들과의 협업을 통해서 융합적 사고를 할 수 있는 구직자가 필요하다.

앞으로의 업무는 회사 내 동료를 넘어서 회사 밖 이해 관계자들과 만남이 확대될 것이다. 이때 얼마나 협업을 잘하느냐에 따라 개인의 역량은 몇 배로 올라가며, 더 나은 결과를 만들 수 있다. 따라서 구직자들은 1차원적인 조직 내에서의 협업능력을 넘어 다양한 구성원과의 관계에서 자신의 지식과 기술을 활용하여 최상의 결과를 만드는 것을 보여주어야 한다.

비판적 사고능력

과정을 의심하고, 당연함에 문제를 제기하는 능력이다. 미래의 산업은 정답이 없는 문제를 다양한 생각과 방법으로 해결해야 한다. 마찬가지로 앞으로의 업무 또한 정답이 없는 문제를 해결하는 과정의 연속일 것이다. 이는 단순하게 지식이 많다고 해결되는 문제가 아니다. 내가 갖추고 있는 지식 및 스킬을 그 상황에 맞춰서 효과적으로 활용하는 능력이 필요한데, 이를 인지심리학에서 '메타인지적 기술(Meta Cognitive Skill)'이라고 한다. 뇌가 스스로 분석하는 능력인 '메타인지'는 사람이 동물보다 똑똑할 수 있는 요소이며, 논리적 판단, 추리력, 문제해결 능력 등 고차원적 인지와 계획 능력을 담당한다.

인지(Cognition)의 사전적 의미는 어떠한 사실을 분명하게 인식하여 안다는 뜻인데, 메타인지(Meta Cognition)는 한 걸음 더 나아가 자신의 인지 과정에 대해 한 차원 높은 시각에서 관찰하고 발견하고 통제하는 정신작용이다. 즉, 인지가 지식을 단순하게 이해하는 것이지만, 메타인지는 자신의 지식을 바탕으로 여러 사고작용을 통해서 활용하는 것을 말한다. 이러한 메타인지는 수많은 시행착오를 바탕으로 오랜 시간 노력해야 발달한다. 따라서 구직자들은 실패를 두려워하지 말고, 호기심과 자신감을 바탕으로 노력하는 자세를 가져가야 한다.

디지털 능력

4차 산업혁명의 가장 큰 변화 중 하나는 직업의 변화이다. 기존에는 전통적인 직무체계에 기반한 역량을 요구했다면, 현재는 다양한 데이터를 해석하고 활용하는 능력을 중요하게 여긴다. 현재 많은 기업이 디지털 트랜스포메이션[1]의 과정에 있고, 클라우드나 블록체인 등과 같은 다양한 기술이 등장했을 때 빠르게 적용하려고 노력한다. 이처럼 기술의 발전과 함께 오히려 세상은 좁아졌고, 초경쟁 시대를 맞이하게 되었다. 이에 대한 핵심역량은 얼마나 '세밀하게 대응할 수 있느냐?'인데, 디지털은 이를 가능하게 한다.

전통적 제조업의 강자인 GE그룹은 2015년 9월에 소프트웨어 기업으로 변신을 선언했다. 디지털사업부를 만들고 2016년 말까지 약 6,000명의 디지털 전문 인력을 뽑았다. 이러한 행보는 우리나라에서도 찾아볼 수 있다. 많은 금융 회사들은 디지털 직무를 본격적으로 채용하기 시작했으며, 주요 대기업들은 경력직 채용을 통해서 IT 엔지니어를 최대한 많이 확보하려고 노력 중이다. 하지만 이러한 전문 인력의 충원뿐만 아니라 조직 전반의 디지털 리터러시(Literacy, 문해력)를 높이는 것도 필요하다. 내부 직원들의 디지털 문맹은 조직 전체의 디지털 역량 강화에 장애 요인이 되기 때문에, 구직자의 디지털 역량은 필수적이게 될 것이다.

---

1 디지털 트랜스포메이션(Digital Transformation) : 디지털 기술을 사회에 적용하여 아날로그적인 기업 시스템을 혁신하는 것을 말한다.

> **66**
>
> *어제와 똑같이 살면서,*
>
> *다른 내일을 기대하는 것은 정신병 초기 증세다.*
>
> **– 앨버트 아인슈타인 –**
>
> **99**

　구직자들은 기업의 인재상 변화에 민감해야 하고 이에 맞춰서 직무역량을 준비해야 한다. 그동안 쌓아왔던 여러 경험을 자신만의 스토리로 만들어 기업의 관심을 유도하지 않으면, 노력에 비하여 좋은 결과를 내기 어려울 것이다. 눈앞의 스펙보다, 자신이 지원하고자 하는 직무와 앞으로의 변화에 발맞추어 자신의 브랜드 가치를 높인다면 최고의 인 재로 거듭나 경쟁에서 승리할 수 있다.

3

무작정 지원하면
돌아올 수 없는 강을 건넌다

기업의 채용방식은 크게 3가지이다. 일정한 시기에 정례적으로 모집하는 정기공채, 필요에 따라서 모집하는 수시채용, 마지막으로 연중 또는 일정 시기에 모집하는 상시채용이다. 주로 정기공채는 신입을 채용할 때 활용되었으며, 통상 대학교의 졸업시기에 맞춰서 진행되었다. 상·하반기의 정해진 시점에 공개적으로 채용하기 때문에, 취업을 처음 준비하는 이들도 쉽게 정보를 접할 수 있었다. 그러나 수시, 상시채용은 자신이 원하는 기업에 꾸준하게 관심을 가지고 있지 않으면 기회를 얻기 어렵다. 때문에 채용공고를 수시로 확인하는 노력이 필수적이다.

수시채용은 정기공채와 다르게 채용인원이 적고, 접수 기간이 5일 이내로 짧게 진행된다. 기존에는 내가 직접 찾지 않아도 메일, 문자, 단체방 등을 통해 다양한 정보를 빠르게 접할 수 있었다. 하지만 수시채용은 서류를 접수한 순서에 따라 면접을 진행하고, 적격자를 채용하면 조기 마감하는 경우가 많다. 따라서 마감일을 절대 맹신하지 말고, 최대한 빨리 지원하는 것이 유리하다.

많은 취업준비생이 수시채용에 익숙하지 않아서 시행착오를 겪는다. 부족한 정보에 거듭 실패를 하게 되고, 결국 될 대로 되라는 마음으로 무작정 여기저기 지원하는 '묻지마 지원'을 시작한다. 그러나 명확한 구직 전략이나 목표 없이 지원서를 무작정 여러 회사에 넣는다면 취업 성공률이 높아지기는커녕, 다시 취업 실패로 이어진다.

더 큰 낭패는 '묻지마 지원'으로 입사를 한 경우이다. 수시채용의 특성상 정기공채와 다르게 체계적인 신입사원의 교육이 없는 경우도 종종 있고, 입사하고 보니 생각한 업무와 다른 업무를 수행하는 경우도 있다. 그리고 이는 결국 퇴사로 이어진다.

 묻지마 지원 합격자의 고민

지킴이님 안녕하세요. 오랜만에 연락드립니다.
기억하실는지는 모르겠지만, 많은 도움을 받고서 대기업 K사 본사에서 일하게 되었습니다.
이제 거의 버티고 버텨서 곧 1년이 되는데요. 코로나도 터지고 퇴사해도 갈 곳이 없어서 연락드립니다.
짧게 상황정리를 하자면 신입사원인 제가 인수인계 없이 과장이 했던 중책을 맡고 있습니다. 또한, 다른 사람 업무를 대신하고 있습니다.
신문을 가지러 가는 일, 다과 구매, A4용지 구매(=낙하산일), 구매/계약, 예산 집행, 예산 계획, 전산비 비용 배분 등(원래 팀의 업무가 아닌 전산 관련 일, IT 비용에 관련된 모든 일)....
이 일을 아는 사람은 퇴사한 전임자뿐이고 제대로 아는 사람도 없습니다. 팀장님도 저의 일을 모릅니다. 즉, 아무도 모르고 요청만 합니다. 팀장님과 상담도 수시로 했습니다.
수시채용으로 입사한 만큼 배치 이후에 체계 없이 업무 배정이 되었습니다. 현재 추가로 사람을 채용하기 전까지는 업무 분담이 불가능하다고 합니다.
퇴사만이 답일까요? 방법도 모르겠고 판단이 안 됩니다. 부서이동도 연봉협상도 안 되고, 사수도 없고 인수인계도 없는 상태에서 몇백억의 금액을 관리하다 보니 너무 부담됩니다.
긴 이야기 들어주셔서 감사해요. 답변 기다리겠습니다.

보통 1년 미만의 경력으로 퇴사하면, 중고신입으로 경력을 활용하지 못하는 경우가 발생한다. 이는 1년 이상의 경력으로 퇴사한 경우에도 유사하다. 무작정 입사한 경력으로 다른 직무에 지원하면 다른 지원자와의 차별점이 없어지고, 결국 기존 경력을 활용하지 못하는 문제가 생긴다.

실제 정기공채에서도 '묻지마 지원'으로 입사한 지원자는 1년 안에 퇴사할 가능성이 32%에 달한다는 결과가 있다. 수시채용에서는 이러한 비율이 더 높아질 것으로 예상된다. 기존에는 구직자들 사이에서 취업 공백기에 대한 고민이 가장 컸다면, 경력으로 인한 공백기를 의미하는 '경백기'는 또 다른 문제점으로 떠오를 것이다.

수시채용을 준비한다면 지금까지와는 다른 방법이 필요하다. 학벌, 학점, 자격증을 고고익선으로 갖추는 것에서 탈피해 목표에 맞춰서 집중해야 한다. 많은 취업준비생들에게 '묻지마 지원'을 하게 된 이유를 물어보면, 취업을 빨리 끝내야 한다는 조급함 때문이라고 답한다. 하지만 이로 인해 입사한 회사에서 퇴사를 결심했거나, 다른 직무로의 이직을 결심하는 경우를 본다면 생각은 달라질 것이다.

> 66
> *방법을 바꾸지 않으면, 얻는 것은 항상 똑같다.*
> **- 짐 론 -**
> 99

'묻지마 지원'이 오히려 시간을 낭비하게 되는 방법임을 경험해본 사람은 잘 알고 있다. 지금의 불안과 조급함에 타협하지 말고, 더 '진지한 지원'을 할수록 자신이 만족할 수 있는 직업을 구할 수 있을 것이다.

성별, 나이, 학벌 등 무엇이 중요할까?

취업을 준비하다 보면 구직자들의 대다수가 차별을 경험하거나 경험담을 접하게 된다. 나이, 학벌, 성별에 따른 차별을 당한 경험이 가장 빈번했고, 이어 전공, 외모 등에 대한 차별이 있었다. 현행 고용정책기본법 제7조는 취업 기회를 균등하게 보장하도록 규정하면서 차별금지 항목으로 성별, 신앙, 연령, 신체조건, 사회적 신분, 출신 지역, 출신 학교, 혼인·임신, 병력을 포함하고 있다. 그러나 구직자들은 여전히 알게 모르게 온갖 차별을 겪고 있다.

한국가스안전공사는 나이, 학력, 성별 3중 차별로 합리적인 기준 없이 지원자를 임의로 합격시켜 논란이 됐으며, KB국민은행은 서류전형에서 남성 지원자에게만 가산점을 주고 여성 지원자 112명의 점수등급을 하향시켜 불합격시킨 사실이 확인됐다. 그 외에도 코레일, 강원랜드, KT 등 많은 기업이 비공개 채용조건을 따로 두어 잘못된 평가 기준으로 구직자의 기회를 박탈시켰다.

하지만 수시채용이 활성화되면 기업이 성별, 나이, 학벌 등을 결격사유로 삼거나 편견을 두는 일은 줄어들 것이다. 필요한 시기에 인력을 채용하는 수시채용 특성상 필요한 인재의 기준이 보다 명확해지기 때문이다. 정기공채에서 차별이 존재할 수 있었던 이유는 필요한 인원을 한꺼번에 선발하다 보니 인재상이라는 불명확한 채용 기준이 적용되어서이다. 하지만 수시채용은 인사담당자가 채용을 대하는 관점이 달라진다. 기존에는 잠재력과 조직적응에 중점을 두었다면, 앞으로는 구직자가 가진 해당 업무의 직무역량과 즉시 업무 수행이 가능한가에 중점을 두고 채용을 진행하게 된다.

수시채용은 줄어든 채용인원만큼 서류에 적힌 내용으로 구직자의 가치를 판단하기 위한 시간을 충분히 만들 수 있다. 나이, 학벌, 성별 및 어떠한 특이사항 등에도 크게 구애받지 않고 역량 있는 지원자에게 동등한 기회를 주려고 노력한다. 그동안 많은 기업이 신입 직원 교육에 많은 비용을 지출을 해왔다. 때문에 경험을 더 선호하게 되고, 채용 실패로 인한 비용과 생산성 손실을 예방하고자, 구직자가 직무에 어느 정도 부합하는지를 면밀하게 볼 수밖에 없다.

정부에서 지속적으로 추진하고 있는 블라인드 채용도 수시채용에 많은 영향을 줄 것이다. 대기업 중에서는 롯데와 CJ그룹이 일부 계열사와 직군에서만 블라인드 채용을 진행하였으며, 중견·중소기업에는 기업 활용 컨설팅을 통하여 블라인드 채용을 확산시키고자 했다. 하지만 '블라인드 채용이 공채 시스템과 공존할 수 있느냐?'는 의문이 전문가들 사이에 꾸준히 제기되면서 사기업에 대한 지나친 간섭이라는 비판을 해왔다. 정기공채는 직무별 구분 없이 대략의 인원을 할당하여 채용을 진행한 다음, 나중에 세부 직무를 부여했기 때문에 블라인드 채용과 잘 맞지 않았고, 많은 지원자를 탈락시키기 위해 성별, 나이 학벌 등 정량적 지표에 의지할 수밖에 없는 부분이 있었다.

자신을 믿어라, 자신의 능력을 신뢰하라.
겸손하지만 합리적인 자신감 없이는
성공할 수도 행복할 수도 없다.
- 노먼 빈센트 필 -

하지만 현재는 상황이 많이 달라졌다. 고용노동부는 권고사항으로만 그쳤던 블라인드 채용이 확산될 수 있도록 구체적인 정부 방침을 발표했고, 국회에서는 현행법이 차별 방지를 위한 구체적인 조항과 벌칙 조항 미비로 선언적인 규정에 그치고 있다고 지적했다. 어떤 행위가 차별행위인지 구체적으로 제시되어 있지 않아서 실질적인 규제력을 갖지 못하고 있음을 지적하며, 블라인드 채용 의무화 위반 시 기관과 기업에 대한 제재 강화 등을 담은 법률안 발의가 시급하다는 이야기가 심심치 않게 나오고 있다.

이러한 변화는 수시채용을 눈앞에 두고 있는 구직자에게 긍정적 소식과 같다. 수시채용으로 인한 또 다른 차별에 대한 걱정은 뒤로하고, 내가 가진 능력으로 평가받을 기회를 맞이한 만큼, 자신을 믿고 노력하면 좋은 결과를 얻을 수 있을 것이다.

5

수시채용과 8대 스펙, 이제는?

고용노동부가 2002년에 취업 5대 스펙(학벌, 학점, 토익, 자격증, 어학연수)을 선정한 것에 이어, 2012년에는 3대 스펙(수상경력, 봉사경험, 인턴경력)을 추가하여, 일명 '취업 8대 스펙'을 언급해 논란이 된 적이 있다. 취업은 점점 어려워졌고, 취업이 힘들어질수록 많은 구직자는 졸업 전 스펙 쌓기에 집중했다. 그러다 보니 구직자들의 이력서는 점점 뻔한 스펙으로 도배되었고, 전문성 없는 마구잡이 스펙 쌓기가 새로운 사회문제로 등장하였다. 구직자들이 무분별한 취업 스펙 쌓기에서 벗어나야 한다고 많은 기업에서 이야기하지만, 여전히 많은 취업준비생은 개성과 직무에 맞는 역량을 갖추려고 노력하기보다는 보여지는 것에 집중하는 편이었다.

실제로 구직자들과 인터뷰를 해보면 "모두가 준비하니까 나도 해야 할 것 같아서 스펙을 준비한다."고 답했으며, 이미 충분한 스펙을 가지고 있으면서도 아직 스스로가 부족하다고 답하는 구직자들이 많았다. 하지만 채용에서 스펙은 생각보다 중요한 요인이 아니다. 그렇다면 기업에서 평가하는 '스펙'이란 무엇일까?

기업에서 보는 스펙은 누군가를 뽑기 위한 것이 아니라 탈락시키기 위한 요인에 가깝다. 실제로 채용인원보다 많은 사람들이 지원하기 때문에 누군가를 떨어뜨려야 한다. 그때 필요한 기준이 되는 것이 바로 스펙이다. 이를 거꾸로 생각해보면 스펙은 '탈락당하지 않을 만큼만 갖추면 된다.'는 뜻으로도 볼 수 있다.

> 66
>
> *방향성 없이 무조건 스펙을 쌓지 마라.*
> *직무에 맞춰 어울리는 스펙을 준비해야 한다.*
>
> **– 취업지킴이 –**
>
> 99

스펙이 너무 화려하면 원치 않는 부작용이 발생하기도 한다. 실제로 인사담당자들은 스펙이 넘치는 입사지원서를 보면서 '회사의 부족한 점을 찾거나, 만족하지 못하고 퇴사하지 않을까?'라는 걱정을 한다. 또한 어떤 직무를 원하는지 명확하게 쓰여 있지 않아, 지원자의 진정한 가치를 보지 못하는 상황이 생긴다. 수시채용이 활발해질수록 스펙은 지원자의 역량을 판단할 수 있는 최소한의 자료로만 활용된다. 해당 기업에서 원하는 기본적인 스펙을 갖추었다면, 그 후의 모든 지원자들은 동등한 입장이다. 그래서 면접에 가면 "누구나 똑같은 기준에 서 있다."라는 말이 나오는 것이다. 이는 과거 기업의 채용과정이 똑똑한 사람을 찾는 것에 집중했다면, 현재는 우리 회사와 잘 맞는 사람인지와 실제 가진 능력은 어떤지를 보는 것으로 기준이 변화했음을 의미한다. 수시채용이 본격적으로 시행되면 스펙은 직무에 대한 이해를 갖추고 있는지를 평가하는 도구로 활용될 것이다.

안심Touch

이제는 구직자가 자신을 하나의 상품처럼 마케팅해야 하는 시대가 왔다. 외적인 스펙보다 직무를 향한 내적인 가치를 가진 사람이 높게 평가된다. 스펙만 뛰어나고, 직무에 대한 열정과 발전 가능성이 없는 사람은 당장은 뛰어날지 몰라도 시간이 흐르면 도태되고 결국 기업에 해가 되기 때문이다. 실제로 수시채용을 진행하는 기업의 인사담당자들과 간담회를 가져보면 서류에서부터 답답함을 느낀다고 한다. '채용공고는 제대로 읽고 지원한 건가?', '직무는 확실하게 이해하고 지원한 것인가?' 등의 의구심을 갖게 하는 지원자가 생각보다 많다고 했다. 이들은 단순하게 기업의 이름을 보고 지원한 구직자들에게 신뢰가 가지 않는다며, 준비된 구직자를 기다리는 중이었다.

지원자들은 목표를 설정한 이후에 그에 맞는 스펙을 갖춰야 한다. 단순히 취업이 목표여서는 안 된다. 그래서는 오랫동안 그 일을 할 수 없기 때문이다. 자신이 갖추고 있는 능력과 자질을 잘 발휘할 수 있는 산업과 직무를 선정하고, 그 후에 자신에게 끊임없이 질문을 던지고 답변하며 그에 어울리는 스펙을 준비하면 빠른 취업으로 이어질 것이다. 물론 스펙이 좋으면 여러 좋은 기업에 지원하여 더 많은 기회를 얻을 수는 있겠지만, 성공적인 취업을 보장해 주는 보증수표는 아니라고 확실하게 말할 수 있다.

PART

2

성공적인 수시채용 준비 방법
(기본)

1

목표설정,
남보다 단축되는 취업준비 기간

    현재 우리나라 청년층(15~29세)이 졸업 이후 첫 취업에 성공하는 시기는 평균 10.8개월로 알려져 있다. 그러나 대학교 3학년부터 취업을 준비하는 구직자, 30세 이상 구직자를 모두 포함하여 생각해보면 평균 1년 8개월 이상인 것으로 나타났다. 특히, 통계청에서 2022년 5월에 발표한 경제활동인구조사 청년층 부가조사 결과에 따르면 높아진 취업 문턱 탓에 일자리를 찾기보다는 '자포자기형' 미취업 청년들이 늘어났고 이에 구직기간은 더 길어질 전망이다. 이러한 상황에서 여러 기업의 수시채용 전환은 취업준비기간 증가의 또 다른 변수가 되었다.

66

잘못된 목표의 설정은 성공해도 성취감을 못 느낀다.

– 노만 V. 필 –

99

취업준비기간을 줄이기 위해서는 정확한 목표설정이 중요하다. 목표가 없으면 전략과 계획을 수립할 수 없고, 흘러가는 시간과 비례하는 답답함과 불안감만 마주하게 될 것이다. 목표를 정하기 위해서는 현재 자신이 가진 것이 무엇인지를 정확하게 이해해야 한다. 현재 전공, 경험, 자격증 등을 갖추고 있는 스펙들이 어떤 업종에 적합한지를 판단하고, 그 업종에서 발전적인 성장이 가능한지를 고려해야 한다. 하지만 대부분의 구직자들이 목표를 세울 때 가장 먼저 고려하는 것은 '연봉, 복리후생, 기업의 네임' 등이다.

현재 수시채용을 진행하는 기업들은 구직자들이 원하는 바를 어느 정도 충족시켜 줄 수 있는 곳이 많다. 하지만 앞선 이유로 목표를 정한 구직자들은 또 다른 문제로 적응하지 못해 퇴사를 결심하게 된다. 퇴사 이유는 크게 조직, 사회, 개인의 측면으로 살펴볼 수 있는데 그 중 가장 큰 비율을 차지하는 원인은 조직이다. 아직은 많은 기업과 조직이 현재의 밀레니엄 세대를 만족시킬 만큼의 조직문화를 형성하지 못했다. 수평적, 개방적 문화를 지향하지만, 여전히 의사결정 및 업무 프로세스는 상하 관계에서 벗어나지 못했으며, 위계질서라는 이름하에서 업무가 진행된다. 이처럼 자신의 목표와 발전 계획이 분명하지 않다면 외적인 요인에 의해 흔들릴 가능성이 높고, 이는 남의 떡이 커 보이는 결과를 가져오게 된다.

따라서 자신이 갖추고 있는 스펙과 역량에 맞는 목표를 설정하는 과정이 중요하다. 먼저 각종 커뮤니티에서 합격 스펙이라고 공개되는 정보와 현재 내가 갖추고 있는 준비 사항을 비교해보면 어느 정도 본인의 준비도를 판단할 수 있다. 이후 업종을 기준으로 자신이 원하는 직무에 합격한 이들의 스펙을 30~50명 정도 모아서 분석하면, 앞으로 내가 갖춰야 할 기준을 분명하게 세울 수 있다.

A지원자의 목표 설정

• A지원자의 현재 취업 준비도

	학교	학점	외국어	자격증	경력	경험
A지원자	국립대	3.6점	1개	0개	×	1회

• 인사직무의 합격자 스펙

	학교	학점	외국어	자격증	경력	경험
A지원자	SKY	3.2점	2개	2개	○	2회
B지원자	중경외시	3.8점	1개	1개	○	1회
C지원자	서성한	4.1점	1개	2개	○	3회
D지원자	지방대	3.9점	1개	1개	○	4회
:						
CX지원자	국립대	2.9점	1개	1개	○	5회
CY지원자	건동홍세	3.3점	1개	3개	○	1회
CZ지원자	수도권역	4.3점	1개	4개	○	2회

• A지원자의 목표

	학교	학점	외국어	자격증	경력	경험
1지망	–				6개월 (상시근로자 200명 이상)	연말정산
2지망	–			ERP 인사		
3지망	–	3.9점	850점 이상	컴활 1급		

　수시채용이 활발해질수록 업종과 직무에 대한 준비가 중요하다. 목표와 함께 기준이 마련된다면, 내가 앞으로 갖춰야 할 역량을 알 수 있고, 아는 것을 성실하게 이행하면 된다. 그래야 실시간으로 등장하는 여러 채용공고에 빠르게 대응할 수 있으며, 이는 곧 취업 공백기의 최소화를 의미한다. 만약 아무

런 준비를 하지 못하고 졸업한다면, 다른 구직자들보다 뒤늦게 준비하는 만큼 경쟁력을 갖기 어려우며, 계속된 서류 및 면접 탈락으로 학습된 무기력에 빠질 수 있다.

즉, 수시채용은 채용공고가 뜨기 전부터 업종이해도, 직무분석, 지원자격 등을 모두 갖춰두어야 한다. 미리 이력서와 자기소개서를 준비하면 자신의 부족한 점을 찾아 메울 수 있으며, 면접에 갔을 때도 예상되는 질문에 대한 논리적 답변을 미리 연습할 수 있다. 그 과정에서 나를 되돌아보는 시간만큼 원하는 목표를 달성할 확률은 높아질 것이다. 이 과정에서 무엇보다 중요한 점은 구직자로 하여금 '자신감'이 생긴다는 것이다.

AI면접, 언택트 채용이란?

　AI역량검사라고도 불리는 AI면접은 코로나19로 인한 언택트 채용의 증가로 급작스럽게 확산되는 중이다. AI면접은 뇌신경과학과 생물학을 기반으로 만들어진 프로그램으로, 사람의 주관적인 판단을 배제하고, 객관적이고 과학적으로 조직의 인재를 선발할 수 있다. 또한 기업과 직무별로 우수한 면접관의 빅데이터를 입력 시켜 끊임없이 프로그램을 학습시킨다. 때문에 AI면접 프로세스에 따라 지원자의 여러 부분을 평가할 수 있고, 고성과자의 데이터를 활용하여 기업 맞춤형 인재를 분석하게 된다.

　모든 지원자는 장소나 위치에 상관없이 어디서든 컴퓨터와 헤드셋, 웹캠이 있다면 온라인으로 면접을 치를 수 있다. 또한, 지원자의 내면적 요소를 평가하는 P6(뇌과학) 기술과 외면적 요소를 평가하는 V4(생물학) 기술을 기반으로 지원자를 분석하여 면접 결과를 역량과 직무적합도 중심의 레포트 형식으로 인사담당자에게 제공한다. 이러한 장점이 있기 때문에 AI면접은 언택트 면접의 대표적인 채용 시스템으로 자리 잡았다.

AI면접이란?

인공지능 면접관이 뇌신경과학, 생물학을 기반으로

기존 면접의 구조에서 지원자의 유형을 외면적 특징과
내면적 특징으로 분석하여 객관적이고 과학적으로 조직에
적합한 인재를 찾는 면접이다.

뇌신경과학, 생물학 기반으로 객관적이고 과학적으로 인재 분석	장소에 구애받지 않고 어디에서든 면접이 가능
우수한 면접관의 빅데이터를 활용한 끊임없는 자가러닝이 가능	고성과자의 빅데이터를 활용한 맞춤형 인재 분석

AI면접이 도입된 초창기에는 몇몇 기업에서만 활용되었으나, 2018년 하반기부터 제약업과 은행업에서 AI면접을 본격적으로 도입하면서 채용시장의 커다란 이슈가 되었다. 이후 다수의 기업이 AI면접을 도입하며 식품업, 외국계기업, 금융업, 제조업 등으로 활용이 확대되었다.

특히 2020년 코로나19가 본격적으로 확산됨에 따라 갑작스럽게 AI면접을 도입하는 기업이 증가했다. 2019년 11월 기준으로 185개 기업이 도입한 이후에는 2020년 7월 기준 350여 개, 2022년 5월 기준 600여 개에서 AI면접을 도입했다. 3년이 안되는 기간에 폭발적으로 3배 넘게 증가하였으며, 현재에도 AI면접을 도입하는 기업이 꾸준하게 증가하고 있는 것으로 보인다.

불과 1~2년 전만 해도 취업준비생들 사이에서 AI면접은 운이 없으면 보는 것이었다. 그러나 이제는 AI면접을 준비하는 지원자들이 점점 더 많아지고 있다. 주요 대기업 중 수시채용을 가장 먼저 도입한 현대그룹(현대자동차, 현대백화점)의 경우 채용의 단계로 AI면접을 시행하고 있다. 또한 2019년 삼성그룹의 경우에는 하반기에 면접자를 대상으로 AI를 활용한 게이미피케이션[2]을 진행하였고, 이를 면접 단계에서 자사의 가치관이나 철학, 방향성에 부합하는 인재를 정확하게 선발하려는 참고자료로 활용하였다.

---

2 게이미피케이션(Gamification) : 게임이 아닌 분야의 문제해결에 게임적인 사고를 적용하는 것을 말한다. AI면접에서 많은 지원자들이 게임이라고 부르는 단계이다.

무엇보다 AI면접은 면접의 큰 단점으로 언급되는 면접위원들의 편견과 피로도를 줄일 수 있고, 면접 컨설팅이 일반화된 상황에서 지원자들의 잠재적 역량을 객관적으로 평가할 수 있어 지속적인 확대가 예상된다. 이제 AI면접 준비는 선택이 아닌 필수로 준비해야 하는 채용 프로세스 중 하나이다.

안심Touch

③

합격자들은 ○○을 가지고 있었다

수시채용은 정기공채가 사라지면서 갑자기 등장한 제도가 아니다. 기존부터 많은 기업들이 활용하던 제도였다. 많은 구직자가 생소하게 느끼는 이유는 수시채용이 신입보다는 경력직 채용 과정에서 자주 등장했기 때문이다. 그렇다면 수시채용을 통해 취업에 성공한 합격자들이 가장 많이 가지고 있는 역량은 무엇일까?

이제는 네트워킹, 관심 분야로 잇는다

수시채용에 대비하기 위해서는 혼자서 일자리를 찾는 일차원적인 방법에서 벗어나야 한다. 비슷한 업종과 직무에 관심을 지니고 있는 사람끼리 정보를 교환하고 소통하며 변화하는 흐름에 빠르게 적응할 수 있어야 한다. 즉, 어느 시기에 등장할지 모르는 공고를 먼저 찾기 위해서는 정보를 공유하는 것이 중요한 일이 되었다.

정기공채는 기업과 채용에 대한 정보를 확인할 수는 있었지만, 어떤 업무를 담당하는 포지션인지 감이 오지 않는 경우가 많았다. 때문에 지원 직무의 과업이나 회사 내에서 구체적으로 어떤 역할을 하게 되는지를 궁금해하는 질문이 취업 게시판에 종종 올라오기도 했다. 특히, 수시채용은 직무역량을 무조건 강조해야 하므로 산업과 직무에 대한 이해가 완벽하게 선행되어야 한다. 이때 중요한 것이 '인맥 네트워크'이다.

취업에 성공한 선배들이나 원하는 직종에 있는 사람들과 가까워질수록 시장과 직무에 대한 이해도는 높아질 것이다. 교류하는 과정에서 건너건너 소개를 받으면서 생긴 또 다른 인맥을 통해 새로운 정보를 접할 수도 있게 된다. 실제로 이러한 과정을 통해서 내가 원하는 채용 정보를 찾고, 원하는 기업에 취업을 성공하는 구직자가 늘고 있다. 특히, 현재 정기공채에서 수시채용으로 전환되는 시기인만큼 이러한 방법으로 정보를 빠르게 얻고, 활용한다면 성공적인 커리어를 가질 수 있으며, 남들보다 좀 더 효율적으로 취업을 준비할 수 있다.

최근에도 문제가 되고 있는 취업 청탁이나 고용세습과는 다르다. 자신이 업종과 직무에 대한 관심을 바탕으로 인맥을 만들어 가는 과정에서 취업 기회를 얻게 된 것이기 때문이다. 현대 직업 탐색론의 아버지로 불리는 리처드 볼스는 '한번 목표를 정하면 모든 인맥을 활용하라.'는 주장을 해왔다. 실제로 이력서를 통한 구직 성공률과 주변 사람을 활용한 성공률을 비교하면 그의 주장은 매우 적절하다. 그만큼 인맥을 통한 접근법이 매우 효과적인 구직 방법이며, 누군가의 추천을 거쳤기 때문에 입사 성공률은 매우 높다. 이러한 제도는 대기업에서도 활용하던 제도였으며, 수시채용의 등장과 함께 수면 위로 드러나고 있을 뿐이다. 특히, 급하게 인력이 필요한 경우에 채용 맥락을 살펴보면, 인맥 말고 달리 인재를 알아낼 방법이 없다. 즉, 인맥 없는 사람이 그 일자리를 구할 확률은 낮아진다.

과거에는 인맥이 학연, 지연중심이었다면, 최근에는 디지털 인맥으로 발전했다. 충분한 인맥이 없다고 한탄하거나, 타고난 동아줄을 가진 구직자를 부러워할 필요가 없다. 인터넷의 발전으로 내가 노력하고 용기를 낸다면 누구보다 더 많은 인맥을 확보할 수 있기 때문이다. 페이스북, 인스타그램, 링크드인 등 각종 SNS 채널을 통해서 이어지는 디지털 인맥으로 충분히 자신만의 기회를 가질 수 있다. 직무, 업종, 과업 등 조금만 네트워크를 열고 넓게 살펴보면 다양한 연결고리를 만들어낼 수 있으며, 내가 필요한 정보를 얻는 것을 넘어서 요구할 수 있는 수평적 관계도 형성이 가능하다.

66

사람들은 항상 그들이 처한 환경을 탓한다.
나는 환경을 믿지 않는다.
세상을 이끌어 가는 사람들은 자신이 원하는 환경을 찾아다니고,
찾을 수 없으면 그 환경을 만드는 사람들이다.

- 조지 버나드 쇼 -

99

한번 맺은 인연을 소중히 하고, 긴 안목으로 한 분야를 끈기 있게 관리한다면 수시채용에서 본인이 원하는 취업의 날개가 되어 줄 것이다. 채용은 진행되지만, 구인광고는 볼 수 없는 숨겨진 시장을 찾아내고 구직에 성공할 확률을 높여준다. 이제는 컴퓨터 앞에 앉아서 올라오는 채용공고에만 의지할 수 없다. 수시채용이 활성화되면 구두 굽을 두 번 간다는 각오로 적극적으로 움직여야 한다. 적극적인 태도는 나를 빠른 시간 내에 합격자로 만들어 줄 것이다.

지원시기, 타이밍이 곧 합격으로

수시채용이 시작되면 구직자들이 가장 신경 써야 하는 것은 지원시기이다. 기존 정기공채는 정해진 마감 일자가 있었다. 따라서 구직자들은 연중 특정한 시기(상/하반기)에 올라오는 공고의 마감일에 맞춰서 서류를 제출했다. 평균적으로 90% 이상의 구직자들은 마감일에 맞춰서 서류를 제출했으며, 이로 인한 피해가 발생하지 않았다. 하지만 수시채용에서는 모집 기간이 짧을 뿐만 아니라 회사 홈페이지나 소수의 취업사이트 등에만 노출되기 때문에 빠르게 지원할수록 유리하다. 특히, 원서 접수가 일정 수준 마무리되면 회사에서는 인터넷에서 공고를 지워버리거나, 이미 채용이 마감되었다는 내용으로 변경한다.

기존의 채용시스템이 일괄적으로 지원자들의 서류를 평가했다면, 수시채용은 지원된 서류를 인사담당자가 직접 꼼꼼히 검토하고, 면접 여부를 즉시 결정한다. 기존처럼 마감일을 기다려서 지원한다면 구직자가 서류를 제출했을 때 이미 합격자가 결정된 이후일 수 있다. 따라서 구직자들이 면접 기회를 높이려면 공고 마감일을 지켜야 하는 것이 아니라 무조건 빠르게 지원해야 한다.

D-day	3일	5일	7일	2주
지원일	즉시	2일	2일	5일

기본적으로 서류가 준비되어 있다면, 인력풀 제도, 다른 채용공고를 통해서 수집한 인사팀 메일, 헤드헌팅사 등을 활용하여 내가 원하는 기관에 서류를 미리 보내놓는 것이 하나의 방법이 될 수 있다. 표로 제시된 지원일은 통상적으로 서류 검토 후 면접 일정을 잡는 시기일 수 있다는 의미이지, 지원을 하지 말라는 뜻은 아니다. 지원일이 넘었어도 서류는 무조건 제출해야 한다. 만약 적절한 구직자가 없다면 계속해서 서류를 검토하고 면접을 진행할 것이기 때문이다. 또한, 회사에 따라서는 더 많은 구직자를 경험하고 싶은 욕심에 마감일이 지나고 나서도 서류를 검토하는 경우가 종종 있어서 마감이 임박한 공고라도 서류를 제출하는 걸 추천한다.

66

칠전팔기(七顚八起),

몇 번 실패했다고 포기하면 기회는 영원히 오지 않는다.

- 미상 -

99

기업에서 원하는 인재가 관련 경력을 가진 구직자일 수 있다. 하지만 이는 구직자가 다른 기업에 합격하거나, 연봉협상 또는 조직문화에 적응하는 과정에서 자신과 맞지 않아 조기 퇴사할 가능성도 존재한다는 의미이다. 이때 인사팀에서는 과거에 받은 서류 또는 최근에 접수된 서류를 재확인한 다음에 추가적인 면접을 진행한다. 이처럼 구직자는 뜻밖의 성과를 얻을 수도 있으므로 지원 시기를 놓쳤더라도 꾸준하게 서류를 지원해야 한다.

수시채용,
합격 문자는 언제 오는 것일까?

지금까지 수시채용을 주된 채용시스템으로 진행했던 대표적인 기업은 외국계 기업이다. 기업의 특성상 공채가 열리더라도 대규모 채용을 진행하지 않고, 결원이 생기거나 당장 회사에 인력이 필요할 때마다 뽑는 수시채용 방식을 적용해 왔다. 이러한 '인력풀' 제도는 1년 내내 또는 일정 기간에 입사 지원을 받고, 정기적으로 일정한 선발 절차에 따라 인력을 채용한다.

그러다 보니 구직자들은 내가 지원한 서류의 합격/불합격 결과를 언제 정확하게 확인할 수 있는지에 대해서 의문을 갖게 된다. 실제로 수시채용을 진행한 외국계 기업의 인사팀에서 온·오프라인을 통해 가장 많이 받는 질문이 '언제 합격 문자가 오나요?'였다는 것을 고려하면 생각보다 많은 구직자들이 서류 결과를 기다리고 있는 것을 알 수 있다.

2019년 노동부에서 발표한 채용절차의 공정화에 관한 법률을 보면 채용 일정, 지원서 접수 사실 및 합격/불합격 여부 등을 명확히 고지하도록 하는 등, 채용 절차의 공정성을 확보할 수 있도록 하여 구직자의 권익을 보호하기 위한 최소한의 제도를 마련했다.

> 제1조(목적) 이 법은 채용과정에서 구직자가 제출하는 채용서류의 반환 등 채용 절
> 차에서의 최소한의 공정성을 확보하기 위한 사항을 정함으로써 구직자의 부담을 줄
> 이고 권익을 보호하는 것을 목적으로 한다.

　하지만 여전히 많은 기업들은 이를 잘 지키고 있지 않다. 수시 및 상시채용
이 활발해질수록 '인력풀'을 활용하게 되는 경우가 많아질 것이다. 만약 여러
분이 서류를 제출하고 일주일 가량이 지났음에도 지원한 기업에서 아무런 연
락이 없다면, 주저하지 말고 다른 기업에 지원하는 것을 추천한다. 다른 기업
을 알아보는 과정에서 지원했던 기업보다 더 좋은 조건의 기업을 찾게 될 가
능성이 있기 때문이다. 또한 지원했던 기업에서 뒤늦게 면접을 봤으면 좋겠
다는 연락이 오는 경우가 생각보다 비일비재하게 발생하므로 여유 있게 기다
리는 자세가 필요하다.

<blockquote>

66

기다릴 줄 아는 것이 제1의 성공 비결이다.

- J. 메스트로 -

99

</blockquote>

　면접 결과를 통보하는 과정도 마찬가지이다. 면접 결과가 늦어지는 이유는
크게 3가지로 구분해 볼 수 있다. 먼저 면접이 진행 중일 때는 모든 면접자를
살펴보고 합격자를 결정하기 때문에 발표가 늦어질 수 있다. 특히, 면접자와
담당자의 일정을 맞추기 힘든 경우가 많아서, 이러한 경우는 일주일 이상이
소요되기도 한다. 다음으로 면접을 평가하는 데 시간이 오래 걸리는 경우이

다. 여러 명의 면접관이 참여하는 면접의 경우 만장일치를 이루기는 쉽지 않으므로 합격 여부를 결정하는 데 많은 시간이 소요된다. 특히, 임원면접의 경우 모든 임원의 일정을 맞추기 어려워 기업 내부적인 상황으로 인해 결과 발표가 늦어지기도 한다. 마지막으로 이미 채용을 확정했지만 입사 제의를 거절하는 경우를 대비하여 연락을 하지 않을 수도 있다. 이러한 경우에는 지원 기업에 결과 발표 문의를 하더라도 명확한 대답을 듣기 어렵다.

　기업 입장에서는 공정한 채용 과정을 위해 시간을 들이더라도 지원자들의 자질을 평가하고, 경쟁력 있는 지원자를 선발하느라 늦어질 수 있다. 모든 지원자의 서류를 꼼꼼하게 확인하거나, 기업 내부 결재 과정에서 늦어지기도 하므로 아직 연락을 받지 못했더라도 지원 기업의 면접 준비를 포기하는 것은 잘못된 생각이다. 서류 결과가 궁금하다면 정중하게 전화를 하거나 메일을 보내서 확인해보는 자세도 좋다. 다만 여러 번 같은 문의를 하는 것은 조심해야 한다.

⑥

조금 더 멀리, 경력과 역량 개발

수시채용이 활발해질수록 구직자는 경력이 될 수 있는 인턴이나 계약직을 충분히 활용해야 한다. 비정기적으로 진행되는 채용에서 가장 중요한 것은 남들이 갖추지 못한 경력과 역량이다. 이를 위해서는 목표로 정한 기업에 인턴 혹은 계약직으로 입사를 하여, 직무에 필요한 역량을 갖춰야 한다. 많은 구직자들이 인턴이 아닌 계약직은 어떠한 과업을 맡는지에 따라 물경력이 될 수도 있다고 생각한다. 하지만 계약직 채용을 살펴보면 경력직 업무를 대상으로 하는 경우가 많다. 출산휴가나 해외파견 등으로 인한 공백기를 메우기 위해 6개월의 단기부터 최대 2년까지 근무할 계약직을 채용하기도 한다. 물론 일부 회사에서는 경력이 전혀 없는 사람을 계약직으로 채용하는 경우도 있다. 때문에 내가 목표로 삼고 있는 기업과 직무에 도움이 된다면 지원을 망설이지 말아야 한다. 단, 외부 위탁업체(아웃소싱)를 통해 입사하는 경우 맡게 되는 업무에 따라 경력으로 인정받지 못할 수 있으므로 신중하게 접근해야 한다.

인턴이나 계약직에 지원하는 사람들을 살펴보면 대부분 대학을 갓 졸업하고, 직무에 대한 이해를 높이고자 지원한 경우이다. 아직 사회생활 경험이 거의 없다 보니, 나름의 열정을 가지고 열심히 주어진 업무를 수행한다. 하지만 상대적으로 낮은 보수와 단순 업무의 반복에 스트레스를 받고, 해당 업무의 의미를 파악하지 못하는 경우가 많았다.

한번은 6개월간 수행한 HRM 업무가 단순 업무였다는 말과 함께 배운 것이 없다며 불만을 토로하는 구직자가 있었다. 맞장구를 쳐주며 듣던 도중 "그 업무가 시사하는 바는 무엇인가요?"라고 되물었다. 질문에 대한 답을 듣다보니 업무를 통해서 근로기준법을 이해하게 되었고, 급여산정, 연/월차 관리방법 등을 배운 것 같은데 정확히는 모르겠다는 답을 들었다.

이처럼 구직자들은 기획, 전략 등 누가 들어도 거창한 업무가 아니면 단순한 업무를 하며 시간을 보내고 있다고 생각하는 경우가 있다. 하지만 그 단순한 업무에 담겨져 있는 의미가 실제 지원하는 직무에서 꼭 알아야 하는 정보일 수도 있고, 다른 누군가는 간절하게 배우기를 원하는 내용일 수 있다. 하지만 여전히 상사가 업무의 목적을 상세하게 알려주지 않아서, 자신의 경험이 단순 반복적인 업무였다는 이유만으로 자신이 경험과 가진 역량의 진가를 제대로 파악하지 못하는 구직자들을 보면 안타깝다.

66

네가 헛되이 보낸
오늘은 어제 죽은 이가 그토록 그리던 내일이다.

- 소포클레스 -

99

수시채용이 활발하게 진행된다는 의미은 현실적으로 한번에 정규직이 될 수 있는 기회가 줄어들 수 있다는 뜻이며, 인턴 혹은 계약직의 채용 전환이 활발해질 수 있다는 뜻이다. 어떤 업무를 맡아서 수행하더라도 실제 업무 내용과 내부 문화 그리고 나의 역량 개발의 기회가 얼마나 되는지 등에 대해서 꼼꼼하게 따져야 한다. 아무리 많은 돈을 받더라도 추후에 내세울 만큼의 지식과 기술을 개발할 수 없다면 좋은 기회라고 볼 수 없다. 최근 구직자들을 보면 무조건 정규직을 고집하는 경우가 많다. 하지만 경력개발에 도움이 되는 인턴 및 계약직 공고들을 잘 활용해서 좋은 기회를 잡을 수 있도록 해야 한다.

남들보다 빠른 선취점,
이제는 정보력 싸움

　수시채용은 현업부서의 요청 인원을 바로바로 채용하므로 구직자에게 가장 중요한 것은 누구보다 빠른 정보 수집 능력이다. 이를 위해서 구직자는 부지런해져야 한다. 기존에는 취업포털과 각종 커뮤니티에서 안내해주는 공고를 확인할 수 있었지만 수시 및 상시채용은 자신이 원하는 기업과 직무에 맞는 정보를 입수하는 것이 관건이다. 즉 모집 시작일이 곧 마감일이라는 각오를 가지고 준비해야 한다.

　정보 확인 시 인력풀 제도를 적극적으로 활용해야 한다. 대부분의 1,000대 기업에서는 자체 채용 온라인 페이지를 운영하고 있으며, 본인의 이력과 정보 등을 입력하고 희망하는 직무를 설정할 수 있다. 만약 기업에서 해당 직무를 채용하는 경우에 자동으로 알람 메일이 발송되도록 시스템을 만들어 놓은 기업도 있으며, 결원이 생겨 긴급할 경우에 인사담당자는 우선적으로 인력풀에 등록된 구직자에게 가장 먼저 연락을 한다. 때문에 평소에 관심이 있고, 입사하고 싶은 기업이 있다면, 채용페이지를 방문하고, 사전에 이력서를 등록해야 한다.

© 잡코리아 헤드헌터 찾기

이외에도 취업포털과 헤드헌터를 통해 받을 수 있는 맞춤 채용 서비스나 이메일, 문자 서비스 등을 적극적으로 활용해야 한다. 지원하는 업종과 직무에 따라 차이는 있지만, 이미 구직자들은 자신이 원하는 정보를 얻기 위해서 이에 관한 사이트를 즐겨찾기에 빼곡하게 추가해 놓거나 북마크를 해놓고 자주 접속한다. 이와 같은 구직자들 사이에서 제대로 준비하지 않는다면 뒤처질 수밖에 없으며, 취업준비 기간은 계속 늘어날 것이다. '모집일이 곧 마감일이다.'라는 것을 항상 명심해야 한다.

> **66**
>
> *기회는 준비된 자에게 찾아온다.*
>
> **– 루이 파스퇴르 –**
>
> **99**

⑧

지금 당장 준비해야 하는 것,
'완성된 서류'

앞에서 언급한 것처럼 수시채용은 속도전이다. 때문에 가장 유리한 구직자는 미리 서류가 준비된 사람이다. 채용 공고가 뜨고 난 뒤 이력서와 자기소개서를 준비하기 시작하면 이미 늦었을지도 모른다. 정기공채의 경우 채용공고를 확인하고 준비해도 늦지 않았지만 수시채용을 준비하는 지원자라면 사전에 90% 이상 완성된 서류를 가지고 있어야 한다. 희망 업종과 직무, 지원하고 싶은 기업 등을 고려하여 이력서 및 자기소개서를 준비해 둔다면 실제 공고가 올라왔을 때 빠른 지원이 가능하다.

구직자가 미리 준비해야 하는 서류 5종
첫   째, 이력서
둘   째, 직무수행계획서
셋   째, 경험&경력기술서
넷   째, 포트폴리오
다섯째, 자기소개서

안심Touch

서류를 남들보다 미리 준비하면 그만큼 완성도를 높일 수 있고, 이는 곧 좋은 평가로 이어진다. 특히, 수시채용은 채용절차가 인적성검사와 같은 평가요소 없이 면접 위주로 진행되고 면접은 지원자가 제출한 서류를 바탕으로 진행되기 때문에, 서류를 잘 준비한 지원자는 우위를 점할 수 있다. 기존의 정기공채가 인성 및 조직적합성을 중요시했다면, 수시채용에서는 당장 일을 잘할 수 있는 직무적합성을 검증하는데, 서류는 이의 근거자료가 된다. 대기업 중 가장 먼저 수시채용을 진행한 현대그룹을 살펴보면 인사팀 중심에서 벗어나 각 계열사 및 사업부별로 채용을 진행하였으며, 이에 따라 면접 과정에서 직무에 대한 점검이 한층 강화되었다.

기존 면접에는 성과, 도전 등 구직자의 발전가능성을 주로 보았다면, 최근에는 서류에 적힌 내용의 진위 여부를 구체적으로 확인한다. 강도 높은 검증이 이어지므로 구직자들은 자신이 걸어온 길을 구체적으로 보여줄 수 있는 서류를 만들어야 한다.

이처럼 서류를 미리 준비하는 과정은 필수라고 볼 수 있다. 서류를 작성하면서 현재 나의 강점과 약점을 정확하게 알고, 이를 바탕으로 '나 자신'을 이해하며, 계속해서 방향성을 만들어야 한다. 이력서에 부족한 점이 무엇인지, 어떤 경험이 있으면 도움이 될지 등을 생각하면서 앞으로의 계획을 세워야 한다. 두려움은 무지에서 나온다는 말이 있듯이 내가 세운 계획을 하나씩 실천해 나갈수록 자신감은 생기고, 취업을 준비하는 기간을 단축할 수 있다.

66

비관주의자는 모든 기회에서 어려움을 보고,
낙천주의자는 모든 어려움에서 기회를 본다.

– 윈스터 처칠 –

99

지금 '나'에게 던져야 할 메시지

많은 구직자들이 현재의 '나'를 이해하지 않고 취업에 도전한다. 그러나 취업을 준비하는 과정에서 내가 가야 할 업종과 직무를 정하려면 먼저 '나'에게 끊임없이 질문하면서 내가 어떤 사람인지를 이해해야 한다.

'나'에게 던져야 하는 5가지 질문
첫 째, 내가 좋아하는 것은 무엇인지?
둘 째, 나는 어떤 강점을 가지고 있는지?
셋 째, 내 기질과 성격은 어떤 관련성이 있는지?
넷 째, 나는 어떠한 삶의 가치관을 지니고 있는지?
다섯째, 향후 어떤 목표를 가지고 있는지?

위의 다섯 가지 질문을 던지면서 진지하게 고민한다면 직'업(業)'에 가까워질 수 있다. 물론, 이러한 고민이 내가 원하는 것을 정확하게 찾아주지 못할 수도 있다. 하지만 스스로를 객관화시키다 보면 나 자신에 맞는 상황을 만들 수 있다. 예를 들어 내가 좋아하는 업무를 진행하더라도 어떠한 상황이 나의 가치관과 맞지 않아서 퇴사로 이어지는 경우가 있고, 나의 기질과 성격에 정반대인 업무를 맡아도 내가 앞으로 이뤄나갈 목표를 생각하여 즐겁게 일하는 경우가 있다.

> 66
>
> *행운이란 준비와 기회의 만남이라 생각한다.*
>
> – 오프라 윈프리 –
>
> 99

첫째, 내가 좋아하는 것은 무엇인지?

부모님 세대에서는 내가 몸담은 직장이 곧 사회적 가치를 매기는 척도였다. 하지만 현재는 직장과 개인의 가치를 다르게 보고 적용한다. 내가 좋아하는 일이 있고, 남보다 더 몰입할 수 있다면 얼마든지 더 큰 가치를 창출할 수 있으며 이는 곧 조직의 성과로 이어진다. 때문에 내가 무엇을 좋아하는지는 반드시 고민해야 한다.

이때 단순한 고민에서 벗어나 깊게 사고하는 과정이 필요하다. 예를 들어 '나는 남을 도울 때 너무 만족해.'라고 한다면 돕는 과정에서 사람들과 함께 어울리는 것이 좋을 수도 있고, 사람들이 변화하는 모습을 지켜보면서 공감과 만족감을 느끼는 것이 좋을 수도 있다. 이처럼 내가 좋아하는 것이 무엇인지에 대해 깊이 있게 생각한다면 다양한 관점에서 고민해 볼 수 있고, 이는 결국 직무분석에 큰 도움이 될 것이다.

둘째, 나는 어떤 강점을 가지고 있는지?

누군가 '자신의 강점이 무엇입니까?'라고 묻는다면 대다수는 망설이며 시원하게 대답하지 못한다. 주입식 교육에 익숙한 우리는 자신의 강점을 생각해보는 과정 자체가 낯설다. 특히 취업을 준비하는 구직자 입장에서 다른 지원자와 비교하다 보면 다른 사람의 강점이 더욱 대단해 보이면서 내 자신이 아무런 능력이 없어 보이는 것처럼 느껴지기도 한다. 그래도 나의 강점은 꼭 생각해봐야 할 부분이다. 스스로를 알아가는 과정의 일환이기 때문이다.

구직자들은 자소서 항목을 정리하면서 대학생 때의 기억만을 중점적으로 생각한다. 하지만 기억 속에 묻어놓았던 더 먼 과거의 일도 돌이켜보며 나에게 어떤 강점이 있었는지를 구체적으로 고민할 필요가 있다. 예를 들어 내가 고등학교 때 참여했던 UCC 제작 과정, 한자에 대한 욕심, 빼먹지 않고 꾸준하게 한 수영, 남들보다 뛰어난 사진 찍는 기술 등을 떠올리면 내가 가진 경험의 폭이 넓어지면서 정말 아무것도 아닌 일들이 새로운 강점이 되기도 한다. 이러한 발견은 업무에서 중요하게 다뤄지며, 새로운 소재가 될 수 있다.

셋째, 내가 가진 기질과 성격은 어떤 관련성이 있는지?

앞서 좋아하는 것과 강점을 주관적으로 고민했다면, 이제는 객관적으로 내가 가지고 있는 기질이나 성격과 어떠한 연관이 있는지를 살펴보아야 한다. 기질은 내가 태어나면서부터 가지고 있는 성격적 특성과 측면을 이야기하고, 성격은 후천적으로 주어진 환경에서 만들어진 개인의 습관적 양식으로 정의한다. 가장 만족스러운 결과를 내기 위해서는 내가 좋아하고 강점이 있는 영역과 내가 가진 기질과 성격이 겹치는 직업을 구하는 것이다. 이는 단기적으로 봤을 때 업무 만족도를 높일 수 있고, 장기적으로 자신의 커리어패스(Career Path)를 만들어 가는 데 큰 도움을 준다.

넷째, 나는 어떠한 삶의 가치관을 지니고 있는지?

자소서 항목으로도 많이 등장하고, 꼭 구직자가 아니더라도 많은 사람들이 한 번씩은 고민하게 되는 질문이다. 나는 어떤 성향과 가치관을 지니고 있는지를 고민하지만 명확한 답을 찾지 못한다. 그래서 많은 사람들이 '그냥' 진로를 정한다. 지원자의 성격과 흥미에 관계없이 해당 직무에 대한 의지가 있다면 아무런 문제가 되지 않는다고 생각할지도 모른다. 그러나 단기적으로는 높은 성과를 얻을 수 있지만 장기적으로는 업무를 통해서 행복을 느끼기 어렵고 오랜 기간 근무할 수 없다. 수많은 지원자 중 서류와 면접을 준비할 때 누군가는 이러한 점을 모두 만족시키는 자신만의 직무 선정한 기준을 만든다. 이러한 차이는 가치관과 직업관에 영향을 주고, 입사하고자 하는 기업의 담당자들을 설득하는 핵심포인트가 될 수 있다.

다섯째, 향후 어떤 목표를 가지고 있는지?

어느 정도 앞의 질문에 대한 기준이 정리되었다면, 장기적인 목표가 마련되어야 한다. 구직자들과 상담을 해보면 본인이 무엇을 원하는지조차 명확하게 알지 못한 상태에서 취업을 준비한다. 본인이 어떠한 목표를 가지고 일을 구하는지, 일을 통해서 얻고자 하는 것이 무엇인지 모르는 경우가 태반이다. 평생직장이라는 개념은 이미 사라졌지만, 본인이 어떠한 목표를 가지느냐에 따라서 가깝게는 어떠한 직무를 하고 싶은지, 이를 통해서 어떤 가치를 창출할 것인지, 향후 어떻게 경력개발을 해서 이직을 할 것인지를 수립할 수 있다.

회사의 채용인원은 한정되어 있어서, 결국 내가 원하는 직무와 회사는 다른 구직자들도 눈독 들이고 있을 가능성이 높다. 수시채용이 발전하면 더 이상 우연과 운을 기대하기 어렵다. 장기적인 관점에서 올바른 방향으로 자신의 목표에 맞게 노력했을 때 분명 좋은 결과를 얻을 수 있을 것이다. 취업시장에서의 노력하지 않는 시간과 공백기는 비례할 것이며, 자신의 자존감과 밀접하게 연관된다는 점을 기억하자.

달라진 취업스터디,
흥하는 준비방법

많은 취업준비생들이 주로 활용하는 준비 방법 중 하나는 취업스터디이다. 각종 커뮤니티에서 취업스터디를 구하는 글을 심심치 않게 볼 수 있다. 실제로 취업 스터디는 구직자들에게는 정보 교류의 장이며 나와 같은 처지에 놓인 사람들과 함께 으쌰으쌰 할 수 있는 좋은 기회이다. 반면에 분위기가 좋지 않은 곳은 얼마 안 가 흐지부지되거나 결과가 좋지 못하게 끝나는 경우도 있다. 소위 말하는 '좋은 스터디'는 다 함께 계획에 맞춰서 열심히 하는 분위기가 조성되고, 철저하게 정보를 공유하면서 서로에게 자극이 되어주는 경우이다.

하지만 코로나19와 같은 특수한 상황으로 인하여 구직자의 대다수가 스터디 참여를 망설이고 있다. 이러한 상황이 1~2달 정도 지속되자 '언택트(비대면)'를 통해 진행하는 취업스터디가 점차 늘어나고 있는 추세이다. 비대면 시스템 도입은 밖으로 나가 약속장소까지 이동하는 시간을 절약할 수 있고, 프로그램의 편의성이 높아서 큰 문제없이 진행 가능하다. 카메라를 켜고 모니터로 보이는 스터디원들과 기존에 정해진 계획대로 진행하면 되기에 오히려 장점이 많다는 평가를 받는다.

오프라인에서 벗어나 온라인으로 진행되는 스터디를 성공적으로 진행하려면 전보다 더 까다롭게 규칙을 정해야 한다. 그렇지 않으면 집이라는 편한 공간과 동질감 느끼는 동료들과의 사교 모임으로 변질되어 목표를 달성하기 어렵다. 따라서 오프라인과 다르게 필요한 규칙을 추가시켜 스터디를 최적화해야 한다.

66

우리는, 혼자서는 거의 아무것도 못한다.
함께하면 우리는 그렇게 많은 것을 할 수 있다.

- 헬렌 켈러 -

99

첫째, 인원 구성을 과감하게 줄인다

오프라인으로 진행할 때는 면접 또는 개인 일정으로 불참하는 구성원을 고려해서 6~8명으로 취업 스터디 인원을 구성하는 것이 일반적이었다. 하지만 온라인으로 진행되는 스터디는 불참을 최소화할 수 있다. 즉, 집에서 접속할 수 있는 만큼 모두가 가능한 시간을 고를 수 있다. 이를 고려하여 집중도를 가장 높일 수 있는 최소의 인원으로 스터디를 구성한다.

둘째, 스터디 시간표는 구체적으로 계획한다

오프라인으로 진행할 때는 1주 단위로 무엇을 진행할지에 대한 큰 계획을 세웠다면, 온라인으로 진행할 때는 30분 또는 1시간 단위로 어떻게 운영할 것인지 계획을 세워 사전에 팀원들과 공유한다. 계획은 팀원들에게 부담감이 되어 강제성이 덜 부여되는 온라인 스터디의 문제를 예방할 수 있고, 집중을 이끌어낼 수 있다.

셋째, 되도록 아침에 진행한다.

　기존에는 교통 상황과 스터디 카페 운영시간을 고려하여 10시 이후에 모임이 많았다. 하지만 온라인에서는 상대적으로 시간의 제약을 받지 않는다. 취업을 준비할 때 가장 좋은 시간은 아침 시간이다. 7~10시 사이로 스터디 운영 시간을 정한다면 아침을 일찍 시작하는 효과가 있으며 집중력을 높일 수 있다.

　기존에는 스터디룸 장소 예약을 위해 조장을 두었으며, 따로 회비를 걷어서 운영비로 사용했다. 하지만 온라인의 경우는 장소 예약, 장소 사용비 등이 필요 없으며, 지각 및 불참으로 인한 패널티를 합의할 이유도 없다. 물론, 온라인이어도 정해진 시간에 접속을 하지 못하는 스터디원을 위한 규칙은 필요하지만 스터디 외적인 부분에 대한 고민을 줄일 수 있다.

　하지만 온라인으로 진행하는 스터디는 기존 스터디의 장점인 '공감'과 거리가 멀어질 수 있다. 필자 또한 과거 취업을 준비할 때 스터디를 운영하면서 시간이 지날수록 서로가 서로에게 위로가 되는 정서적 교류가 커짐을 느꼈다. 취업을 준비하는 시기는 유일하게 삶에서 모르는 사람이 더 편하게 느껴지고, 가까운 사람을 만나면 더욱 외로움을 경험하게 되는 시기이다. 때문에 계획을 세울 때 스터디 시작 전 5~10분간은 함께 일상 이야기를 하면서 서로 힘이 되어 주는 파트너로 거듭나기를 바란다.

인적성검사,
이제는 다른 준비 방법

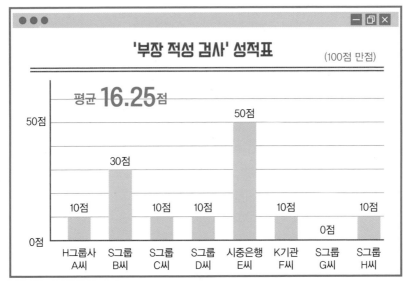

© 중앙일보(밀레니얼 실험실)

2019년 중앙일보의 기사 중에 재미있는 실험이 있었다. '인적성검사를 과장님과 부장님이 직접 풀어보면 몇 점이 나올까?'라는 주제의 실험이었다. 국내 대기업과 은행에 근무하고 있는 8~21년 차 직원 8명을 만나 직무적성검사를 직접 풀어본 결과 100점 만점에 최고점은 50점, 최저점은 0점으로 평균 16.25점이었다. 그중 H그룹의 A과장은 늘 업무성과가 상위 15% 안에 들어 입사 후 단 한 번도 진급이 누락되지 않을 정도로 뛰어난 인재로 평가 받았지만 문제 앞에서는 한없이 작아졌다. 이들은 모두 똑똑한 사람은 뽑을 수 있어도 일을 잘하는 사람은 골라내기 어렵다며 입을 모았다.

66

다른 사람들로부터 인정을 받기 위해서는
부단한 연습 이외에 다른 방법이 없습니다.
타고난 재능이란 인간이 만들어낸 허구에 불과합니다.
나는 슬럼프에 빠지면 더 많은 연습을 통해 정상을 되찾곤 합니다.

– 타이거 우즈 –

99

〈채용 전형절차 변동사항〉

지원서 접수	서류전형	인적성검사	1차 면접전형	2차 면접전형	최종합격 및 입사
09.20(금) ~10.07(월)	10월 중	11월 초	11월 중	11월 중	12월 또는 1월

▼

지원서 접수	서류전형	1차 면접전형	2차 면접전형	최종합격 및 입사
09.20(금) ~10.07(월)	10월 말	10월 말 ~11월 초	11월 중	12월 또는 1월

최근 수시채용 확대와 함께 인적성검사에 대한 접근이 바뀌고 있다. 수시채용의 핵심은 '직무 경력 우대'이다. 때문에 직무능력의 평가도구가 인적성검사에서 채용전환형 인턴, 실무역량 테스트 등으로 대체되는 움직임을 보인

다. 대표적으로 현대자동차그룹은 악명 높았던 HMAT를 폐지하고, 채용공고에서 우대사항과 지원자격을 전보다 구체화하여 기술하고 있다. 또한, 삼성그룹은 2020년 상반기에 온라인으로 GSAT를 30~31일 오전과 오후 각 1회씩 총 4회로 나누어 이틀간 진행했으며, 문제는 시험마다 다르게 출제되었다. 많은 지원자들이 온라인 시험이 진행된다는 소식과 함께 여러 부정행위에 대해 우려했다. 그러나 GSAT가 공식적으로 종료된 후 "기술적 이슈나 부정행위 등 문제없이 원활히 잘 종료됐다."는 메시지가 발송되었고, 시험이 끝난 후에는 응시자의 문제풀이 과정을 녹화된 파일을 통해 재확인하고, 별도의 연습지에 기록한 풀이 과정을 메일로 제출하여 정확성을 높이는 치밀함을 보였다.

이에 대한 응시자들의 반응도 대체로 집에서 편하게 응시할 수 있어서 좋았다는 평가가 많았다. 이러한 경향을 봤을 때 점차 많은 기업에서 수시채용 확대와 함께 인적성검사 절차를 간소화하거나 폐지할 것으로 예상된다. 인적성검사는 다른 평가도구와 비교했을 때 비용대비 미래수행에 대한 예측 효과가 매우 높다고 평가되어왔다. 하지만 실제 직무생산성과의 연관성이 낮다는 연구 결과와 많은 취업준비생들이 적성검사를 미리 공부하고 준비하는 것으로 인한 학습효과 때문에 그 타당성에 대한 의문이 지속적으로 제기되었다. 실제로 취업시즌이 끝나고 나면 기업별 기출문제집이 매년 출간되어 나오고 있다. 이에 대한 대안으로 AI면접과 함께 게이미피케이션을 활용한 방법을 여러 기업에서 고려 중에 있다.

2019년 하반기 삼성그룹의 경우 면접 전형에서 개인의 성향과 반응을 측정하기 위해 게이미피케이션을 적용한 선발 도구를 활용했다. '연속적인 자극과 보상이 주어진 상황에서 개인의 성향과 반응은 각기 다를 것이다.'라는 가정을 바탕으로 진행된 면접은 유의미한 결과를 만들었다. 이는 4차 산업의 발달과 함께 장차 더욱 중요한 단계가 될 것으로 예상된다.

그렇다면 앞으로 인적성검사를 대하는 구직자들의 태도는 어때야 하는 것일까? 수시채용이 본격화되면 중요해지는 것은 적성검사보다는 인성검사가 될 것이다. 인적성검사를 진행하는 기업은 대기업 중심이었으며 기업의 특성에 맞게 이를 측정할 수 있는 세부적인 항목으로 구성되어 있었다. 이러한 시스템은 뛰어난 스페셜리스트(Specialist)보다는 제너럴리스트(Generalist)를 채용하는 데 적절했다. 하지만 수시채용은 한 명의 뛰어난 성과를 낼 수 있는 사람을 원한다. 자신이 열정을 가지고 있는 분야에서 능숙함을 추구하는 스페셜리스트(Specialist)를 채용하기 위해 노력을 기울일 것이다.

인성검사

많은 지원자의 수를 고려했을 때, 입사지원서에 기록된 정보를 확인하는 과정은 한계가 있었다. 이러한 현실적인 고민을 해결해 줄 수 있는 것이 인성검사였다. 그래서 기존에는 Screen-out(부적합한 사람)을 제외하는 형태로 진행되었다. 즉, "우리 기업에 이런 사람은 필요 없다."는 의미로 진행했다. 이런 접근은 정기공채처럼 대규모로 지원을 받는 전형에서 특히 효과적이었다. 적은 비용으로 문제가 있다고 판단되는 지원자를 거를 수 있었기 때문이다.

하지만 수시채용을 진행하면서 입사지원서에 기록된 정보를 검토할 시간이 충분해진 만큼 인성검사는 Select-in(적합한 사람)을 확인하는 형태로 변경될 것이다. 이에 맞게 여러 기업들은 조직의 인재상, 핵심가치를 두고 새롭게 검사를 설계하고 개발할 가능성이 있다. 이는 여러 성격 요인들을 고려하여 자신들이 원하는 인재상과의 유사도를 설정하고, 이와 유사한 패턴을 보이는 구직자를 채용하는 형태로 변화될 것이다. 때문에 구직자는 사전에 어떤 식으로든 인성검사를 경험해보는 것을 추천한다.

적성검사

지금까지 적성검사는 탈락할 지원자를 가려내는 여과장치로 주로 활용되었다. 별다른 대체 수단이 없었기 때문에 적성검사는 여러 가지 단점을 가지고 있었음에도 중요한 평가도구로 활용되었다. 인성검사가 성격, 동기, 가치 등을 확인한다면, 적성검사는 보통 지능이라고 불리는 인지능력을 측정한다. 그러다 보니 구직자들은 해당 기업의 여러 유형을 미리 학습하여 검사의 신뢰도와 타당도를 왜곡해 이를 평가 기준으로 반영하기 어렵게 만들었다. 적성검사가 직무수행 능력을 측정하는 데 큰 효과가 없음을 증명하는 연구 결과가 있으며, 아이오와대학교 경영학 교수인 프랭크 슈미트는 다양한 직원 채용과정의 예측도를 측정하기 위해 지난 100년간의 직무 생산성 데이터를 분석했는데 적성검사는 직무생산성과의 연관성이 매우 낮았다.

수시채용에서 적성검사는 점차 비중이 낮아질 것이다. 그러나 바로 없어지지는 않을 것인 만큼 적성검사를 아예 포기해서는 안 된다. 19세기에 잠시 유행했다 사라진 골상학처럼 적성검사도 점차 역사적으로 사라지고 있는 추세이지만, 여전히 어려운 관문 중 하나이다.

다양한 취업 경로 개척하기

지난 수십 년간 우리나라의 채용시스템의 근간을 이룬 채용제도를 살펴보면 여러 가지 제도가 있었지만, 구직자들은 오로지 정기공채만 바라보고 취업을 준비했다. 대한상공회의소(2016)에서 발표된 자료를 살펴보면 공개채용 제도만 진행한 기업이 30% 미만인 것을 확인할 수 있다.

〈2016년 기업 규모별 채용 전형 현황〉

구분	공개채용	수시채용	공개 + 수시	직군별	직무별
50~299인	10.5%	55.2%	34.0%	12.7%	85.1%
300~999인	15.7%	43.5%	40.7%	17.6%	79.6%
1,000인 이상	29.2%	12.5%	58.3%	22.9%	70.8%

© 대한상공회의소

자료에 의하면 1,000인 이상 기업의 공개채용 비율은 29.2%로 높은 것을 확인할 수 있지만, 1,000인 미만 기업의 경우에는 수시채용의 비율이 상대적으로 높은 것을 알 수 있다. 이외에도 공개채용 외 직군, 직무별 등 진행된 채용 유형을 살펴보면 기업에서 진행하는 채용제도 중 생각보다 공개채용의 비율이 낮은 것을 확인할 수 있다. 이처럼 기업에서 다양한 채용제도를 진행하고 정기공채 비율을 높이지 않았던 이유는 장점보다 단점이 크기 때문이었다.

그러던 중 대기업의 글로벌 진출과 점차 발달하는 4차 산업이 사람 중심 채용에서 직무 중심 채용으로 변화된 챙용양상으로 정기공채 비율은 점차 감소하였다. 필요한 직무를 사전에 규정하고 직무수행을 위해 요구되는 역량을 갖춘 사람을 선발하는 직무중심채용은 사업부에 수요가 발생하면 채용을 실시하는 특징을 가지고 있다. 수시채용은 매년 그 중요성이 커져왔고, 결국 주요 대기업들이 수시채용으로의 시스템 변화를 선언하면서 핵심 트렌드가 되었다.

〈공개채용 진행 시 장점 및 단점〉

장점	단점
1. 공정성 확보 용이	1. 노동시장의 불균형 초래
	2. 현대 경영전략과의 불일치
2. 인력의 유연한 활용 가능	3. 역량 평가의 한계
	4. 직무적합성의 미스매치 발생
3. 상대적으로 저렴한 선발 비용	5. 높은 교육훈련 비용
	6. 낮은 타당도
4. 사전 홍보효과	7. 순혈주의 양산
	8. 경쟁문화 형성

© 한국산업인력공단(한국 인력채용 방식의 특성분석 연구)

이제 구직자들은 채용방식의 변화를 이해하고, 다양한 취업 경로를 개척해야 한다. 수시채용이 본격화되기 전에도 정기채용, 수시채용, 인턴십채용, 공모전채용, 특별채용, 박람회추천, 지인추천, 산학연계 등 다양한 채용방법은 존재했다. 이는 해외의 여러 사례를 통해 확인할 수 있다.

미국의 비디오게임 업체인 일렉트리아나츠(Electronic Arts, EA)는 업계

최고 수준의 대우를 해주는 것으로 유명한 회사였지만 우수한 프로그래머를 구하지 못해 쩔쩔매고 있었다. 문제는 좋은 프로그래머를 채용하려는 경쟁 상대가 너무 많다는 것이었다. 다른 게임 회사는 물론, 포털 사이트, 일반 소프트웨어 회사가 모두 경쟁 상대였다. 게다가 프로그래머들 사이에서는 일반 소프트웨어 제작에서 포털 사이트까지 운영하는 일부 유명 대기업에 대한 인지도와 선호도가 워낙 높았다. 어떻게 하면 이들의 관심을 끌 수 있을까 고민하던 이 회사는 IT 회사들이 모여 있는 지역에 프로그래밍 언어인 아스키(ASCII) 코드가 적힌 옥외 채용 광고판을 설치했다. 그 광고가 모든 프로그래머의 눈길을 끈 것은 아니다. 그 자리에서 내용을 해석할 수 있을 정도의 실력이 되지 않는 아마추어급 인재들은 애초에 관심조차 가지지 않았다. 하지만 그 내용을 알아볼 수준의 뛰어난 엔지니어들은 자신들의 지적 호기심을 자극하는 광고를 내건 EA에 관심을 가졌다. 결과는 어땠을까? 아스키 코드에 능통한, 우수한 프로그래머들의 지원서가 쇄도했고, 그중에는 아스키 코드로 이력서를 작성한 사람도 있었다.

구글 초기의 사례도 유사하다. 수학에 나오는 자연 상수 'e(2.71828…)'의 첫 열 자리 소수를 주소로 하는 웹사이트를 찾아오라고 옥외광고를 했는데, 대부분은 무슨 말인지 이해조차 못 했다. 수학을 좋아하는 사람이 관심을 갖고 홈페이지에 접속하면, 또 어려운 수학문제가 주어졌다. 그 문제를 풀어야 입사 지원이 가능한 독특한 채용 방식으로, 이 방식을 통해 구글은 수학과 논리에 흥미를 느끼는 인재를 찾을 수 있었다.

또한 미국의 온라인 게임 회사인 레드5 스튜디오(Red5 Studio) 역시 뛰어난 인재를 확보하는 일이 가장 큰 과제였다. 그리고 고민 끝에 인재를 직접 찾아 나서기로 했다. 먼저 게임 업계에서 탁월한 재능을 보이는 인재 100여 명을 엄선해 '꿈의 인재'라고 이름 붙였다. 이후 개인 홈페이지나 SNS(소셜 네트워크 서비스)를 검색해 그들의 관심사와 취향을 철저히 파악했다. 이를 바탕으로 각자의 취향에 맞는 채용 안내 메시지를 만들어 이것을 CEO가 직접 음성으로 녹음해 스마트폰으로 전송했다. 결과는 어땠을까? 메시지를 받은 100명 중 90명은 자신을 인정해주었다는 사실에 큰 감동을 받고 회신을 보내왔다. 그리고 이 중 상당수는 기꺼이 입사 지원서를 제출했다.

미국의 부동산 대출 전문 회사인 퀴큰론(Quicken Loan)은 직접 발로 뛰는 전략으로 인재를 확보했다. 레스토랑이나 할인 매장 등을 직접 방문해 열정적으로 고객을 대하는 직원들이 있는지 주의 깊게 살폈다. 남들보다 더 열정적인 사람이 눈에 띄면 바로 그 자리에서 면접을 제안하는 파격적인 방법을 썼다. 그러다 보니 부동산과 대출에 대한 지식이 거의 없는 사람도 적지 않았지만, '일에 대한 사전 지식보다는 열정이 더 중요하다.'는 뚜렷한 기준을 갖고 직원들을 채용했다. 뜨거운 열정을 가진 직원들을 모은 퀴큰론은 현재 매년 포춘(Fortune)지가 선정한 '일할 맛 나는 100대 기업'에 선정될 만큼 직원들의 만족도가 높은 회사로 성장했다.

우수한 인재를 채용하려는 노력은 우리나라의 여러 대기업에도 있었다. 인도네시아에 생산공장을 두고 있는 LG는 외국어 능력이 뛰어난 구직자를 필요로 했다. 이때 박람회에 참여한 구직자 중 외국어 능력이 뛰어난 인재들의 이력서를 모아서 온라인 필기전형에 응시할 기회를 부여했다. 공개채용과 다르게 비밀코드(Secreat Code)가 따로 부여되어 상대적으로 낮은 경쟁률로 취업에 성공할 수 있었다. 롯데의 경우 2015년부터 SPEC 태클 전형을 운영하여, 직무수행 능력과 역량만 평가해 실무 인재를 발굴하고 있다. 직무 과제와 실습, PT 등으로 평가하였으며, 많은 수의 취업준비생이 면접 기회를 가질 수 있었다. 또한, 가장 먼저 수시채용을 도입한 현대자동차는 H리크루터(H-Recruiter)를 진행하고 있다. H리크루터는 현업의 직무 전문가들이 대학의 랩실, 연구실, 동아리 등을 찾아다니면서 각 직무 분야의 우수 인재를 직접 발굴하고, 우수 인재로 풀(Pooling)이 되면 해당 직무 분야의 채용 공고에 한하여 채용 특전(최종면접 기회 부여)을 제공하는 프로그램이다. 2019년부터는 전 부문으로 확대하여 본격적으로 운영하고 있다.

함께 취업을 준비했던 교육생 중 한 명은 이력서 및 자기소개서를 제대로 작성하여 각종 플랫폼에 공개하였다. 이후 여러 회사에서 면접을 진행하고 싶다는 제의를 받았고, 그 중 가장 본인이 원하는 곳으로 빠르게 취업할 수 있었다. 서비스업의 경우 아르바이트생으로 근무한 구직자를 1년 동안 평가한 이후에 정규직 면접 기회를 제공하거나, 서류에서 가산점을 부여하여 채용하는 경우도 보았다. 대표적으로 한화그룹은 2018년 6월까지 비정규직 850여 명을 정규직으로 전환했으며, LG그룹은 2020년 하반기부터 신입사원 비중의 70%를 채용연계형 인턴십으로 진행하겠다고 발표했다. 이처럼 상시채용 및 수시채용에서는 자신만의 채용제도를 개척해야 한다.

그중 구직자들이 가장 눈여겨볼 부분은 추천채용이다. 비공개채용으로 여러 경로로 추천을 받는 대표적인 방법은 학교나 헤드헌터, 지인 등 비공개적인 루트를 통해 추천으로 채용에 응시하는 경우이다. 특히 아직 대학생인 구직자라면 대학교 추천채용은 꼭 활용해야 한다.

각 학교의 취업지원센터 홈페이지는 그 대학의 재학생만 접속이 가능하다. 때문에 학교에서 이력서를 검토하고 추천을 한 학생만 면접기회를 얻을 수 있다. 보통 대학별로 최소 지원자격(일정 이상의 학점, 외국어능력, 자격증 등)을 두고 있는 만큼 평상시 공고를 살피면 내가 4년간 어떤 역량을 갖춰야 할지 방향성을 정하는 또 다른 척도가 된다. 대학교 내 쟁쟁한 경쟁자를 물리쳐야 비로소 그 대학의 추천자로 최종 선발된다는 번거로움을 감수하더라도 사회의 채용시스템에서 만나는 경쟁자들보다는 훨씬 경쟁이 쉽다.

특히, 코로나19로 서류, 필기, 면접 등이 어려워지자, 모 대기업에서는 근무하던 직원들 중 우수 직원에게 주변 지인을 3명까지 추천해달라는 안내가 있었다. 때문에 이러한 비공식 채용정보도 놓치지 않으려는 노력을 해야 한다.

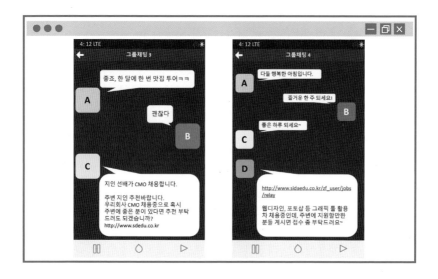

다시 강조하지만 이를 위해서는 취업 준비에 매우 적극적인 태도를 갖는 것이 중요하다. 다양한 취업 경로 개척은 컴퓨터 모니터 앞에서만 이루어지지 않는다. 내가 원하는 업종 및 분야에 근무하는 직장인, 선배 등을 만나기 위하여 정기적으로 모임에 참여하고, 관련된 정보를 수집하기 위하여 적극적으로 움직이는 만큼 비공식적인 추천 제도를 활용할 수 있는 길은 넓고 튼튼해진다. 수시채용이 활발해질수록 기업들은 좋은 인재를 찾기 위한 최선의 노력할 것이고, 이는 관심과 열정에 따라서 여러분이 될 수도 있다는 것을 항상 기억하자.

AI면접 프로세스,
이것만 알아도 합격보장!

우리나라에서 가장 많이 대중화되어 있는 AI면접 프로그램은 마이다스아이티의 'inAIR' 프로세스이며, 자기분석, 뇌과학분석, 심층분석 3가지로 구성되어 있다.

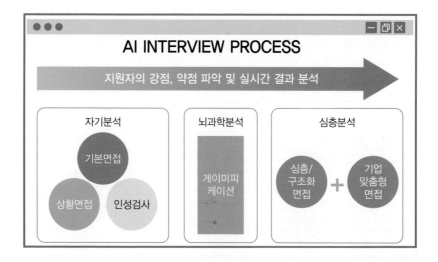

자기분석

자기분석은 기본면접, 인성검사, 상황면접 3가지로 구성되어 있다. AI면접에서는 면접 답변을 하기 전에 생각시간을 준 뒤에 면접 답변시간을 준다. 생각시간은 면접의 종류와 기업, 직무에 따라 다르게 설정될 수 있다. 기업에서 원하는 대로 시간을 조정할 수 있기 때문에 절대적으로 몇 분에 맞춰 준비하라고 이야기할 수는 없지만, 처음 프로그램을 설계할 때 정해진 시간이 가장 많이 나오는 편이다.

(1) 기본면접(생각시간 30초, 답변시간 90초)

기본면접은 주로 3가지 질문(자기소개, 성격의 장단점, 지원동기)으로 구성되어 있다. 기본면접 질문 중에 눈여겨봐야 할 것은 지원동기이다. 2018년 처음 AI면접이 도입되었을 때는 회사에 대한 지원동기를 물었다면, 2018년 하반기부터는 직무에 대한 지원동기를 주로 묻기 시작했다.

기본면접 질문을 준비할 때는 자기소개와 성격의 장단점, 직무 지원동기를 준비하는 것이 좋다. 하지만 '지원동기' 준비에 대해 물어보는 학생들이 생각보다 많았는데, 이는 AI면접 전형 안내문을 보면 왜 이런 질문을 했는지 알 수 있다.

```
● ● ●                                              ─ ◻ ✕

[AI전형 안내]
1. AI전형은 질의응답과 게임 수행 등으로 구성되어 있습니다.
2. 질의응답의 경우 안내되는 질문에 충분히 생각을 하신 다음에 대답을 하시면 됩니다.
   ※ 공통질문 : 자기소개/장점 및 단점 소개
   ※ 추가질문 : 개인별 상이
3. 게임 수행의 경우 안내되는 가이드의 내용을 잘 숙지하여 마우스 또는 키보드를 이용하
   여 게임을 수행하시면 됩니다.
```

위의 안내문은 B사에서 학생들에게 전달한 AI전형 안내문이다. 내용을 살펴보면, 공통질문 부분에서 자기소개/장점 및 단점 소개만 명시되어 있는 것

을 볼 수 있다. 지원동기를 준비해야 하는지에 대해 물어보는 지원자에게 안내문에 적혀있지 않아도 준비는 해야 한다고 답해 주었음에도 지원동기가 적혀 있지 않아서 준비를 안 했는데 지원동기를 묻는 질문이 나와서 망했다고 이야기하는 지원자가 많았다.

이러한 지원자들의 심리를 보면 스스로 부담감을 줄이기 위해 '굳이 안내문에 나와 있지 않은데 해야 하나?'라고 생각하며 준비를 생략하고 실제 질문이 나왔을 때는 당혹함을 느끼게 된다. 다시 한번 강조하지만 만약 본인이 AI면접에 응시하게 되었고, 이러한 내용이 안내문에 기재되어 있지 않다고 하더라도 지원동기는 무조건 준비해야 한다.

(2) 인성검사(자기보고식 탐색 질문)

기본면접이 끝난 뒤에는 인성검사를 진행한다. AI면접 초창기의 인성검사 문항 수는 기본 62문항에 기업마다 문항 수를 다르게 하여 진행했다. 그리고 2019년 상반기부터는 인성검사 문항 수를 약 170여 개로 증가시켜 검사 문항의 일관성을 준 것으로 보인다. 다만, 인성검사에서 질문의 개수는 크게 중요하지 않으므로 열심히 응시하면 된다.

문항	매우 그렇다	그렇다	그런 편이다	그렇지 않은 편이다	그렇지 않다	전혀 그렇지 않다
나는 사람들의 말을 잘 믿는다.	○	●	○	○	○	○
일을 한번 시작하면 끝까지 하려고 한다.	○	○	●	○	○	○
과제나 업무의 마감시간을 놓치지 않는다.	○	○	○	○	●	○
종종 나의 감정이 남에게 드러날 때가 있다.	●	○	○	○	○	○
나는 갑자기 우울해지는 감정을 자주 느낀다.	○	○	○	○	●	○
나의 행동과 모습이 주변 사람들에게 어떻게 보이는지 걱정하는 편이다.	○	○	●	○	○	○
가끔 남들이 하지 않는 방식으로 접근하여 좋은 결과를 만든다.	○	○	○	○	○	●

인성검사에서 주의해야 할 부분 중 하나는 60초 이내에 10문항을 체크해야 한다는 것이다. 그래서 1문항당 6초 이내의 시간에 육지선다를 체크해야 하는데, 이는 질문을 읽고 고민할 시간 없이 본인이 떠오르는 것을 빠르게 체크하도록 유도하는 것이다. 지원자의 성향을 정확하게 파악하기 위해 다른 고민 및 생각을 할 수 없도록 하는 것으로 보인다. 한 번 체크한 문항은 수정이 불가능하므로 내가 잘못 체크한 부분이 있더라도 일단 넘어가고 다음 문항에 더 집중할 수 있도록 해야 한다. 실수로 인해 머뭇거리다가 다른 문항을 놓칠 수도 있고, 불안한 마음에 제대로 체크를 못 하는 경우도 발생하기 때문이다. 실제로 일부 지원자들은 약간의 머뭇거림 때문에 한두 문제를 체크하지 못하는 경우가 발생했고, 이 부분이 마음에 걸려 다음에 진행된 AI면접 절차에 집중하지 못해 아까운 기회가 날아가기도 했다. 만약 응시과정에서 실수를 하더라도 이에 얽매이지 말고, 다음을 빠르게 준비하려는 마음가짐을 져야 한다. 또한 인성검사에서 본인이 체크한 문항을 바탕으로 프로그램은 지원자의 강점과 약점을 분석하게 된다. 그리고 이를 바탕으로 구조화된 질문이 나오기 때문에 거짓으로 대답하면 대답의 신뢰도가 하락하게 된다는 것을 기억해야 한다.

(3) 상황면접(생각시간 20초, 답변시간 40초)

인성검사 끝난 뒤에는 지원자에게 상황 질문이 주어진다. 이때, 게임이 먼저 나오기도 하므로 참고하여 진행하면 된다. AI면접에서의 상황 질문은 정해져 있는 것이 아니라 지원자에 따라 다르다. 생각보다 답변하기 어렵고, 곤란한 질문이 나오고 답변 내용도 실제 상대방에게 말하는 것처럼 답할 것을 요구한다.

마이다스아이티에서 안내한 자료에 따르면 총 상황 질문의 수는 54,720개이다. 이처럼 다양한 질문이 나올 수 있어서 예상 질문을 준비한다고 해도,

나오지 않을 확률이 굉장히 높다. 이에 많은 지원자들이 포기하거나, 기본질문 스크립트를 작성하고 외워서 외운 것만 답변한다.

AI면접에서의 상황 질문은 대면 면접의 상황 질문과 유사성을 띠고 있는 것처럼 보이지만 확연한 차이점이 있다. 대면 면접에서는 지원 직무의 특성과 성과, 실제 업무 상황에 기반한 질문을 하거나 지원자의 성향과 성격을 상황 질문이 주어진다. 하지만 AI면접의 상황 질문은 애초에 당황스럽고, 대응하기 힘든 상황을 주로 질문하며, 어떻게 대처하는지를 평가한다.

 상황 질문 예시

Q1. 10년 만에 친구가 보험가입 요청으로 전화를 한다면 어떻게 말할 것인가?

Q2. 상사가 등산 단합대회를 가자고 하였으나 친구와의 선약이 있으면 어떻게 거절할 것인가?

Q3. 급하게 버스를 탔는데 지갑에 교통카드가 없다면 기사에게 어떻게 말할 것인가?

Q4. 해외여행에서 친구가 자신과 다른 코스를 가자고 할 때 어떻게 설득시킬 것인가?

뇌과학분석

뇌과학분석은 P6를 기반으로 한 여러 가지 게이미피케이션으로 구성되어 있다. 게이미피케이션에서는 말그대로 게임을 수행하게 되는데, 이는 6가지의 전두엽을 활용한 역량을 평가하는 기술이다. 그래서 이에 해당하는 추론, 작업 기억, 멀티태스킹, 조절, 의사결정, 정서 등을 게임을 통해 측정할 수 있다. 그리고 이를 바탕으로 AI면접 지원자의 역량 및 직군 적합도 결과를 도출한다.

    AI면접에서 게이미피케이션의 순서는 보통 자기 분석이 끝나고 진행된다. 지원자의 역량을 파악하기 위해 과제로 주어지는 게임의 종류는 직군별 특성에 맞게 제시된다. AI면접 초창기의 게임은 무작위로 선정되어 진행되었고, 게임의 수도 4~14개까지 기업마다 달랐었다. 하지만 2019년 상반기에 AI면접이 업데이트되면서 10~14가지의 게임이 제시되고 있으며, 게임의 순서를 내가 정할 수 있다는 것이 특징이다. 그리고 게임을 하는 과정에서 지원자의 행동 반응 및 패턴을 분석하여 지원자의 역량과 직군적합도를 판단한다. 이때 게임은 학습효과가 없는 방식으로 설계되어 준비하기 어려운 부분이 있다. 또한 진행 과정에서 나타나는 행동 패턴을 분석하기 때문에 개인의 역량을 속이는 것이 어려워, 신뢰 가능한 분석 결과를 도출해 낼 수 있다고 개발사 측에서 말하고 있다.

© 마이다스아이티 홈페이지

지원자가 게임을 마치면 지원자의 역량 프로파일과 직군적합도가 바로 분석되어 기업의 채용 담당자들이 확인할 수 있다. 지원자 행동 반응을 분석하는 데이터베이스는 실제 기업에서 근무하고 있는 고성과자 6,800여 명의 성과 데이터에 담긴 역량을 빅데이터화하고, 이들의 게임 수행데이터를 분석하여, 프로그램에 학습시킨 뒤에 지원자와 비교하여 직무의 적합도를 평가한다. 대표적으로 영업직무의 경우는 82%의 정확도로 지원자의 미래성과를 예측할 수 있고 설명한다.

AI면접 후기를 보면, 지원자들이 가장 어려워하고 힘들어하는 부분이 바로 게이미피케이션이었다. '게임에서 좀 망했다.', '게임이 미쳤다.', '게임이 어렵다.', 'IQ 테스트 높은 사람을 뽑으려고 하는 건가?', '게임을 하는 이유를 모르겠다.' 등의 한탄을 하는 지원자가 많았다.

AI면접에서 진행하는 게이미케이션의 목적은 '게임을 진행하는 과정 및 게임에서 나오는 행동 반응을 보려고 하는 것'이다. 하지만 대부분의 지원자들은 어떻게 해야 게임을 더 잘할 수 있을까에 집중한다. 다시 한번 강조하지만 게이미케이션에서 중요한 것은 게임을 잘하는 것이 아니다. 현재의 AI면접에서 가장 중요한 것은 실수를 줄이는 것과 자신의 모습을 제대로 보여주는 것, 어떠한 상황이 일어나더라도 당황하지 않는 여유와 유연성 및 본인의 페이스를 찾는 속도이다. 이를 꼭 기억하자!

심층분석

심층분석은 심층/구조화 면접과 기업 맞춤형 면접으로 구성되어 있다.

(1) 심층/구조화 면접(생각시간 30초, 답변시간 60초)

심층분석은 자기분석 부분에서 진행된 내용을 바탕으로 심층 구조화 질문이 제시된다. 인성검사 문항에서 체크하였던 것 중, 성과역량지수와 관계역량지수, 조직적합지수의 강점과 약점으로 평가된 것을 바탕으로 구조화 질문이 나온다. 그래서 구조화 질문을 받는 학생들의 입장에서는 나와 관련된 질문이 나온다고 느낄 수 있고, 생각보다 정확하고 예리한 AI면접관의 능력에 놀라게 된다. 또한, 심층 구조화 질문은 꼬리 질문으로 이어진다. 때문에 많은 응시자들이 첫 번째 질문에 답한 뒤 이에 관련해 심화되어 나오는 질문에 당황한다.

 심층 구조화 질문 예시

Q1. 주변에 가장 성공한 사람이 누구라고 생각하는가?
Q1-1. 그 이유는 무엇인가?
Q1-2. 그 사람과의 차이점은 무엇인가?

(2) 기업 맞춤형 면접

기업 맞춤형 면접은 AI면접 프로세스 중 제일 마지막에 나오는 질문으로 기업의 요구에 맞게 기업이나 직무의 특징을 반영하여 질문이 제시된다. 기업의 특수성이나 직무의 특수성, AI면접의 관심도가 높은 일부의 기업에서만 기업 맞춤형 질문을 제시하고 있다. 예를 들어 외국계 기업의 경우, 본사가 있는 국가의 특징에 따른 영어 및 일본어 등으로 답변하는 질문이 있으며, 해외와 관련된 직무에서는 영어로 답변하는 질문이 추가되기도 한다.

특히, 제약업체인 H사는 직무별로 맞춤형 질문이 다르게 나타나는 특이점이 있는데, 영업 직군의 경우 그 직무에서 자주 활용하는 용어를 활용한 질문을 제시하여 직무에 대한 이해도를 확인하였다. 아직 많은 기업이 맞춤형 질문을 활용하고 있지는 않지만, 시간이 지날수록 기업 맞춤형 질문을 조금씩 추가하여 활용하지 않을까라는 추측을 조심스럽게 해본다.

남들보다 눈에 띄는 서류와
면접 준비하기
(실전)

①

Self Analysis,
브랜딩의 시작

취업 준비의 시작은 자기분석부터이다. 스스로에게 질문을 던지는 과정을 통해 나를 이해했다면 이제 필요한 것은 취업 시 활용할 수 있는 나만의 무기를 만들어야 한다. 필자는 이를 '퍼스널 브랜딩(Personal Branding)' 과정이라고 설명하는데, 우리가 상품을 살 때 브랜드를 고민하듯 '나'라는 사람을 하나의 상품으로 만들어, 많은 회사에서 관심을 가질 수 있도록 다듬어야 한다. 내가 가지고 있는 성격과 역량을 억지로 꾸미라는 것이 아니다. 상대가 나라는 사람을 보았을 때 큰 노력 없이도 파악할 수 있도록 해야 하는데, 이를 위한 첫 번째 스텝은 '페르소나(Persona)'이다.

> 마케팅적 의미로 '페르소나'는 소비자에게 전달되는 '브랜드의 이미지'로서 브랜드 가치를 높이기 위한 이미지 메이킹 수단으로 사용된다. 이때 페르소나는 어떤 제품 혹은 서비스를 사용할만한 목표 인구 집단의 사용자 유형을 대표하는 가상의 인물을 의미한다.

취업에서 페르소나를 설정하는 것은 가장 나다운 모습이 어떻게 하면 지원 기업에 매력적인 인재로 보일지 '가상의 인물'을 만들어 가는 과정이다.

하지만 페르소나는 어떻게 보면 굉장히 모호한 개념이라서 이를 취업에 적용하기엔 막막할 수 있다. 이때는 'https://xtensio.com/' 홈페이지를 활용하면 자신의 취업 페르소나를 빠르게 구축해볼 수 있다.

〈실제 페르소나 적용 사례〉

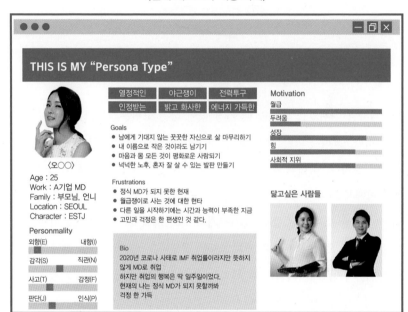

이 사이트에서 제공하는 템플릿을 활용하면 시간을 절약하면서도 효과적인 문서 작성이 가능하다. 기존에는 막연히 이미지로만 가지고 있던 현재 나의 성격, 흥미, 능력 등을 시각화하여 가독성을 부여하는 과정이다. 물론 이를 알 수 있는 직업 선호도 검사, 홀랜드 검사, MBTI 검사 등 다양한 성격 적성 검사가 있지만, 이에 더해 페르소나 분석은 나 자신을 이해하는 계기가 될 것이며, 삶을 복습하는 시간을 갖게 해줄 것이다.

2

성찰의 시간, 기억과 경험

구직자들이 취업을 준비할 때 가장 많이 하는 고민은 '마땅한 경험'이 없다는 것이다. 그러나 이는 자기소개서 및 면접에 정답이 있다고 생각하기에 고민하는 것이다. 특히나 자기소개서는 더더욱 정답이 없다. 정확히 말하자면 '이력서에서 보이지 않는 나만의 강점이 다른 지원자들보다 회사생활에 도움이 되는지를 소개하는 글'이 자기소개서이다. 결국 자기소개서를 읽는 사람에게 자신이 얼마나 괜찮은 인재인지를 설명하는 일종의 안내 책자라고 할 수 있다. 자기소개서의 진정한 목적은 그 글을 읽는 사람에게 구체적인 이미지를 떠오르게 하며, 한번 만나서 이야기를 나눠보고 싶다는 생각을 들게 하는 것이다.

그래서 자기소개서를 대필하거나 인터넷에 떠도는 합격자소서를 참고하는 것은 합격에서 점점 멀어지는 지름길이다. 그런 글에서 개인의 특성과 매력은 보이지 않는다. 혹 눈에 띄는 자소서가 완성되더라도 문항이라는 퍼즐을 모아 맞춰보면 일관성 없는 모순된 형태의 이미지가 만들어진다. 이러한 자기소개서는 우연히 서류를 통과하면 더욱 문제가 된다. 자기소개서에서는 굉장히 밝고 커뮤니케이션이 뛰어난 인물이었는데, 막상 앞에 앉아 있는 지원자는 다른 사람이기 때문이다. 이처럼 자기소개서와 면접의 불일치가 클수록 답변의 유창함과는 상관없이 면접관에게 신뢰를 줄 수 없다.

> 66
>
> *쓸모없는 경험은 없다. 쓸모없다고 생각하면 쓸모없게 될 뿐.*
>
> **– 취업지킴이 –**
>
> 99

취업을 앞두고 자기소개서를 쓰는 것은 나를 잘 이해하는 시간을 갖는 것이다. 어떻게 보면 인생에 있어 처음으로 겪는 자아성찰의 시간일지도 모른다. 필자가 자기소개서 쓰기를 단순한 서류 작업이 아니라 '성찰의 작업'이라는 철학적 의미를 부여해야 한다고 주장하는 이유이기도 하다. 그런데 많은 취업준비생이 이 중요한 과정을 건너뛰고 자기소개서를 작성한다. 결국 자신이 봐도 어색하고 만족스럽지 않은 자기소개서가 탄생하게 된다. 객관적인 경험이 하염없이 나열되어 있는 스토리에 억지스러운 CG를 입힌 광고 같다고나 할까? 과도한 MSG로 인하여 본연의 맛이 빠져있는 느낌이다. 다른 지원자의 이력서에 있음 직한 이야기는 굳이 쓸 필요가 없다. 자기소개서는 본인만의 생각과 느낌을 바탕으로 스토리를 살려 작성해야 한다.

예를 들어 본인이 편의점에서 일을 한 경험이 있다고 하자. 그냥 편의점에서 근무했고, 점주와의 원활한 커뮤니케이션을 통해 매출을 증진시켰다는 경험의 나열만으로는 본인을 보여줄 수 없다. '성실한 지원자구나.' 정도의 느낌은 줄 수 있겠지만, 이는 다른 지원자도 마찬가지일 것이다. 그런데 편의점에서 일하며 이에 얽힌 에피소드를 함께 전달한다면 다르다.

점장님이 엄격하고 약간은 융통성이 부족하신 스타일이라서 다른 직원의 평균 근속기간이 1개월 미만이었다는 이야기와 함께, 이러한 상황에서 본인이 어떻게 대처했는지를 전달하면 조금 더 지원자를 관심 있게 보게 될 것이다. 이것이 스토리의 힘이다. 스토리가 거창한 경험이어야 힘이 있는 것은 결코 아니다.

 5분에 2Page를 읽어라, 오기로 이뤄낸 6개월의 도전

고등학생 시절을 함께 보낸 단짝 친구가 지어준 'The brave Asian brunette'는 어려 보이는 외모에 어울리지 않는 당찬 모습에서 비롯된 별명입니다. 엉망인 영어 실력이었지만 자신감 하나로 무장해 발표 및 그룹 과제를 휩쓸던 제가 신기하고 인상 깊었다고 합니다.

영어 문학 시간에 담당 선생님께서 제인 오스틴의 『오만과 편견』을 공부하기에는 영어실력이 부족하니까 ESL반에서 공부하기를 권유했습니다. 하지만 저는 그 제안을 거절했습니다. 영어는 서툴렀지만 "나는 충분히 할 수 있다."라는 자신감이 있었기 때문입니다. 반 친구들이 5분에 책 한 페이지를 읽는 모습을 볼 때면, 오기로 2시간을 걸려 읽었습니다.

하루 5시간을 자며 할당된 과제를 다 했던 그 당시를 지금 생각해보면 "내가 참 독했구나."라는 생각도 들지만, 한편으론 그래서 지금의 내가 있다고 생각합니다. 포기하지 않았던 6개월의 도전은 다른 유학생들보다 2배 빠른 영어실력 향상으로 이어졌고, 다음 해부터는 5분에 두 페이지를 읽을 수 있었습니다.

타지에서 적응했던 저만의 비법은 어떠한 상황에서든 포기하지 않는 것입니다.

취업 준비생들의 자기소개서는 이제 달라져야 한다. 객관적인 경험들의 나열은 재미없다. 차라리 명확한 직무 이해를 바탕으로 역량을 강조한다면 좋게 봐줄 텐데, 아직 경험을 쌓아가는 단계이기 때문에 이마저도 어렵다. 그래서 자기소개서의 스토리가 중요하다. 자격증을 하나 취득하더라도 그것을 따게 된 이유와 과정, 거기서 느낀 감정은 모두 다르다.

지원자의 잠재력을 확인하기 위한 소소한 이야기가 인사담당자의 마음을 흔들 수 있듯이, 어린 시절의 잦은 이사, 고등학교 때의 탈선 경험도 개인적인 역량을 부각시킬 수 있는 좋은 소재가 될 수 있다. 그러니 자기소개서에 쓸 경험이 없다고 좌절하지 말자. 나를 강조하고 표현 목적만 제대로 이해한다면 내가 지금까지 살아온 모든 시간은 소재가 된다.

그래서 자기소개서를 작성하기 전 경험을 분석하며 성찰의 시간을 가져야 한다. 구직자는 자신과의 깊은 대화와 페르소나, 심리검사 등을 통해서 인생을 잘 정리해 두어야 한다. 그리고 그 가운데 자기소개서에 언급이 가능한 경험이 있다면 이를 연결하여 깊이 있게 다뤄야 한다. 이러한 과정은 자소서의 기본적인 뼈대가 되고, 인사담당자를 흔드는 자기소개서 탄생의 숨은 비결이다.

③

경험정리, 하루 만에 끝내기

자기분석이 끝났다면 구체적으로 경험의 세부 내용을 정리해야 한다. 자기소개서와 면접에서 사용할 수 있는 에피소드를 찾는 과정으로 가장 중요하지만 많은 구직자가 소홀히 하는 부분이기도 하다. 중요성을 모르는 이유는 단순하다. 당장 눈앞에 지원해야 하는 기업의 자기소개서 문항에 집중하다 보니 다른 것에 집중할 겨를이 없는 것이다. 하지만 의식의 흐름에 따라 떠오르는 대로 경험을 작성한 자기소개서는 구체적으로 작성하기 어렵다. 그리고 이는 결국 인사담당자를 설득하지 못하는 결과를 만들 것이다. 어려운 수학 문제를 풀기 위해서 기초 공식을 이해해야 하고, 다양한 유형의 문제를 풀어야 심화문제를 풀 수 있는 것처럼 좋은 자소서를 작성하기 위해서는 기초 작업이 튼튼해야 한다.

자신을 돌아보는 시간을 충분히 가졌다면 이제는 자신의 경험을 자기소개서에 적용할 수 있는 '기준'을 마련해야 한다. 특히 수시채용이 확대되고 있는 시기에는 경험정리를 빨리 시작하면 할수록 좋다. 경험정리 시간을 충분히 갖는 만큼 언급할 수 있는 에피소드가 다양해지고, 내가 가진 가치관과 철학을 제대로 상대방에게 보여줄 수 있다.

경험 정리 시 기준으로 삼을 수 있는 것

1. 자신의 인생 역사 써보기
2. SNS나 일기 읽어보기
3. 힘들고 괴로웠던 때를 떠올리기
4. 친구나 주변 사람들에게 나의 장단점 물어보기
5. 일 년 후의 내 모습 상상하기

그렇다면 경험정리 방법에는 어떤 것이 있을까?

마인드맵

마인드맵은 마치 지도를 그리듯이 자신의 경험이나 내용 등을 기록하며, 머릿속 생각을 정리하게 해준다는 장점이 있다. 실제로 마인드맵은 경험정리에도 효과적이지만, 정리하는 과정에서 자신감과 사고의 자율성을 향상시킨다. 나아가 기억력을 향상시키고 면접에서 돌발질문에도 침착하게 대처할 수 있도록 여러 가지 상황을 생각해 볼 수 있다. 만약 스스로 논리력이 부족하다고 느낀다면 논리적인 사고를 해볼 수 있는 좋은 기회이기도 하다.

마인드맵 효과를 높이는 방법

1. 중심 생각에서부터 가지를 치며 생각의 연결고리를 찾아 적는다.
2. 전체적인 기준을 두고 색을 사용하여 분류한다.
3. 각 가지를 하나의 키워드로 두고 분류한다.
4. 세부 가지를 그리면서 더 상세한 키워드를 적는다.
5. 정답을 고민하기보다 자유롭게 떠오르는 것을 적는다.

안심Touch

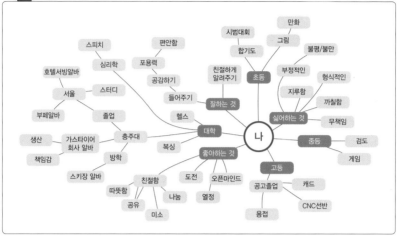

스토리구조도

스토리구조도는 직업 가계도 이론과 스토리를 결합한 방법으로 연대기적 구성에 따라서 태어난 순간부터 현재까지의 모든 경험을 기록하는 방법이다. 실제로 인생 스토리를 작성하면 자신의 구체적인 경험을 한눈에 확인할 수 있다. 특히, "전 아무런 경험이 없어요.", "공백기가 길고 한 일이 없는데 어떻게 하죠?"라고 고민하는 사람들에게 아주 유용하다.

스토리구조도 효과를 높이는 방법

1. 시간의 큰 흐름에 맞춰서 사건 위주로 적는다.
2. 스스로 질문하고 답변을 적는 형식으로 만들면 쉽게 작성이 가능하다.
3. 내가 가진 경험이 별로라는 생각은 버리고 무조건 다 적는다.
4. 최대한 구체적으로 작성하려고 노력한다.
5. 경험은 세부적인 에피소드와 역량으로 구분하면 정리하기 쉽다.

시기	주요내용	역량
14살	**인터넷 소설 작가 등단** 나에 대한 안 좋은 소문이 돌아 친구가 없었다. 인터넷 소설에 빠져 주변에 무관심했던 탓도 있었다. 인터넷 소설이 너무 재미있어서 유명한 카페에서 활동도 하고, 블로그 활동도 열심히 참여했다. 그러다 '나도 한번 써보자.'라는 생각이 들어 한 달간 가명을 쓰고 작가로 활동했다.	열정 – 작가 등단을 계기로 내가 한 가지에 꽂히면 심하게 좋아하고 집중하는 성향인 것을 알게 되었다.
19살	**전공을 무엇으로 하지?** 농산물에 관심이 많은 친구인 지우의 영향과 어린 시절부터 좋아했던 예술을 살릴 수 있는 전공인 조경학과 진학을 희망했고, 성공했다.	판단력 – 화학과 물리를 공부했는데, 둘 다 5등급, 3등급으로 성적이 안좋았다. 그래서 화학을 버리고 생물을 공부하기로 했고 이를 통해 내가 원하는 학과에 진학할 수 있었다.
20살	**영업에 적성이!** 대학 입학 즈음 처음으로 아르바이트를 하게 되었다. 액세서리와 잡화 판매 아르바이트였는데, 하루는 신발을 판매하는 직원이 결근하여 자리를 대신 채웠다. 액세서리 판매는 도둑질하는 사람을 감시만 하면 됐는데, 신발은 직접 판매를 해야 했다. 내 말한 마디에 지갑을 여는 손님들의 반응이 재미있어서 열심히 팔다 보니 4시간 동안 30만 원의 매출을 달성했다. 이를 인정받아 근무 위치가 변경되었다.	의사소통능력 – 당시 외국인 손님이 많았는데, 계속 웃는 얼굴로 말하고 진지하게 도와줬기 때문에 잘 팔렸다고 생각한다. 매장에 들어온 손님에게 입에 발린 소리를 하지 않고, 솔직하게 말했던 것이 좋은 결과를 만들었던 것 같다.

시기	주요내용	역량
20살 (2학기)	**성적 장학금 획득, 나도 할 수 있다!** 부모님께서 성적 장학금을 타면 상금으로 주겠다고 약속하셨다. 9살 이후로 해외에 가본 경험이 없어서 21살에 유럽여행을 가겠다라는 목표가 있었던 나는 정말 열심히 공부했다. 그 결과 1학년 2학기에 교내 장학금을 획득하고 과 수석을 차지했다(학점 4.3).	목표달성능력 – 성적 장학금을 계기로 내적 동기가 크기만 하면 무엇이든 성공해낼 수 있는 사람이라는 것을 깨닫게 되었다.
21살 (1학기)	**나는 이과보다는 문과구나** **(전공에 대한 후회)** 한국 문학의 이해와 미술의 이해같은 문과 문과한 수업을 수강했다. 외우고 읽고 감상문을 작성하는 과정을 원래 좋아해서 재밌게 수강하였고 학점도 잘 받았다. 정말 난 뼛속까지 문과구나라고 생각했다.	의사소통능력 – 한국 문학의 이해 수업에서 팀프로젝트를 진행하게 되었다. 그런데 PPT를 만들기로 한 친구가 보노보노 PPT 뺨치는 가독성이 부족한 PPT를 만들어서 다시 만들자는 이야기를 했다. 결국 다른 과 친구가 밤새 PPT를 만들었고, 함께 밤을 새며 피드백을 주었다. 결국, 무사히 발표를 끝낼 수 있었다.
21살 (2학기)	**우리 학과는 아니야** 한 학기 공부를 열심히 하며, 학과의 공부가 어렵지 않고 누구나 할 수 있겠다는 생각이 들었다. 또한 4학년 선배가 열심히 공부한 학과 과목을 살리지 않고 공기업 준비를 하는 것을 보면서 나의 미래를 고민하게 되었다. 생각 끝에 다양한 활동을 해보기로 했다.	인적자원개발 – 스스로를 발전시기 위해 새로운 분야에 도전함으로써 세상을 보는 시야를 넓히고 견문을 확장할 수 있는 계기가 되었다. 여러 분야의 활동을 경험하면서 많은 사람을 만나게 되었고, 우물 안 개구리에서 탈출하는 계기가 되었다.
22살 (2학기)	**무역학개론 수업으로** **영업에 대한 흥미가 생김** 수강신청이 잘못되어 무역학개론 수업을 듣게 되었다. 교수님이 힘들게 하기로 유명한 분이었는데, 그만큼 열정도 있으시고 실무 이야기를 많이 해주셔서 관심이 생겼다. 전공인 학생들과 함께 듣는 수업이라 학점을 취득하기 어려웠지만, A를 취득했다.	외국어능력 – 이때 중국어에 대한 관심이 생겨 공부를 시작했고, 가슴이 뛴다는 것을 처음으로 느꼈다. 시간 가는 줄 모르게 공부를 하며 HSK에 도전해 좋은 성과를 얻었다.

시기	주요내용	역량
○○○○ 동아리 (21~22살)	경영학 분야를 배우고 싶어 이에 관한 실무 활동을 하는 중앙동아리에 가입했다. 다양한 과의 열정적인 친구들을 이때 많이 알게 되었고, 비즈니스가 무엇인지를 경험했다. 동아리에서 조를 정해 프로젝트를 하나 진행했는데, 진행 과정에서 이런저런 의심을 많이 했다. 물론 우리 조가 기획했던 사업은 시행되지 못했지만, 동아리의 회장이었던 선배는 그때의 아이디어로 현재 사업 중이다. 배울 것도 많고, 느낀점도 많은 활동이었다.	통찰력 – 계획을 철저히 세워야 수익이 난다고 배웠지만 실제로는 변수가 엄청 많다는 것을 느꼈다. 내가 아이디어를 하나 제시할 때마다 다른 조원들의 비판이 이어졌다. 그러나 이 과정에서 관찰력과 다각적으로 생각하는 게 필요하다는 것을 경험했다.
국제처 외국인 학생센터 (23~24살)	**꼼꼼함** 외국인 학생의 서류는 꼼꼼함이 매우 중요하다. 어학점수 같은 항목을 잘못 분류하면 장학금이 누락되거나 입학이 안 될 수 있다. 하지만 스스로 덜렁거리는 성격이고 이 때문에 실수가 자주 발생하는 것을 알고 있었다. 모든 서류를 3번이고, 4번이고 다시 읽음으로써 실수를 없앴다. **엑셀 함수 능력** 학생 만족도 조사나 입학관련 설문 조사 자료를 교직원이 알아보기 편하게 엑셀화 하는 작업을 하였다. 엑셀을 잘 다루는 편은 아니지만 모든 자료들이 일목요연하게 정리되는 것을 보며 입사 전에 제대로 배워보고 싶다는 생각을 했다.	문서작성능력 – 동아리에서 실무와 비슷한 시뮬레이션을 하며 회사 업무 과정에서 종이 한 장의 역할이 정말 크다는 것을 배웠다. 특히 누가 봐도 이해할 수 있게, 정확한 표현과 함께 데이터가 꼼꼼하게 정리되어야 한다는 것을 느꼈다. 초반에 만들었던 서류들은 팀원들에게 모조리 퇴짜 맞았다. 줄 간격도 정리가 되지 않아서 가시적이지 않았고, 무엇을 말하고자 하는지 모르는 서류였다. 그래서 아빠께 좋은 보고서의 기본적인 구성에 대해 배우고 팀원들에게 피드백을 받음으로써 실제 회사에서 하는 것처럼 문서 만드는 방법을 연습해 볼 수 있었다.

안심Touch

이처럼 스토리구조도는 사건에 맞춰서 어떤 역량을 주로 배웠고 활용하였는지를 이해할 수 있게 한다. 가장 좋아하는 것은 무엇인지, 현재 내가 어떤 경험을 해왔는지, 어떤 직무를 배우고 싶은지 등 평상시 고민해보지 못했던 것을 생각해 볼 수 있는 계기가 될 것이다. 특정한 형식을 두고 작성하기보다 의식의 흐름에 맞춰서 그때를 떠올려서 적어보자. 막상 적고 보면, 생각보다 내가 다양한 선택을 하고 살았음을 알 수 있다. 이러한 일상적 경험에서 나오는 이야기가 결국 채용 과정의 서류 및 면접에서 설득력을 줄 수 있다.

만약 중고 신입으로 경력이 있는 경우라면 추가로 있었던 사건을 위주로 직무역량을 정리할 수 있다. 이때 중요한 점은 내가 평상시 맡았던 업무를 분화하여 역량별로 정리하는 것이다.

 스토리구조도 - 사회 생활 시작 후

시기	주요내용
입사 1년 (26살)	**○○○ 전주공장 연구소에서 영어 번역 및 출장자 관련 업무 담당** 1. 인수인계 기간이 이틀밖에 없었고, 업무 관련 매뉴얼 전무하였다. 관련 업무 처리에 관한 서식을 만들고자 결심했다. (문서작성) 　• 여러 곳에 나누어 저장된 출장자 정보를 엑셀 파일로 정리하여 쉽게 업데이트 할 수 있도록 함 　• 항공 일정 및 여행사별 가격 비교표 서식 작성 → 출장자에게 항공권 예약 티켓 발송 시 해당 서식에 내용을 입력하여 보냄으로써 출장자가 빠르게 정보를 숙지할 수 있도록 도와줌 2. 상사와 함께 해외 출장 스케줄을 맞추길 꺼리는 직원들의 요청을 받아, 중간에서 항공권 및 항공권 좌석을 조정했다. 　• 중간에서 정보를 전달하는 입장으로 서로가 불편하지 않도록 타당한 이유를 만들어 처리함 (팀워크) 　• 부족했던 번역 실력을 키우고자 퇴근 후 두 시간씩 번역 연습 (책임감)

	3. 전문적인 번역 용어가 있음에도 불구하고 관련 용어에 대한 정리 사전이나 용어 정리 파일이 존재하지 않았다. • 1년 4개월 근무 기간 중 ○○○ 용어집을 직접 만들고, 품질팀 번역 사원이 입사하면 해당 자료를 보내주어 업무에 빨리 적응할 수 있도록 도와줌 (문서작성) • 주로 PDF 파일로 오는 자료가 많아 자주 쓰는 보고서 서식은 워드 파일로 따로 만들어 보관하여 관련 업무 처리 시 시간을 절약 (문서작성)
퇴사 이후	**네이버 블로거 활동** 다른 사람들에게 도움이 되는 정보를 주고자 블로그 활동을 시작했다. 사진과 글을 적절히 조합하여 독자의 흥미와 가독성을 높였다. • HSK 합격 수기는 하루 만에 조회 수 100을 달성하고 교육용 전자기기에 대한 조회수는 월 평균 800을 달성
	중국어 공부 시작 중국 어학연수와 인턴 당시 부족했던 나의 모습이 항상 마음에 남아 중국어 공부를 시작했다. 열심히 노력한 결과 HSK 6급까지 취득하며 원하는 목표 달성했다.
	항만 물류 면접 기회 항만 물류에 대한 관심으로 협회 사무지원직에 지원했다. 항만 물류 협회 면접을 준비하며 부두 운영에 관해 전체적으로 알 수 있게 되었다. • TOC 계약, 항만 내 물류 하역 및 보관 작업 등 부두 안에서 이루어지는 각종 물류 운영 시스템에 관해 더욱 관심을 가지는 계기가 됨

키워드구조도

키워드구조도는 자기소개서 및 면접에 자주 등장하는 핵심 키워드에 맞춰서 경험을 정리하는 방법이다. 시간이 있다면 스토리구조도를 그려보는 것을 적극적으로 권장하지만 시간이 없을 때는 키워드구조도를 통해 핵심만 정리할 수 있다. 중소기업, 대기업, 공기업에 따라서 정리 방법은 약간씩 달라질 수 있지만, 기본적인 경험을 바로바로 찾기에 좋다.

〈기업별 역량 키워드〉

기업 종류	역량 키워드
중소기업	성장과정, 성격의 장단점, 대외활동, 학교생활 등
대기업	실패극복, 도전정신, 직무 준비, 창의적 사고, 갈등해결 등
공기업	의사소통능력, 대인관계능력, 문제해결능력, 직업윤리 등

　구직자들이 가장 많이 하는 경험에 맞춰 크게 6가지로 구분해서 작성할 수 있으며, 가치관은 8가지로 나눠서 작성한다. 경험을 적을 때 추가할 수 있는 특별한 경험이 있다면 칸을 추가해서 작성한다. 주요 경험을 정리한 다음에는 개인의 가치관 및 인성을 구분하여 정리한다. 이러한 정리는 급하게 서류나 면접을 준비해야 할 때 유용하게 사용된다. 하지만 경험을 간단하게 적어서 정리하는 것이므로 자기소개서를 작성할 때 직무역량보다 경험의 상황과 결과 위주로 나열하는 오류를 범할 수 있으니 주의한다.

 키워드구조도

〈6가지 주요 경험〉

주요 경험		사건 위주 기술
공모전/프로젝트	시장조사 능력	전공 팀 과제(대형마트와 재래시장 전략, 골프존의 복리후생, 현대카드 마케팅 전략, 아웃백 서비스 경영)
동아리/ 학회 등	• 팀워크 • 목표 달성 • 리더쉽	• 영화제작 동아리 참여(1년에 2번 제작과정 참여) • 1학년 과대, 2학년 총무
인턴	• 유통 관심 • 문서작성	미국 뷰티상품 유통회사 인턴 10개월 (온라인 유통)
해외연수 및 여행	• 어학능력 • 문화이해 • 도전정신	필리핀 어학연수 3개월, 미국 홀로 여행 1개월

봉사 활동	・팀워크 ・희생정신	・독거 어르신을 위한 김장 봉사 ・결손가정 아동 멘토 프로그램
아르바이트	・꼼꼼함 ・직업관	존슨앤드존슨 사무보조 3개월

〈가치관〉

주요 경험	사건 위주 기술
중고등학교	학급 임원은 아니지만, 각종 행사에 적극적으로 참여(체육대회, 장기자랑, 봉사활동 등)
부모님 가르침	・맡은 일은 책임감을 갖고 해내자(아버지). ・스스로에게 떳떳한 행동을 하자(어머니).
전공 또는 진로	경영학 전공 → 기업의 수익 창출 구조, 마케팅기법, 기업의 흥망성쇠를 결정하는 요인 등을 배우기 위함
생활신조&교훈	・타인이나 사회에 도움이 되는 사람이 되자. ・절대 남에게 피해를 끼치지 말자.
터닝포인트	복수전공으로 심리학을 선택 → 사람에 대한 관심을 가지는 계기
좋은 습관	・꼼꼼하게 계획을 세우는 버릇 ・매일 신문을 읽으며, 경제 전반에 흐름을 익힘
멘토&스승	・고등학교 때 선생님의 가르침(책임감) ・아르바이트에서 사장님의 솔선수범한 모습(업무자세)
성격의 장점&단점	・장점 : 계획적으로 우선순위를 선정하며 마감기한을 잘 지킴 ・단점 : 많은 일을 하려는 욕심이 있어서 여유가 없어 보인다는 이야기를 종종 들음

　필자가 제시한 것 외에도 정말 많은 자기분석 방법이 존재하므로 자신에게 잘 맞는 방법을 골라 활용하기 바란다. 내가 가진 경험과 직무역량을 구분하고 정리한 자료는 취업의 중요한 방향키가 되어줄 것이다. 실제로 자기분석을 한 구직자와 그렇지 않은 구직자를 비교했을 때 취업의 효율성이 200% 차이가 났다고 자신있게 말할 수 있다.

이제는 수시채용,
어떤 역량이 중요할까?

시대에 따라서 인재상은 변화를 거듭해왔다. 앞서 100대 기업의 인재상 변화를 확인할 수 있었다. 2019년에 잡코리아에서 공개한 30대 대기업 인재상의 공통 키워드를 확인해 보면 2018년과 또 다르게 변화한 것을 알 수 있다.

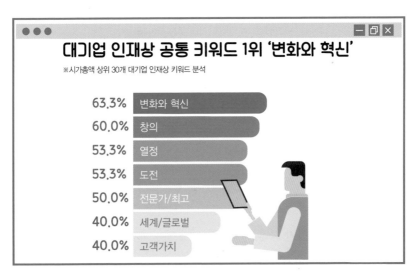

© 잡코리아

그렇다면 이제는 어떤 역량에 주목해야 할까? 인재상은 각 기업의 경영전략이 달라짐에 따른 인적자원 운영의 변화를 보여주었다. 한 예로 CJ그룹은 임직원이 지켜야 할 원칙을 인재육성으로 정했으며, LG그룹은 LG의 경영철학이자 다짐인 'LG Way'에 대한 신념과 실행력을 겸비한 사람을 인재상으로 정했다.

앞으로의 인재상은 4차 산업혁명으로 인한 변화를 주도할 수 있는 사람이다. 창조사회의 새로운 기업가치와 고객가치를 창출하는 데 필요한 능력은 정보관리(DB), 디지털, 평생학습 등이며, 수시채용이 활성화됨에 따라서 즉시 업무 수행이 가능한 성과관리, 사업수행, 자기개발과 같은 능력이 주목받을 것이다. 직무 이해도가 높은 인재를 선발하기 때문에 내가 갖추고 있는 경험과 역량을 잘 다듬어 본인만의 역량 사전을 만들어야 한다. 다음은 커다란 역량을 기준으로 그에 맞게 세부항목을 분류한 것이다.

〈역량 분류표〉

공통역량	대인관계	성과관리	사업수행	자기개발
업무열의	고객지향	업무 추진력	혁신성	자기이해
계획 수립	갈등관리	비전 제시	손익마인드	전산능력
솔선수범	의사표현	업무 효율화	계수관리	결단력
업무 성실성	협상 및 조정	원가 의식	상황 대응	변화관리
스트레스 내성	의견수렴 및 경청	업무 완결성	전략기획	외국어
자신감	Team-work	사업이해	창조 및 혁신	도전정신

역량 분류표의 역량을 구체적으로 정의하면 다음과 같다.

공통역량

항목	정의
업무열의	적극성과 도전의식을 가지고 끊임없이 노력하면서 회사나 팀의 목표를 달성하고자 한다.
계획 수립	목표달성을 위해 세부 활동들을 파악하여 현실적이고 실행 가능한 실천계획을 수립한다.
솔선수범	관리나 감독 없이도 스스로 알아서 업무를 처리하며 남들이 꺼리는 업무나 어려운 과제도 주도적으로 나서서 해결하려고 노력한다.
업무 성실성	업무 원칙에 충실하며 행동의 일관성을 기하여 타인에게 신뢰를 주고, 근무 태도가 양호하며 규정과 절차를 준수한다.
스트레스 내성	타인의 반대나 적대적인 반응에 직면했을 때 혹은 업무 스트레스가 발생할 때 이를 조절하여 침착하게 업무를 수행할 수 있다.
자신감	자신의 능력과 역량에 대한 자신감을 가지고 있으며, 어려운 문제에 직면해도 굴하지 않고 대처할 수 있다.

대인관계

항목	정의
고객지향	내/외부 고객의 기대사항, 요구를 미리 파악하여 이를 만족시키기 위해 적극적으로 사고하고 행동한다.
갈등관리	갈등을 유발한 사람과도 원만한 해결을 유도하고 건설적인 갈등관리가 이루어지도록 한다.
의사표현	자신이 의도한 바를 청중에게 정확하고 일목요연하게 전달하며 듣는 대상에 맞게 적절한 의사소통방법을 사용한다.
협상 및 조정	협상 대상으로부터 최선의 결과를 얻어내면서도 서로 Win-win을 할 수 있도록 입장을 잘 조율한다.
의견 수렴 및 경청	능동적으로 타인의 의견을 주목, 경청하고 다른 팀의 요구에 대해서도 적극적으로 대응한다.
Team-work	조직의 일원으로 타부서 및 팀원에게 적극 협력하여 팀의 시너지 효과를 극대화 할 수 있다.

성과관리

항목	정의
업무 추진력	업무 시작부터 완료시까지 주도적으로 인력을 개입시켜 관리하고, 자원을 집중하여 업무가 원활히 추진되도록 한다.
비전 제시	조직 혹은 부문의 장기적인 전략 및 사업 목표를 정확히 이해하고 자신 혹은 타구성원의 업무와 어떻게 연결되는지 구체적으로 제시한다. 앞날의 긍정적인 방향을 제시한다.
업무 효율화	업무를 보다 효율적으로 수행하기 위해 정확하게 파악하고, 자원을 분배한다.
원가 의식	예산관리를 투명하게 하며, 항상 투자대비 성과를 높일 수 있는 방향으로 의사결정을 한다.
업무 완결성	업무 프로세스상에 장애요인이 있거나 결과가 모호한 상태에 처하더라도 반드시 최종 결과를 도출하기 위해 최선을 다한다.
사업이해	자신이 종사하고 싶은 직무 내지 업종의 전반적인 동향과 사업적인 측면에서의 영향력을 이해하고 있다.

사업수행

항목	정의
혁신성	관습적으로 해오던 업무 방식에 이의를 제기하고 개선될 필요가 있다고 판단되면 적극적으로 개선을 주장한다.
손익마인드	조직의 이윤창출과 비용 마인드에 입각해서 생각할 수 있으며, 사업비 절감 및 손익 구조 개선을 위한 실행방안을 수립하고 실천한다.
계수관리 (숫자관리)	재정적이고 계량적인 자료에 입각해서 업무의 방향성을 추론하고 관리한다.
상황분석 및 대응	문제 상황 발생시 관련된 상황을 정확하고 신속하게 파악하여 문제의 근본적인 해결방법을 찾아내고 실행한다.
전략기획	현상을 장기적이고 폭 넓은 관점으로 이해하고 중장기 목표 달성을 위한 체계적인 계획과 실행방안을 마련하여 실천할 수 있다.
창조 및 혁신	업무를 수행함에 있어 기존의 틀에 얽매이지 않고 새로운 사고방식이나 아이디어를 창조적으로 만들어 낼 수 있다.

자기개발

항목	정의
자기이해	자신의 강·약점을 잘 파악하고 이를 보완하기 위해 자기개발 노력을 기울이며, 보다 전문적인 지식과 기술을 습득하기 위해 학습의 기회를 놓치지 않는다.
전산 능력	PC, DB, Software 등 업무에 필요한 전산 지식을 보유하고 이를 활용한다.
결단력	즉각적인 의사결정이 필요한 상황에서 단호하고도 과감한 결단을 내린다.
변화 관리	경쟁상황에서 변화의 필요성을 잘 인식하고 변화에 신속히 적응한다.
외국어	외국어에 대한 문법, 독해, 작문, 회화 능력을 보유하고 있다.
도전정신	불확실하고 위험한 상황에서도 기회를 찾아내고 위험을 감수하는 행동을 하며 새로운 일에 과감히 도전한다.

수시채용이 활발해질수록 실무적인 역량이 중요하다는 것은 여러 번 이야기해도 결코 부족하지 않다. 하지만 사회초년생이 많은 경험을 가지고 있는 것도 이상한 일이다. 때문에 내가 지원하고자 하는 직무에 필요한 역량을 사전에서 먼저 이해하고, 이와 일치하는 나의 간접 경험을 연결한다. 이렇게만 한다면 화려한 경력 없이도 충분히 실무진들을 만족시킬 수 있을 것이다.

많은 구직자들이 역량에 맞춰서 경험을 연결하는 과정에서 가장 어려워하는 것은 '경험의 판단 오류'이다. 대다수는 역량의 정의에 맞춰서 100% 일치하는 경험을 찾으려고 하는 데, 많은 사람들이 그 과정에서 좌절한다. 하지만 심각하게 고민할 필요가 없다. 여러 경험 중에서 내가 했던 행동이 역량의 정의와 유사하다면 충분한 재해석을 통해 활용 가능하다.

경험 및 역량(키워드) 연결

경험(카페 아르바이트)		필요한 직무 역량
고객관리, 매장관리, 상권분석, 재고관리	지식, 기술	회계지식, 상권분석, 매출 관리, 지표 해석 등
상권분석 후 새로운 아이디어를 제시함 (커피 배달 서비스)	태도	사업수행(창조 및 혁신), 자기개발(변화관리)

[바쁜 직장인을 잡아라, 찾아가는 '커피 배달' 서비스]

상권 및 고객을 분석하여 이에 맞는 아이디어를 제시하였고, 이를 통해 매출 증가를 이끌었습니다.

근무하던 카페는 종각에 위치한 지리적 여건으로 방문 고객의 90%가 회사원이었습니다. 또한, 주변 50m 이내 가맹점 커피숍이 5곳 이상 모여 있어 '차별화된 서비스가 필요하겠다.'라는 생각을 가지고 있었습니다. 그러던 중 직원 브레인스토밍 시간에 자신의 생각을 자유롭게 발언할 기회가 있었습니다.

당시 제가 생각했던 방법은 '오차 없는 커피 배달 서비스'였습니다. 이 서비스의 핵심은 고객에게 정확한 배달시간을 안내하는 것이었습니다. 다른 커피숍에서는 30분 이내에 배달해 드린다는 공통된 안내를 한 이후 이를 지키지 않는 점에서 아이디어를 얻었습니다. 이를 현실화하며 가장 중점을 둔 사항은 '소비자와의 거리(m), 주문한 수량(개)'에 따라 매트릭스 표를 만든 후에 소요 시간(분)을 지침서화 시킨 것입니다.

가장 큰 변화는 고객의 만족도였습니다. 처음에는 반신반의하며 이용하던 고객들이 시간이 지나면서 충성고객이 되었고, 회의가 잦은 주변 회사들을 공략할 수 있었습니다. '오차 없는 커피 배달 서비스'는 습관처럼 안내하던 30분 이내를 새롭게 바꿔 커피숍의 경쟁력을 강화하고, 매출을 증대시켰던 경험이었습니다.

이처럼 경험과 역량이 맥락을 같이 한다면 동일한 경력 없이도 좋은 평가를 받을 수 있다. 많은 취업준비생들에게 기업의 직무는 여전히 어렵고 경험해보지 못한 낯선 무언가이지만, 위의 언급된 5가지 역량은 어떤 업종과 직무를 선택하더라도 갖추고 있다면 좋은 평가를 얻을 수 있는 기준이다. 때문에 아무것도 모르겠다면 위의 항목에 맞춰서 경험을 정리해 보자. 그리고 진지하게 고민해서 전략적으로 취업하기를 바란다.

이력서,
기본 형식에서 벗어나라

정기공채에서 실무자들이 몇천 장인지 모를 지원자들의 이력서를 검토하는 것은 결코 쉬운 일이 아니다. 00명을 채용한다고 하면 인사담당자들은 보통 이력서만 30~50배수 이상을 검토하게 된다. 만약 하나의 이력서에 5분씩만 투자한다고 가정해도 1시간 동안에 검토할 수 있는 이력서의 수는 겨우 12개이다. 이를 하루로 계산하면 8시간 동안 쉬지 않고 일한다고 했을 때 96개의 이력서만 검토할 수 있는 것이다. '5분의 서류검토'는 직무기술서와 자기소개서까지 모두 검토할 수 있는 시간을 말한다. 때문에 각 회사별로 채용시스템에 일정한 기준을 두고 필터링을 진행하게 된다.

정성평가 방법
N(Negetive)/P(Positive) 평가에 따라서, 더 많은 서류를 빠르게 검토할 수 있다. 서류의 전체적인 내용에 집중해서 평가하는 것이 아니라, 일정 기준을 두고 적부를 평가하는 방법으로 시간을 단축할 수 있다.

때문에 정기공채에서는 스펙의 중요성을 어느 정도 강조할 수 있었다. 하지만 수시채용에서는 누구나 취득할 수 있는 학점과 자격증은 절대 도움이 되지 않는다. 오히려 내가 참여한 프로젝트에 인사담당자들은 반응한다. 때문에 1장의 문서에 시각적으로 내가 가진 모든 것을 살펴볼 수 있도록 구성하는 능력이 중요하다.

현재의 채용시스템에 익숙해져 있는 지원자는 '서류는 두꺼우면 좋은 것 아닌가?', '굳이 1장의 문서로 정리할 필요가 있을까?'라는 의문이 생길 것이다. 하지만 1장의 이력서에 내가 지닌 경력 및 경험을 효율적으로 기술할 수 있다면, 단시간에 인사담당자의 눈을 사로잡아 주목 받을 수 있을 것이다.

정기공채에서는 학교, 학점, 어학, 경력 등에 일정한 점수를 부여해서 객관화된 점수에 따라 합격자를 결정했다. 하지만 수시채용에서는 경험 위주의 채점을 하기 때문에 구직자가 직무에 대해 얼마나 이해하고 있는지에 대한 주관적인 평가가 가능하다. 수시채용에서 인사담당자는 일정량의 서류가 모이면 현업부서에 전달하고, 면접을 볼 지원자를 표시해 달라고 부탁한다. 이때 현업부서에서는 자신들에게 진짜 필요한 사람을 고르기 때문에, 구직자들의 서류에 더욱 집중하게 된다. 오히려 인사팀보다 더 까다로운 면접관이 되는 것이다.

첫째, 포장까지 잘해야 만점 이력서이다.
만약 홍보나 마케팅 같은 직무라면 인사담당자는 이력서를 통해 지원자의 카피라이팅 능력을 볼 수 있다. 여기에 포트폴리오나 동영상을 함께 제출한 지원자라면 창의적인 사고도 확인 가능하다.

이 과정에서 자신이 지원한 직무에 대한 고찰이 녹아든다면 인사담당자를 자신의 편으로 끌어들일 수 있다. 이를 '셀링 포인트(Selling Point)'라고 한다. 예를 들어 자신이 참여한 프로젝트에서 성공적으로 업무를 해냈다면, 열정, 좋은 평가라는 애매한 표현보다는 객관적으로 증가한 매출액, 방문 고객 수 등 정량적인 포인트를 언급하거나, 자신의 향상된 직무능력을 정확하고 확실하게 표현하는 것이다.

둘째, 지원하는 직무와 다른 내용은? 과감하게 정리하기

구직자의 대다수는 자신이 가지고 있는 모든 경험을 다다익선(多多益善)으로 기술한다. 하지만 최근 온라인으로 진행되는 채용시스템은 기업이 선정한 키워드에 맞춰서 원하는 능력을 지닌 지원자를 찾는 방식으로 진행된다. 이는 AI기술과 빅데이터가 발달하여, 관련 능력을 갖추고 있는 지원자를 정확하게 골라낼 수 있는 경지에 도달했기 때문이다. 결국 직무와 다른 내용을 많이 적은 지원자는 이미 업무 관련성에서 낮은 등급을 받아 선택될 확률도 낮아진다. 만약 내가 작성한 이력서가 지나치게 양이 많아지는 것 같은데 빼야 할 내용을 잘 모르겠다면, 전문가 또는 실무자에게 직접 평가를 받아서 필요 없는 내용을 과감히 정리해야 한다.

〈지원자들이 가장 실수하는 이력서 작성방법〉

한 조직에서만 근무하거나 장기간 근무한 경우

경력 전체를 기록할 필요는 없다. 최근 경력 혹은 관련 직무경력을 묶어 알아보기 쉽게 기재하는 것이 좋다. 조직에서 담당했던 업무와 지금까지의 과업을 기재하도록 한다.

경력에 공백이 있을 경우

직업이 없었다고 해서 공란을 만드는 것보다는 당시 직무와 관련된 중요한 일을 했다면 적는 것이 바람직하다. 무보수로 활동했더라도 봉사활동이나 교육받았던 내용 등에 관해서 작성한다.

단기간 근무한 경력이 많은 경우

임시직 및 프리랜서, 아르바이트와 같은 단기 경력이 많은 경우 지원하는 회사와 관련이 있는 경력이나 지원하는 업무와 관련 있는 경력만 기재한다.

 역량과 내용 정리하기

외국어능력을 강조하기 위한 표현법

ⓐ 2016. 09~12(3개월) 해외문화홍보원 제5기 오류시정 글로벌 모니터단 활동

　(업무) 해외 매체 검토 및 오류 보고

　(성과) 번역능력 및 외국어능력 향상

ⓑ 2013. 02~06(4개월) KAFC(Korean American Friendship Circle)

　(업무) 문화체험으로 한미 간 우호 증진 / TOPIK 시험을 위한 언어 교육

　(성과) 글로벌 문화이해도 및 외국어능력 향상

다양한 대외활동에 참여한 경험을 강조하여 공백 최소화

ⓐ 2014. 09~2015. 6(10개월) Northumbria University

　(업무) 구매력 지속방안 마련을 위한 논문 검색, 자료 취합 등 과제 수행

　(성과) 8팀 중 Top 3 선정 / 정보 검색 능력 및 외국어능력 향상

ⓑ 2014. 02~2015. 12(10개월) KNU Buddy

　(업무) 영국, 폴란드 교환학생 10명 미만 관리 / 연간 1회씩 참여

　(성과) 가장 높은 득표수로 Queen of Buddy 선발

ⓒ 2012. 09~2013. 09(12개월) 국제리더십 학생단체(AIESEC KNU) 동아리

　(업무) 봉사프로그램 기획 및 지원금 확보 / 영어 및 문화 교육 제공

　(성과) 지역 아동센터 계약체결 / 외국어능력 향상

공모전 묶음 표현 및 성과 위주 작성

2009. 03~2011. 02(24개월) 4개 기관/공모전 팀원

(업무) 기획서 구성 및 작성 [YLC외 3건, 평균 30Page]

① 사전 조사 [기존 운영방안 및 특성 확인]

② 기획서 내용 구성 [기획 의도 및 내용 등]

③ 기획서 개요 이해 및 주의사항 숙지

- KOSAC(문화체육관광부)

- YLC(코바코_한국방송진흥 공사)

- 헌혈(적십자사_혈액관리본부)

- 중소기업협력(MBN)

(성과)

① 기획능력 향상 및 각종 마케팅기법 숙지

② 기관 특성에 따른 의도 파악 및 문제해결 과정 숙지

③ 다양한 팀원들과 함께 소통하면서 대인관계능력 향상

그 외

ⓐ 인턴업무 : 2016. 05~2017. 02(10개월) A인터내셔널

(업무)

① 립스틱 조색 실험 참가(3CE 제품)

② 아이브로우 제형 실험 참가(이니스프리 제품)

③ 타투브로우 생산 결함 해결(에뛰드 제품)

(성과)

① 제품 출시에 필요한 생산관리부서의 업무 프로세스 이해

② 공정의 변화가 제품의 품질에 얼마나 중요한지 이해

③ 타 부서와의 협력의 중요성(생산팀, 품질팀, 마케팅팀, R&D팀)

ⓑ 학부 활동Ⅰ - 2009. 03~2014. 02 교내 활동/ 사회과학대학 학생회 및 학부조교

(업무)

① [학부조교] 사회과학대학 관련 행정업무 및 강의실 관리

- 학부 진행사항 확인 및 관리(비품, 인원 등)

- 학생 및 교수님 업무지원(학부 일정 및 과제 관리)

② [학생회] 연간 계획 및 목표달성 확인

③ [운영위원회]

- 연간 운영 계획 수립(예산, 행사, 인원 등)

- 운영 사항 보고(학기 별 총회 개최 및 보고회)

- 운영보고서 작성(현황 및 추진 내용 등 구성)

(성과)

① 재물조사를 통한 고정자산 및 결산을 통한 회계능력 향상

② 각종 행사 진행을 통한 계획 및 관리능력 향상

③ 다양한 선후배들과 어울리며 리더십 및 대인관계 향상

이력서를 정리할 때 가장 중요한 것은 신입이지만 경력처럼 느껴질 수 있게 하는 것이다. 하지만 사회초년생의 입장에서 대외활동, 공모전, 어학연수, 봉사활동, 아르바이트 등의 경험이 전부일 것이고, 누군가는 이제 갓 졸업한 학생이 자신에게 맞지 않는 단어 선택과 내용으로 과대포장을 했다며 곱지 않은 시선으로 볼 수도 있다. 그래도 수시채용의 포인트는 전문성과 경험인 것을 항상 기억하고 준비해야 한다.

⑥

수시채용에서 선택받는 자기소개서, 중요한 것은?

자기소개서를 작성하는 방법은 인터넷, 유튜브, 책 등에서 다양하게 소개되고 있다. '가독성을 지켜라.', '차별화를 주어야 한다.', '과장을 해서는 안 된다.', '일관성 있게 작성해야 한다.' 등 전문가마다 자신만의 노하우를 공개하고 있다. 이러한 작성방법 중에 틀린 방법은 없다. 내가 얼마나 적용할 수 있는지가 문제이다. 자기소개서는 내가 지원한 회사의 채용담당자에게 보여주는 첫인상으로 '나'를 효과적으로 어필할 수 있는 글이어야 한다. 간혹 자기소개서가 자소설로 변질되는 경우가 있는데, 그럴듯한 말로 꾸며내기 때문이다. 자기소개서에는 진정성과 솔직함을 담아야 한다.

그렇다면 수시채용의 자기소개서는 어떤 내용을 강조해야 할까?, 이 회사에 그리고 직무에 내가 꼭 필요한 사람이라는 것을 어떻게 설명해야지 채용담당자를 납득시킬 수 있을까?, 앞의 질문을 해결할 수 있는 자기소개서란 무엇일까?

물론 기업마다 자기소개서를 평가하는 요소와 가중치를 두고 있는 부분은 다르다. 하지만 공통적으로 중요한 부분은 있다.

첫째, 질문의 의도를 파악하고, 이에 맞는 역량을 행동으로 실천해야 한다.

기업에 상관업이 자기소개서에 자주 등장하는 문항이 있다. 대표적으로 도전정신, 실패경험, 대인관계 등을 묻는 내용으로 구직자는 자기소개서에 자신의 경험을 녹이기 위해 노력해야 한다.

만약 '최근에 갈등을 해결한 경험에 대해 이야기해 보시오.'라는 문항이 주어졌다. 문항의 의도는 설득, 협상 등을 통해 갈등을 해결하는 방법을 보기 위함이다. 그렇다면 이 문항에 작성해야 할 내용은 '자신의 역할에서 최선을 다했는가?', '적절한 대안이었는가?', '해결 과정에서 또 다른 어려움은 없었는가?', '결과는 만족하는가?' 등이다. 인사담당자는 이를 통해 지원자의 행동과 직무능력을 확인할 수 있다.

자기소개서에 실제 경험한 일을 바탕으로 솔직하게 답변하는 것이 가장 좋다는 것은 모두 알고 있다. 그런데 여러 자기소개서를 살펴보다 보면 행동에 대한 설명보다 상황과 결과에 중점을 두고 작성한 것이 많았다. 자기소개서는 과거의 경험을 통해서 앞으로의 '행동'을 예측할 수 있게 해주는 글이다. 때문에 가장 중요하게 작성되어야 하는 것도 행동이다. 하지만 여전히 많은 구직자들은 문항에서 의도하는 행동을 보여주기보다 자신의 경험이 얼마나 큰 과업이었는지와 결과가 얼마나 좋았는지에만 중점을 둔다. 그러다 보니 매번 적을 만한 경험이 없다는 이야기를 하게 되고, 경험을 각색하여 자소설을 쓴다. 하지만 소설은 서류를 무사히 통과할 수 있게 해줄지는 몰라도 면접에서 결국 들키게 될 것이다.

상대가 걱정하는 부분을 해결해줄 수 있는 명확한 근거와 다른 팀원이 만족할 수 있는 대안을 제시해 소통하여 목표를 이룬 경험이 있습니다. 중소기업의 판로 개척을 지원하는 사업단 활동 당시, 기업과 협력하여 8개의 무역전시회에 참가했습니다. 이 과정에서 저와 일부 팀원은 더 많은 전시회 경험을 쌓고자 신규 전시회를 발굴하자는 의견을 냈습니다.

반면 나머지 2명의 팀원은 추가 발굴과 관련한 규정 확인이 어렵고 전시회의 관리 및 참가일정 조정이 어렵다는 이유로 반대했습니다. 의견 충돌로 인해 향후 업무 진행에 차질이 발생할 수 있고, 갈등이 심화되면 팀이 와해될 수 있다는 마음에 설득하기 시작했습니다.

우선, 관련 규정의 재해석을 통해 팀원들의 마음을 돌리고자 사업단 규정과 팀 내의 예산과 이전 기수 선배님들을 조언을 받아 대안을 제시했습니다. 이처럼 상대를 설득할 수 있었던 비결은 의견에 객관적인 근거를 제시하고, 우려점을 해소하는 대안을 제안하는 것이었습니다. 이로 인해 팀원들이 더 많은 전시회에 참여하여 국제 경험을 쌓게 되어 상호 win-win하는 결과를 이루었습니다.

상대방의 반대 의견을 설득하기 위해서는 구체적인 근거가 필요합니다. 팀 회의에서 발생한 '해외 전시회 추가 참여'에 대한 갈등을 해소할 수 있었던 것은 정확한 계획을 요약한 문서 자료였습니다.

전시회 추가 참여를 위해 신규 협력기업의 발굴을 제안했지만, 일부 팀원이 반대했습니다. 그 중 주요 반대 의견은 새롭게 기업을 설득하기에는 시간이 부족하다는 점이었습니다.

저 또한 반대 의견이 어느 정도 타당성이 있다고 판단했고, 이를 해결하기 위해 구체적인 대안을 고민했습니다. 우선 신규 기업을 선정하기 위해 같은 전시회에 참여했던 중소기업으로 범위를 좁혔습니다. 사업단이 수행하던 업무를 현장에서 보았기 때문에, 설득이 쉬울 것이라는 판단에서였습니다. 나아가 사업단의 규정과 중소기업의 특징에 맞춰서 협약 시 혜택들을 고안했습니다. 이러한 내용을 한 장의 문서로 작성해 신규 기업을 설득할 시간이 부족하다는 반대 의견을 잠재우고, 모든 팀원의 만장일치를 이뤄냈습니다.

Before와 After의 자기소개서는 같은 경험을 바탕으로 작성된 것이다. 하지만 두 자소서에는 확연한 차이가 있다. Before 자기소개서에는 상황이 장황하고, 그만큼 행동이 구체적으로 작성되지 않았다. 가장 중요한 행동이 강조되기보다 상황과 결과를 중점적으로 작성하다 보니 지원자의 갈등해결능력을 제대로 확인하기 어렵다. 반면 After 자기소개서는 '정확한 계획을 요약한 문서'를 통해서 대안을 제시하고, 문제를 해결하는 과정을 보여주었다. 지원자가 꼼꼼한 성격이며, 과거 경험, 규정, 사업특성 등을 고려해서 적절한 대안을 문서로 제시하는 직무능력을 갖추고 있다는 것을 확인할 수 있다. 많은 구직자들이 모범답안을 따라하려고 노력하거나, 자신의 이야기를 강조하다가 질문에서 원하는 내용을 놓치는 경우가 적지 않으니 주의해야 한다.

둘째, 가독성, 눈에 띌 수 있다면 어떤 방법이든 사용하자.

자기소개서를 작성할 때 많은 사람들이 두괄식 작성법을 활용한다. 잘 만든 첫 문장은 때때로 '행동'보다 더 가치 있을 수 있다. 이렇게 중요한 첫 문장에는 핵심 내용이 들어가야 하는데, 대부분은 경험을 쓰느라 낭비한다. 실제로 주변에 떠도는 자기소개서들이 보통 '~한 경험이 있습니다.'로 시작하는 것을 볼 수 있다. 인사담당자는 구직자의 경험에서 확인할 수 있는 역량을 궁금해 한다. 자기소개서를 작성할 때 내가 가지고 있는 역량이 무엇인지를 첫 문장부터 명확하게 드러내야 한다.

신문 기사는 큰 글씨의 헤드라인과 작은 글씨의 소제목으로 구성된다. 기사 헤드라인 밑에 정리된 내용만 읽어도 어떤 내용이 쓰여있는지를 알 수 있듯이, 자기소개서의 두괄식 작성은 본론의 핵심 주제라고 봐야 한다. 두괄식 글을 읽고 나서 자기소개서를 읽으면 이미 포인트를 알고 있는 상태이기 때문에 이해가 빠르다. 이는 논술문을 작성할 때도 동일하다.

또한 구직자들은 두괄식에서 강조한 경험 또는 역량을 행동에서 재나열하는 실수를 한다. 미국 텍사스주립대학의 인지심리학자 아트 마크먼(Art Markman)은 그의 저서 『스마트 싱킹(Smart Think)』을 통해 너무 많은 정보가 주어지는 경우 혼선이 발생한다고 주장했다. 인간의 뇌는 처리 속도에 한계가 있기 때문에 읽는 이를 배려하는 글쓰기를 해야 한다.

Before

스타트업 공모전에서 구성원들 간의 이전장벽을 무너뜨리고 적극적으로 협력하여 성과를 창출한 경험이 있습니다. 저를 포함한 3명의 팀원은 각자의 전공분야를 살려 심리학, 영어교육, IT기술을 반영한 영어 교육용 장난감을 개발했습니다. 그러나 처음에는 각 분야에 대한 이해 수준이 다르다 보니 아이디어를 협의하는 과정에서부터 장벽이 느껴졌습니다.

따라서 각자의 의견을 피력할 때, '상대를 위한 설명'을 제안했습니다. 기술적인 단어들을 쉽게 풀이하여 설명하고, 학문적 이론 용어들을 실용적인 표현들로 바꾸어서 서로의 이해를 도왔습니다. 또한, 개발의 주요 단계마다 서로의 의견을 도표나 다이어그램으로 점검하며 남아있는 문턱까지도 제거하기 위한 시도를 했습니다. 이렇게 쉬운 용어들로 이해하며 서로의 의견을 자유롭게 구현하는 환경 속에서 모두가 만족할 수 있는 결과가 나올 것이라 믿었기 때문입니다.

이러한 과정을 통해 팀원들은 아이템에 반영된 각 분야의 장점을 충분히 이해할 수 있었고, 공모전에서 그 점들을 잘 어필 할 수 있었습니다. 그 결과 저희 팀이 개발한 아이템으로 우수상을 수상하였습니다.

기획능력을 통해서 지역 스타트업 공모전에 참가해 제품 구상을 현실적으로 발전시켰습니다. 지역 스타트업 공모전에 참여했지만, 제품의 현실성과 시장성을 만족하게 할 수 있는 아이템이 없었습니다. 더 큰 문제는 팀원들과 고민하며 나온 지나치게 많은 아이디어로 제품 구상에 방향성을 잃어가는 점이었습니다.

이때 저는 팀원들이 제시한 아이디어 중 '상용 가능성, 영어, RFID 기술, 심리학'을 선정하여 아래처럼 SWOT분석을 해보았습니다.

- 강점 : 우리 팀원이 지닌 전문 기술(IT기술, 영어, 아동심리, 교육 시장 이해)
- 기회 : 교육 시장의 흐름 파악(스마트폰을 활용한 교육 환경적 변화)
- 약점 : 소비자의 실제 반응을 예상하기 어려움(MVP 테스트로 수치화 방법 제시)
- 위협 : 유사한 제품들의 존재(제품의 디자인과 DB 다양화로 차별화 부여)

이후 빠르게 제품을 구상하고, 개발 작업에 착수할 수 있었습니다. 우리는 스마트폰, 그림 칩을 활용한 'LOOPY'로 영어 공부를 할 수 있는 유아용 로봇을 개발하였으며, 구체적인 분석이 있었기에 심사에서 객관적인 설득이 가능했습니다.

After를 살펴보면 자신의 기획능력을 직접적으로 보여주기 위해서 SWOT 분석을 행동으로 분류했고 가독성을 높였다. 서류를 검토하는 평가위원에게 진정성을 주고 싶다면 그들의 입장에서 이해하기 쉽게 설명해야 한다. 가장 좋은 방법은 글의 번호를 붙여 작성하거나 전달 메시지를 최소화시켜 일목요연하게 보여주는 것이다.

자기소개서의 핵심은 두괄식과 가독성이다. 우리가 아무리 좋은 경험을 가지고 있고, 신들린 실력으로 자기소개서를 작성한다고 해도 이를 평가하는 사람은 하루에 수천 장의 서류를 읽는다. 역지사지(易地思之)라는 말이 있다. 상대방 입장에서 읽기 편한 자기소개서를 작성하는 것이 가장 빠른 합격의 길이다.

셋째, 자기소개서의 목적을 이해하고, 평가 시간 고려하기

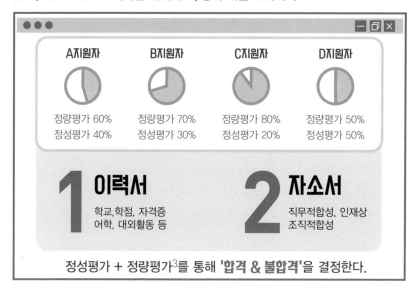

자기소개서는 지원자의 경험을 읽어보고 '성장 가능성'을 수치화하는 것이다. 그런데 지원자들은 자기소개서를 통해서 자신의 '스펙'만 보여주려고 한다. 채용담당자는 지원자가 서울대학교를 다녔다는 것을 알고 싶은 것이 아니라 서울대학교에서 어떤 경험을 했는가를 알고 싶어 한다. 자기소개서는 정성적인 평가가 될 수밖에 없으며, 이 때문에 공채에서는 이력서와 비교해서 절대적으로 높은 가중치를 부여하기 어렵다. 하지만 수시채용이 활성화되면 이력서에는 최소한의 정량기준을 두게 되고, 이를 통과하면 경력기술서와 자기소개서가 주요 평가도구가 될 가능성이 커진다.

---

3 정량평가 : 비교할 수 있는 기준이 명확해서 그 기준에 비춰 점수를 매기는 방식의 평가방식을 말한다.

정량평가 (70%)	정성평가 (30%)		
이력서	경력기술서	자기소개서	비고
70%	20%	10%	
60%	16%	8%	
50%	12%	6%	
40%	8 %	4%	
20%	4 %	2 %	필수 자격 보유
0%	0 %	0%	경력 3년 이상

(정량평가와 정성평가 사이 + 표시)

※ 기업마다 다른 가중치를 적용

　회사별로 평가기준은 상이하며 어떤 회사도 그 기준을 공개하지 않는다. 또한 일정한 시기마다 변경하므로 현재 채용을 담당하고 있는 몇몇만 정확하게 알고 있을 가능성이 높고, 같은 회사 안에서도 직무에 따라 기준이 다를 수 있어서 자기소개서만 잘 썼다고 무조건 합격으로 이어지는 것은 아니다. 수시채용에서는 자기소개서만큼 경력기술서나 직무수행계획서의 가중치도 높아질 것이기 때문이다.

　직접 평가위원이 되어서 아래처럼 다른 이들의 서류를 평가해 보도록 하자. 방법은 0~4번 폴더를 만들고, 같은 역량을 평가하는 다른 사람의 자소서 50개를 수집한다. 그리고 아래에 제시된 기준에 따라 좋은 자기소개서를 선정하고, 선정이유를 작성한다.

1시간 동안 서류평가 해보기

자소서 50개 한 문항당 600자 미만(지원동기 및 입사 후 포부 제외)

(0번 폴더) 자소서 50개(시간 15초) – 문항 의도에 적합한지 확인하기

(1번 폴더) 자소서 25개(시간 30초) – 문항 행동에 직무역량이 구체적인지 확인하기

(2번 폴더) 자소서 10개(시간 1분) – 문항의 전체적인 내용 검토하기

(3번 폴더) 자소서 3개 선발 – BEST 선발 이유 작성하기

자기소개서 문항을 똑같이 맞추는 이유는 정확성을 위해서이다. 크게 대인 관계, 도전정신, 실패극복 등의 역량을 기준으로 잡아서 진행한다. 합격 자기 소개서인지 불합격 자기소개서인지는 상관없다. 중요한 것은 타이머를 이용해서 정확한 시간 안에 진행하는 것이다. 이는 실제 평가위원의 서류검토 방법을 구직자들이 따라해 볼 수 있도록 간소화시킨 것으로, 그들이 평균 30,000자(5문항)를 보는 것과 비교하면 평가시간은 어느 정도 비슷하다.

위에 제시된 평가를 시간 맞춰서 진행하는 데 소요되는 시간은 1시간이 채 안 걸린다. 최근에는 각종 커뮤니티 및 온라인으로 합격 자기소개서부터 첨삭을 요청하는 자기소개서를 공개하고 있어서 샘플을 찾는 데 오랜 시간이 필요하지 않다. 평가를 통해서 구직자들은 자기소개서의 목적을 이해할 것이며, 오히려 먼저 Best로 선발한 자기소개서가 Bad보다 나쁜 경우도 있을지 모른다. 그만큼 평가시간이 짧고, 여러분이 보는 50개와 다르게 평가위원은 하루에 수백 명 혹은 수천 명의 자기소개서를 평가한다.

특히, 취업스터디에서 여러 사람과 함께 진행하면 더 재밌는 결과를 얻을 수 있다. 같이 평가했지만 각자 뽑은 6개의 자기소개서는 조금씩 차이가 있기 때문이다. 이를 통해서 평가 기준에 대해 토론을 진행하면 어떻게 자기소개서를 써야하는지 감이 잡히기 시작한다. 백문이 불여일견(白文不如一見)이다. 직접 평가를 해보면 인사담당자의 입장을 이해할 수 있고, 내가 평상시 가지고 있었던 자기소개서에 대한 잘못된 생각을 알 수 있다. 항상 기억해야 하는 것은 내가 작성한 자기소개서가 아무리 훌륭하고 완벽할지라도 보는 이가 누구냐에 따라서 모두를 만족시킬 수 없다는 사실이다.

7

포트폴리오, 선택이 아닌 필수

기존의 취업에서 사용된 포트폴리오는 디자인, IT, 홍보, 건축 등 지원 분야에 따라 필요에 의해 제출하는 것이었다. 하지만 이제는 다르다. 현대자동차의 수시채용 공고를 살펴보면 채용절차에서 자기소개서 대신 포트폴리오 제출을 요구하거나 면접 전형에서 포트폴리오로 면접을 진행한다며 작성을 요구하는 경우도 있었다.

이때 포트폴리오는 자신의 직무능력을 보여줄 수 있는 자서전과 같다. 자기소개서와 함께 자신만의 무기로 준비하면 시간이나 준비도에 있어 커다란 경쟁력이 될 수 있다. 한 번 만들어 놓고, 자신이 지원하려는 기업에 맞춰서 변형하며 사용할 수 있기 때문에 이제는 거의 필수이다. 그러다 보니 최근에는 포트폴리오를 준비하지 않았었던 영업관리, 품질관리 등의 직무에서도 취업 포트폴리오를 만드는 사람이 늘어나고 있다.

취업 포트폴리오를 작성할 때도 가장 중요한 것은 어떤 '키워드'를 선정하느냐이다. '나'를 가장 잘 나타낼 수 있는 키워드를 선정하여, 글보다는 이미지로 자신을 표현하는 것이 좋다. 나라는 사람을 짧은 시간 안에 강조하기 위

안심Touch

해서 나의 역량을 대표할 수 있는 사진을 보여주면 글을 읽는 것보다 시간은 단축시킬 수 있고, 머릿속에 오래 남길 수 있다.

포트폴리오의 컨셉을 정할 때는 기업 또는 직무에 맞춰서 의미를 부여하는 것이 좋다. 지원 기업을 생각하지 않고 남들과 똑같은 내용으로 구성하는 것은 실무진에게 공감을 일으키기 어렵다. 아래의 포트폴리오를 살펴보면 회사의 주상품인 엘리베이터 배경을 활용했고 구직자의 활동사진을 제시해서 자신의 영업능력을 강조했다. 이렇게 작성된 포트폴리오는 지원자의 부족한 스펙을 보완해주었으며, 1차 실무진 면접과 2차 임원 면접에서 다양한 질문으로 이어졌다. 이미 포트폴리오를 제작할 때 지원자는 충분히 의미를 부여했고, 자신의 능력을 구조화시켜 키워드로 정리했기 때문에 그들을 설득하는 데 무리가 없었다. 이처럼 전략적인 포트폴리오는 결정적인 한 방이 될 것이다.

〈개별 포트폴리오〉

예비 영업인의 각오

5F
4F
3F
2F
1F

"책임감을 바탕으로 고객들에게 최상의 제품을 제공한다는 마음가짐과 함께 성실하게 업무에 임하겠습니다."

OTIS

1F 무엇을 좋아하는가를 보면 그 사람을 알 수 있다.

OTIS

꾸준한 농구 활동을 통해 협동심과 적극성을 키웠습니다. (2013.05)

4년간의 동아리 활동으로 소통의 중요성을 배웠습니다. (2014.04)

자연을 벗삼아 여행을 하며 저만의 스트레스 해소법을 찾았습니다. (2014.09)

2F 언제나 고객들을 만나 함께하는 시간은 영업인에게 설레는 일입니다.

OTIS

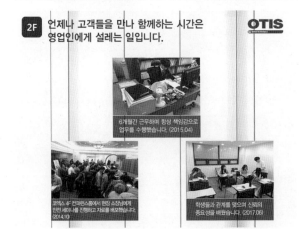

6개월간 근무하며 항상 책임감으로 업무를 수행했습니다. (2015.04)

코엑스 4F 컨퍼런스룸에서 현장 소장님에게 안전 세미나를 진행하고 자료를 배포했습니다. (2014.10)

학생들과 관계를 맺으며 신뢰의 중요성을 배웠습니다. (2017.06)

3F 입사 전 제가 근무할 회사를 눈으로
직접 보고 체험해 보고 싶었습니다.

내부로 들어갈 수는 없었지만 직접 국제금융센터 1층에 방문하여 오티스 로비에서
3가지 다짐을 하였습니다. (2017.06.16)

4F

입사 후 계획

OTIS 엘레베이터에서 새로운 도전을 위한 계획

- 안전 : 고객사 및 지점방문 시 현장에서 일어나기 쉬운 사고를 예방하기 위해 항상 확인하고,
  혹시라도 사고가 발생한다면 즉시 현장으로 뛰어 가겠습니다.
- 윤리 : 눈앞의 이익이 아닌 오티스가 진정으로 고객을 생각하는 마음을 전달하여 신뢰를 쌓고,
  고객이 보내는 신뢰를 최상의 제품으로 보답하겠습니다.
- 고객감동 : 판매하는 제품 및 부품과 관련된 내용은 반드시 암기하고 고객을 사로잡아
  장기 고객으로 만들겠습니다.

THANK YOU!

포트폴리오를 통해 자신의 활동에 구체적인 증거를 남길 수 있으며, 시각적으로 작성된 자료는 가독성이 높아진다. 그리고 활동 내용을 담고 있는 사진은 지원자의 경험을 바로 확인할 수 있어서 면접의 가산점을 얻을 수 있는 포인트가 된다. 그렇다고 디자인 직무에서 요구하는 것처럼 시각적인 부분에 집중해서 화려하게 작성하라는 의미는 아니다. 취업 포트폴리오는 이력서 및 자기소개서의 한계를 보완한다는 관점에서 접근해야 한다.

안심Touch

8

자기소개서의 새로운 작성방법
'CPSBS'

구직자들에게 가장 익숙한 자기소개서 작성방법은 STAR기법이다. 한국에서 2007년부터 공공기관에서 Assessment를 통해 인재를 선발하기 시작했고, 2008년부터는 대기업을 중심으로 임원 선발이나 중간관리자선발에 Assessment연수[4]가 이용되며 신입 채용까지 확대되었다.

STAR기법은 미국에서 MBA 에세이를 준비할 때 가장 기초적으로 알려주는 글쓰기 구조로 1956년에 미국의 AT&T가 처음으로 도입하였으며, 그 이후 많은 기업들이 Assessment연수를 활용하여 인재를 선발하고 육성해 왔다. 이때 AC(Assessment Center)는 역량중심 행동면접(CBBI; Competency-Based Behavioral Interviewing)에서 대상자의 보유역량을 객관적으로 측정하고자 STAR기법을 활용했다. 이러한 이유로 자기소개서를 STAR 기법에 따라 작성해야 한다고 알려졌으며, 이를 변형한 방법으로는 SCAR, 4MAT 등이 있다.

---

4 Assessment 연수 : 제2차 세계 대전 전에 독일 육군에서 첩보원을 보내기 위한 도구로 개발되었다. 구조화된 방법을 통해 미래의 잠재력을 보고, 인재를 선발하여 관리능력과 경력을 개발시키고, 이를 통해 차세대 리더를 육성하기 위한 도구이다.

〈STAR기법〉

상황 (Situation)	경험의 계기 및 이유, 원인, 배경을 5W1H로 설명하여 과거에 겪었던 내용을 설명한다.
과제 (Task)	세웠던 목표와 자신의 역할을 설명하는 단계로 문제를 설명하고 자신의 목표 또는 과업을 강조한다.
행동 (Action)	목표를 달성하기 위한 구체적 노력과 행동으로 앞서 언급한 상황과 과제에 맞춰서 자신이 갖추고 있는 역량을 객관화한다.
결과 (Result)	앞선 행동으로 이뤄낸 결과를 통해 어떤 것을 배우고 깨달았는지 구체적으로 작성한다.

 STAR기법을 적용한 경험 정리

상황(Situation) 저희 팀은 15년 이상 된 고등학교 동문들로 구성된 축구팀이어서 연령대가 20대 초반부터 30대 후반까지 다양하였습니다.

과제(Task) 당시 축구팀 주장으로서 저보다 팀을 위해서 헌신하고 배려하기 위해서 노력했습니다.

행동(Action) 앞장서서 회식이나 축구관람과 같은 행사로 팀을 화합하게 했고, 이를 바탕으로 시너지 효과를 내는 하나의 팀이 될 수 있게 만들었습니다. 이전에는 늘 예선에서 탈락하는 팀이었지만 저의 임기 중에는 뛰어난 팀워크와 리더십으로 강동구의 축구 대회에서 입상하는 강팀이 되었습니다. 또한, 다른 팀과의 경기 시에는 상대 팀을 분석하여 우리 팀의 전략에 도움을 주려고 노력했습니다.

결과(Result) 다음 임원에게 넘겼을 때 팀원들은 '팀을 위해 너무 희생한 것 아니냐'며 걱정을 했습니다. 하지만 주장직을 수행하면서 제 개인의 욕심보다는 팀이 잘되는 것에 보람을 더 느꼈습니다.

이처럼 STAR기법을 활용하면 경험을 기반으로 한 자기소개서가 완성된다. 하지만 STAR기법은 한 가지 치명적인 단점을 지니고 있는데, 직무에 필요한 역량보다는 결과와 상황을 더 강조하게 된다는 점이다. 때문에 아직 경험이 많지 않은 구직자들이 활용하면 걱정이 늘어나게 된다. 이를 해결하기 위해서는 하나의 키워드를 선정해서 경험을 기술해야 한다. 이를 초점 맞추기라고 한다.

위의 자기소개서에서 STAR기법에 따라 경험을 정리한 것을 보면 행동에서 팀워크, 배려, 분석력 등 다양한 행동들을 강조하고 있다. 하지만 어떤 능력을 중점적으로 보여주고 싶은지는 잘 나타나 있지 않다. 이를 개선하고자 필자가 만든 역량기반 자기소개서 작성 방법인 'CPSBS기법'은 보다 통일성있는 지원자의 역량을 강조할 수 있다.

〈CPSBS기법〉

핵심 역량 (Core)	경험을 통해서 보여주려고 하는 핵심 키워드를 선정한다.
중점 역량 (Point)	선정된 역량이 왜 필요했는지, 역량이 담고 있는 의미가 무엇인지를 구체적으로 설명하며 주요 목표와 과제를 언급한다.
역량 발현 상황 (Situation)	역량이 필요했던 구체적인 이유와 원인, 배경을 5W1H로 설명한다.
역량 관찰 행동 (Behavior)	앞서 제시한 역량을 관찰할 수 있는 객관적인 노력과 행동만을 주로 기술하며, 다른 역량은 언급하지 않는다.
역량 발현 결과 (Summary)	역량 발현 행동으로 이뤄낸 결과와 어떤 것을 배우고 깨달았는지를 구체적으로 정량 또는 정성으로 적어준다.

CPSBS를 적용한 경험 정리

핵심 역량(Core) 15년 이상 된 고등학교 동문 축구팀을 입상시켰던 비결은 '공정성'을 바탕으로 한 선발 기준이었습니다.

중점 역량(Point) 만년 꼴찌였던 팀에는 큰 문제점이 하나 있었습니다. 고등학교 동문이라는 이유로 선발이 마구잡이로 진행되어 주전 멤버 선정에 대한 공정한 기준이 필요했습니다.

역량 발현 상황(Situation) 주장으로서 강팀을 만들기 위해 무작위 선발 과정을 바꾸고자 객관적인 선발 기준을 마련하였습니다.

역량 관찰 가능 행동(Behavior) 처음에는 팀원의 반발이 심했지만, 누구나 만족할 수 있는 기준을 마련했습니다. 팀원들의 훈련 출석횟수, 골득실 수, 어시스트 등 각 점수표를 마련하여 1달마다 평가하였고, 이를 발표해서 공정성을 높였습니다.

역량 발현 결과(Summary) 늘 예선을 탈락하던 팀이 변하기 시작했습니다. 강동구 대회에서 뛰어난 팀워크로 입상하는 강팀이 되었고, 팀 동료들로부터 공정한 선발과정이라는 평가를 얻을 수 있었습니다.

STAR기법을 활용해서 논리적으로 작성이 가능한 구직자라면 CPSBS기법을 활용하지 않아도 좋다. 하지만 자기소개서를 많이 작성해보지 못한 구직자라면, 역량 기준을 벗어나서 작성하거나 성과를 지나치게 강조하다가 전달 요지를 벗어나는 경우가 많으므로 CPSBS기법을 활용해 볼 것을 추천한다.

많은 사람들이 자기소개서의 정답을 찾으려고 노력하는데, 지원자 본인만의 고유한 경험을 바탕으로 작성된 글에 정답이 있을 리 만무하다. 우리가 주로 활용하는 STAR기법은 그냥 글을 전개하는 논리구조 중 하나일 뿐이다. 물론 CPSBS기법도 완벽한 자기소개서를 쓸 수 있는 공식이라고 말하기는 어렵다. 다만 필자가 오랜 시간 취업준비생들의 자기소개서를 첨삭하는 과정에서 알게 된 직무역량을 강조하기 위한 논리구조라고 할 수 있다.

 일반 경험 작성 예시

- C : 회계능력 및 자격증 취득
- P : 전산회계, 세무 자격증 취득 목적 및 취득으로 인한 변화 예상
- S : 시험이 어떤 형태로 나오는지 확인
- B : 회계 과목에서 배우게 된 지식, 세무를 통해서 배우게 된 지식
- S : 취득 이후 지식 성장으로 변화하게 된 결과

첫 출사표는 '자격증 취득', 회계 전문가로 수업 주도해

제가 갖추고 있는 회계능력은 전산회계와 세무에 대한 자격증을 취득하면 수업에 대한 이해도와 함께 과제 수행력이 높아질 것이라는 저만의 안정성을 확보하기 위한 선택이었습니다. 회계와 재무 수업을 원활하게 학습하기 위해서는 안정적인 대안이 필요하였습니다. 당시 제 선택은 자격증 취득으로 부족한 재무제표 구성 및 관련 용어에 익숙해지는 것이었습니다.

시험은 4지선다형 이론시험 30%와 전산 세무회계 프로그램을 활용한 실무시험 70%로 출제돼 있어, 수업에 대한 이해도 및 과제 수행력을 향상하는 데 적절하였습니다. 전산회계 1급은 회계원리, 원가회계, 세무회계(부가가치세 중 매입매출전표)에 관한 기본적 지식을 갖출 수 있었으며, 세무 2급은 법인세, 소득세법 등의 규정에 따라 과세소득을 계산하는 데 필요한 회계실무를 배울 수 있었습니다. 이때 숙지한 전문 지식을 바탕으로 안정적으로 수업에 참여할 수 있었으며, 중급회계, 결산 및 조정 실무 등에 대한 수업 또한 수월하게 수강할 수 있었습니다.

- C : 시간 분배를 통해 다양한 업무를 담당할 수 있었습니다.
- P : 우선순위에 따른 분배로 데이터베이스 보완업무/보관물관리자 양식 부착 업무를 동시에 처리하였습니다.
- S : 소속은 영업 1부, 자리는 수요운영부서 → 두 부서의 업무를 다 수행해야 했는데, 정해진 업무시간에 다 끝내려면 시간자원관리능력이 필요했습니다.
- B : 중요하고 긴박한 일을 먼저 수행(감사 대비 업무)하고 중요하지만 긴박하지 않은 일(데이터베이스 추가사항 보완)을 수행 했습니다. → 계획적인 시간관리 가능
- S : 한정된 시간에, 많은 업무를 체계적으로 처리하기 위해서는 시간자원관리에 대한 명확한 기준을 정해서 분배를 통해 업무를 처리해야 합니다. 주어진 여러 개의 업무를 처리할 수 있었던 역량은 '우선순위에 따른 시간자원 분배'입니다. 그 결과 저에게 주어진 두 가지 중요한 업무를 효율적으로 정확하게 처리할 수 있었습니다.

나만의 습관 찾아, 사분면을 활용한 우선순위 찾기

당시 저의 소속은 영업 1부였지만, 총무업무를 맡는 수요운용부서에서 근무하게 되었습니다. 그래서 영업팀의 데이터베이스 보완업무와 총무팀의 보관물관리자 양식 부착 업무를 동시에 맡게 되었습니다. 한 번에 두 부서의 업무를 정해진 시간 내에 수행하기 위해서는 '우선순위에 따른 시간자원 분배'가 필요하였습니다. 제가 정한 우선순위의 기준은 『성공하는 사람들의 7가지 습관』의 저자 스티븐 코비가 제시한 방법으로 '중요도, 시급성'을 사분면에 그려 업무를 구분하는 것이었습니다. 그 결과 업무를 우선순위에 따라 해결할 수 있었고, 자신감을 얻을 수 있었습니다. 가장 큰 변화는 마감기한을 제대로 지켜 부서원들의 신뢰도를 얻었다는 것입니다.

- 1순위(중요도 상, 시급성 상) : 보관물관리자 양식 부착
- 2순위(중요도 상, 시급성 하) : 데이터베이스 보완 업무
- 3순위(중요도 하, 시급성 상) : 복지할인 대상 추출
- 4분위(중요도 하, 시급성 하) : 일간 업무 작성

9

일관성 있는, 만나보고 싶은 지원자

서류의 일관성을 갖기 위해서는 전체를 관통할 수 있는 키워드를 선정하는 것이 중요하다. 이를 'Key Message'라고 하는데 서류를 평가하는 인사담당자로 하여금 '한번은 만나보고 싶다.'는 이미지를 주게 된다. Key Message를 전달하기 위해서는 서류를 작성하기 전 기획과정이 필요하다. 수시채용을 진행하는 기업 중에는 자기소개서의 문항을 정해주지 않고, 자유 양식을 요구하는 기업이 있다. 자유 양식이면 내가 가지고 있는 경험과 역량을 재료로 자유롭게 더 맛있는 요리를 만들 수 있을 것이라고 생각할 수 있지만, 익숙하지 않아서 구직자들의 고민이 깊어진다. 정해진 문항을 바탕으로 작성한 자기소개서를 붙여넣기만 했다면, 자유 양식은 형식과 구성까지 고려해야 하기 때문이다. 또한, 문항이 제시되는 자기소개서라도 기획을 바탕으로 작성된 자기소개서는 티가 날 수밖에 없다. 구직자가 고민한 흔적과 노력이 보이기 때문이다. 기획된 자기소개서의 가장 큰 특징은 각각의 경험으로 구성되어 있지만, 전체 내용을 봤을 때 하나의 개연성이 있다는 것이다.

〈현대중공업 자기소개서〉

자기소개서 항목	글자 수	강조역량 및 경험
지원동기	800자	보쉬에서의 인턴, 공학적 지식, 어학능력, 기업분석
입사 후 포부	500자	직무이해도, 기업분석, 도전정신
도전성취	800자	직무확신, 도전정신, 지원동기, 직무이해도
직무역량	800자	공학적 지식, 어학능력, 직무이해도

01. 지원동기
기술영업의 매력에 빠져 현대중공업과 함께 도약기 준비

현대중공업은 규모 및 인지도에서 이상적인 기업이기 때문입니다. 현대중공업의 진가는 협력업체에 속하는 보쉬에서 인턴을 하면서 깨달았습니다. 저는 엔지니어로서 품질 부서도 충분히 매력적이었지만, 공학적 지식을 기반으로 사람들을 만나서 부품 및 장비를 설명하는 과정에 빠져버렸습니다. 그 중 현대중공업은 제가 가진 공학적 지식과 어학능력을 동시에 발휘할 수 있는 회사였습니다. 오로지 해외 수주로 성과를 올리는 현대중공업의 특성상 세계 여러 나라 고객들과 소통하고, 직접 해외로 나가 기술영업을 해야 하는 업무가 저에게 매력적으로 다가왔습니다.

2018년의 현대중공업은 2017년 5월 10일 4개사의 분할 이후 첫 도약기를 맞고 있습니다. 현재 현대중공업은 변경 및 재상장을 앞둔 시점에서 많은 사람들이 영업 손실 3,420억 원을 언급하며 우려를 표출합니다. 하지만 저는 불황기에도 돋보인 현대중공업의 재무건전성에 주목했습니다. 만약 회복기에 수주를 통한 영업경쟁력이 확인된다면 현대중공업의 힘을 보여줄 수 있다고 확신했습니다. 그리고 현재까지 조선·엔진부문의 고수익성 유지와 해양·플랜트 부문의 잔여공사 추가 손실 개연성이 낮아지고 있는 점을 사업 부문별 영업실적 추이를 통해 확인하였습니다. 2018년 수주의 중심은 LNG선이 될 것이라는 기대감이 높습니다. 제가 가진 공학적 지식과 어학능력으로 현대중공업의 기술영업을 책임지겠습니다.

02. 입사 후 포부

新 원동력은? '행동력'으로 대규모 수주 높여

2018년 수주의 중심은 LNG선이 될 것임에 따라 한국 조선업에는 터닝포인트가 예상됩니다. 특히 이번 달 5일에는 유럽의 조선사로부터 LNG선 2척 수주를 시작으로 현재까지 총 29척을 20억 달러에 수주하였습니다. 유일하게 다양한 선종과 크기의 선박을 건조할 수 있는 프로덕트 믹스와 독보적인 액화천연가스(LNG) 관련 기술력을 바탕으로 해외 고객과 딜러들에게 도전적으로 영업 활동을 펼치겠습니다.

또한 불황이 시작되기 전 기존의 매출, 실적자료를 분석하여 수주 가능성이 큰 업체들을 찾아보겠습니다. 저가 입찰로 한국 조선사를 압박하는 중국을 뛰어넘기 위해서는 도전정신을 바탕으로 한 실행력이 필요합니다. 차별화된 기술력과 지속적인 관리를 통해 선사에 긍정적 인상을 남길 수 있다면 더 많은 수주 계획을 만드는 일이 가능할 것이라고 확신합니다.

03. 도전&성취

성과를 내는 1%의 비밀, 업무 자세에서 찾아보다

엔지니어로서 품질관리에 머무르지 않고 기술영업에 도전할 수 있었던 것은 "포기하지 말고 도전하자!"는 아버지의 말씀 때문이었습니다. 30년간 건축회사에서 일하셨던 아버지는 제가 가진 도전적 기질과 엔지니어 지식을 바탕으로 할 수 있는 다양한 직무를 말씀해 주셨습니다. 그 중 가장 와 닿은 직무가 기술영업이었습니다. 그리고 회사를 고를 때는 연봉이나 복지보다는, 함께 성장하는 데 도움을 줄 회사를 찾으라고 조언해주었습니다. 그 회사가 바로 현대중공업입니다.

아버지의 조언을 바탕으로 보수 전장의 품질부서에서 근무하며 도전적인 업무 자세의 중요성을 배웠습니다. 제가 인턴으로 입사한 부서는 파워 윈도우 모터를 담당하는 부서였습니다. 주로 고객 업체의 정기검사를 진행하는 업무로, 다양한 부서와 함께 의논하여 품질 문제를 예방하는 것이 주업무였습니다. 때문에 연구개발, 생산&공정, 영업 부서 사람들과 잦은 회의 기회가 있었는데, 특히 영업부서 사람들과 회의를 하는 매 순간이 도전의 연속이었습니다. 최전방에서 업체의 수주를 끌어내는 영업부서에 확신을 주어야만 했습니다. 혹시나 문제가 발생하면 연구개발, 생산&공정팀과 발생 논의를 거쳐 품질 문제를 해결해야 했습니다. 또한, 정확한 설명을 요청하는 회사가 있을 때는 직접 현장을 나가서 담당자에게 정기 검사 내용을 설명하여 고객사의 신뢰도 얻어야 했습니다.

결국 회사의 모든 업무는 포기하지 않고 도전하는 업무 자세에서 시작됨을 배웠던 첫 사회 경험이었습니다.

04. 직무역량

3가지 직무역량 갖춰, 준비된 "현대중공업 人"

첫째, 엔지니어로서의 지식

학부 4년간 탄탄한 기초공학적인 지식을 갖추었습니다. 따라서 기술영업 시 공학적 이해, 분석 및 응용 지식으로 시장에서 원활한 소통이 가능합니다. 이는 최근 현대중공업의 영업정책과도 일치합니다. 선체 설계(구조), 기계 설계(기장), 설비(HVAC) 등에 대한 지식으로 고객에게 더 높은 신뢰성을 줄 수 있습니다.

둘째, 사업본부의 운영 이해

사업본부의 운영을 이해하려는 자세는 영업에 꼭 필요한 태도입니다. 특히 영업은 매출기준에 맞춰 단기, 중기, 장기 실적을 달성하고 성과를 지켜볼 수 있어야 합니다. 이때 영업의 성과달성을 돕는 고객과 딜러 초청 행사, 채널의 판매 정책 수립 등의 이해를 발판삼아 업무를 한다면 다른 팀보다 빠르게 실적을 달성할 수 있습니다.

셋째, 의사소통에 문제없는 어학 실력

누구와도 자신 있는 회화가 가능합니다. 학부시절에는 외국인 친구들이 300명 이상이었으며, 인턴 업무를 수행할 때는 해외업체와의 자유로운 의사소통이 가능했습니다. 따라서 세계를 상대로 하는 현대중공업에서 수출 대상국 딜러 및 현지 법인과 원활한 소통이 가능합니다. 이러한 어학능력은 국내/해외 영업부 직무 로테이션이 이뤄지는 현대중공업의 특성에 맞는 업무수행이 가능합니다.

네 가지 항목에서는 지식(전공지식), 경험(직무이해), 기술(외국어능력), 인재상(도전정신)에 맞는 내용이 중점적으로 작성되어 있으며, 일관성 있게 자신이 직무에 필요한 역량을 갖추고 있음을 보여주고 있다. 특히, 지원동기와

입사 후 포부는 기업분석을 기반으로 연결성을 부여하여 구직자의 진심과 일관성을 확인할 수 있다.

평가위원이 만나보고 싶어하는 지원자가 되고 싶다면 그만큼의 정성을 들이고 고민을 하기 바란다. 하물며 여행지를 고르거나 컴퓨터를 구매할 때도 수십 개의 리뷰를 살펴보고 경쟁 제품과 비교하는 등의 열과 성을 다한다. 이는 자기소개서도 마찬가지이다. 다른 지원자보다 더 눈에 띄고 싶다면 자신의 역량을 남들과 다른 퀄리티로 표현해야 한다. 자신의 강점과 경험을 적극적으로 표현하면서, 회사의 가치와 인재상을 적절히 녹이는 것이 핵심이다.

⑩

달라지는 수시채용,
지원동기 및 입사 후 포부는?

정기공채에서 지원동기 및 입사 후 포부를 확인했던 이유는 회사에 대한 정보를 얼마나 숙지하고 있는가를 알아보기 위함이다. 하지만 최근에는 지원동기에서부터 기업에 대한 관심이 아닌, 직무에 대한 관심을 확인하는 경우가 많다. 이미 평생직장이라는 개념이 사라지고 있어서 오래 다니는 직원보다는 즉시 성과를 만들 수 있는 직원을 기업에서 찾고 있다. 따라서 수시채용에서 지원동기 및 입사 후 포부를 작성할 때는 제안서를 작성한다는 마음으로 해야 한다. 그렇다고 '기업, 직무, 산업'에 대한 언급을 완전히 피하라는 것이 아니다. 다양한 분석을 바탕으로 지원자의 종합적인 통찰력을 보여줘야 한다. 모두가 접할 수 있는 정보인 회사의 경쟁력, 현직자 인터뷰, 재무제표를 기반으로 한 단편적인 기업분석은 더는 설득력이 없다.

'비너스철도 2015' 전 세계를 사로잡는 비법은?

아름다움은 즐거움입니다. 피부 관리의 즐거움을 모르는 사람들에게 아모레퍼시픽의 '비너스 철도'로 2015년 중국시장을 사로잡겠습니다. 서울시내 타요 버스를 벤치마킹해서 열차 내부를 개조하고 오설록 차를 제공하며 휴식 공간 확보 및 피부진단과 메이크업 서비스를 받을 수 있는 아름다움을 나누는 열차를 만들겠습니다.

열차의 이동이 많고 오랜 이동시간이 필요한 중국인에게 열차는 삶의 한 부분입니다. 열차의 칸을 빌려 차를 마시며 메이크업 수업을 들을 수 있고, 전문적인 피부 진단을 받을 수 있는 공간을 귀성객에게 제공하겠습니다. 긴 시간 탑승으로 지친 승객들에게 기분전환을 해줄 수 있는 홍보 및 고객확보 방법 제안합니다. 또한 화장을 하고 싶지만 화장법을 모르는 분들에겐 메이크업 시연을 통해 자신에게 맞는 화장법을 가르치고 변화시키겠습니다. 고향에 도착했을 때, 아모레퍼시픽을 통해 진정한 아름다움을 나눌 수 있는 아모레人이 될 때까지 칙칙폭폭 달리겠습니다.

이 자소서를 작성한 지원자는 아모레퍼시픽의 문화 '아름다움'과 중국진출 교두보 확보, 중국인의 문화 등을 고려해서 현실적인 통찰력을 기술했다. 결과는 성공적이었다. 이러한 통찰력은 빠르게 변화하는 수시채용에서 더욱 빛을 발휘한다. 지금까지는 '다른 회사가 아닌 왜 우리 회사인가?'에 대한 설득력 있는 답변을 제시해야 했다. 그런데 과연 지원자들 중에 '죽어도 이 회사에 다녀야 겠습니다! 그 이유는…'을 명확하게 설명할 수 있는 사람이 몇 명이나 있을까라는 의문이 든다. 대다수는 그 회사라서가 아니라 대기업이라서, 높은 연봉을 주는 회사라서 등의 이유로 지원했다. 때문에 우리의 지원 동기와 회사에서 요구하는 동기 사이에는 공통점이 없는 것이다. 다음의 두 자소서를 비교해 보자.

<h3 align="center">〈롯데칠성음료 정기공채 지원 자소서〉</h3>

Before

[내가 선택한 회사 기준은? '걸어온 길'과 '미래 대응']

롯데칠성음료는 최고의 품질/환경 경영을 이뤄내고 있습니다. 이는 통합경영 시스템, 품질 경영 시스템, 식품안전경영 시스템, EH&S 시스템을 도입한 결과로, 오직 물을 사랑하여 한 길만을 걸어온 기업으로서의 자부심이라고 할 수 있습니다.

늘 고객 제일주의를 견지하고, 항상 최고 품질인 제품을 고객에게 생산, 공급한다는 자부심은 품질인증제도에서 찾아볼 수 있었습니다. 늘 한발 앞서서 정부 주도 품질 인증에 앞장섰으며 그 결과 HACCP는 물론, 자율에 맡기는 ISO22000, FSSC 22000까지 다양한 글로벌 인증 시스템에서 모든 음료 공장을 인증받았습니다. 이러한 점을 지켜보면서 다른 곳보다 뛰어난 품질안정성과 혁신을 배울 수 있다는 확신을 했으며, 현재 가장 쟁점이 되고 있는 환경부의 페트병 등급 기준 개정안에 적절한 대응이 가능할 것으로 판단하였습니다.

<h3 align="center">〈롯데칠성음료 수시채용 지원 자소서〉</h3>

After

[내가 선택한 회사 기준은? '걸어온 길'과 '미래 대응']

롯데칠성음료는 최고의 품질/환경 경영을 이뤄내고 있습니다. 이는 통합경영 시스템, 품질 경영 시스템, 식품안전경영 시스템, EH&S 시스템을 도입한 결과로, 수기로 관리되던 업무를 디지털 방식으로 전환해 관리 품질을 높였습니다.

이처럼 빅데이터 분석 플랫폼(Data-Lake)은 원부자재 오투입 등을 방지하여 품질 안정성을 높일 것입니다. 늘 한발 앞서고자 저 또한 2019년부터 빅데이터 플랫폼에 관심을 가지고 Insight Report, 제조직 데이터를 먼저 도입한 독일 제조기업들의 품질 데이터 활용방법에 관심을 가져왔습니다. 최근 독일의 제조기업들은 디지털 트윈을 구현하여 불량품을 실시간으로 찾아내 불량품의 대량생산을 막고 있으며, 잠재적인 리스크도 감소할 수 있다는 점을 확인했습니다. 이후 저는 가트너가 발표한 제조업 트렌드 기술을 숙지하고자 노력하고 있으며, 최근에는 통계분석, 회귀분석, 인공신경망 등 빅데이터 기반의 스마트 제조 의사결정과 관련된 직무 교육을 이수했습니다. 현재 롯데칠성음료가 추진하는 제너럴 일렉트릭(GE)의 전망을 함께 이뤄나가며 혁신을 넘어 변화의 바람에 빠르게 녹아들 수 있습니다.

두 자기소개서를 비교했을 때 확연히 드러나듯이 지원자는 기업에 근무하고 싶어서 한 특별한 노력을 기술해야 한다. 기업의 입장에서는 지원한 산업 그리고 직무를 이해하고, 기업이 현재 추구하는 전략을 이해하는 조직원을 원한다. 그러기 위해서는 '직무 적합성'을 강조해야 한다. 정기공채에서는 영업, 마케팅, 해외영업 등 추상적이고 넓은 범위의 직군 단위로 채용이 이뤄졌다. 하지만 수시채용은 마케팅팀 내에서도 신사업전략팀, 커뮤니케이션팀, 내·외부 홍보지원팀 등 다양한 세부 직무로 분류된다. 즉, 지원동기 및 입사 후 포부를 통해서 구직자가 채용하는 직무를 정확하게 이해하고 있는지를 확인해야 하는 것이다. 앞의 수시채용 자소서를 보면 현재 롯데칠성음료가 추진하고 있는 방향에 맞춰서 자신이 직무에 대해 어떤 지식을 갖추고 있는지, 어떤 노력을 해왔는지를 구체적으로 제시하고 있다.

남들보다 뛰어난 기업분석이 곧 성공의 지름길이었던 시대는 이미 지났다. 이제는 통찰력과 세분화된 직무 이해도가 생존인 시대이다. 2018년 현대자동차그룹의 수시채용 발표를 시작으로, 2년 사이에 많은 기업이 수시채용을 발표하고 있다. 모쪼록 변화의 바람을 잘 읽고 지원동기와 입사 후 포부를 작성하기 바란다.

⑪

역량기술서,
경력직 같은 신입처럼 보이기

경력자들에게만 요구하던 경력기술서, 직무수행계획서를 수시채용에서는 신입에게 역량기술서라는 이름으로 작성을 요구하는 경우가 종종 있다. 이는 직무적합성을 집요하게 확인하기 위한 기업의 의지 표현이라고 볼 수 있다. 공기업의 블라인드 채용이 본격화되고부터 등장했으나 최근에는 사기업에서도 자주 볼 수 있다.

역량기술서는 어떻게 보면 직무수행계획서와 유사하다.

가장 큰 차이라고 하면 직무수행계획서가 앞으로 맡게 될 사업과 업무를 예상하고 구체적인 진행계획을 기술하여 실무적인 능력을 확인한다면, 역량기술서는 경험을 통해서 갖추게 된 지식, 기술 등으로 앞으로의 성장 가능성을 확인한다는 점에서 다르다. 따라서 지원한 직무와 관련된 경험(문제해결, 성취, 목적달성 등)과 지식(전공, 이론 등)을 바탕으로 수행이 가능한 방법, 전략, 수단 등을 포함해서 작성해야 한다. 다음과 같은 담당업무의 채용공고가 있다고 하자.

모집부문	담당업무
인사	• 인사 기획 및 노무관리 • 인사 운영(급여 및 보상관리) • 인재 채용 • 인재 육성(교육)

이제 수행할 직무영역, 범위, 역할을 이해해야 한다. 공고를 보고도 어떤 업무인지 파악할 수 없다면 직무분석을 시작한다. 기존에 자신이 직무에 대한 어느 정도의 지식을 가지고 있는 상태라면 대충 업무에 필요한 지식, 기술, 태도를 예상해볼 수 있다.

〈채용공고를 기반으로 인사 · 급여관리 분석〉

주요업무	주요활동	세부절차
임금관리	임금인상 업무	동종업계의 급여자료 수집
		직군 간 임금분석
		임금인상안 자료준비(직급별,개인별 등)
		임금 테이블 작성
		임금인상안 품의
		개인별 급여인상, 호봉표 급여 반영
		임금인상 관련 설명회 개최
	급여 지급	근태정보 급여 반영 및 전환
		급여 지급 대상자 확인
		급여 계산
		급여 계산 확인 및 데이터 수정
		특이사항 작성 및 보고
		연차 지급 대상자 확인
		퇴사자 4대 보험 상실신고 및 정산분 급여 반영
		기타공제 및 각종수당 급여 반영
		전월기준 개인별 급여 오류 분석

		전월 급여 오류사항 보고 및 급여 반영
임금관리		급여대장 결재 및 보관
		은행송금의뢰서 작성
		급여명세서 발행 및 배포
	상여금 지급	상여금 지급대상자 확인
		상여금 계산
		계산 확인 및 데이터 수정
		전분기 기준 개인별 상여금 오류 분석
		상여금 특이사항 작성 및 보고
		상여금대장 결제 및 보관
		송금의뢰서 작성
		상여명세서 발행 및 배포
	성과급 지급	성과급 지급대상자 급여 반영
		계산 확인 및 데이터 수정
		성과급대장 결제 및 보관
		송금의뢰서 작성
		성과명세서 발행 및 배포

　대부분의 신입 지원자라면 관련 직무를 수행한 경험이 없으므로 관련 직무에 대한 자료를 수집하고 어떻게 수행할 것인지를 고민해야 한다. 이 과정에서 체계적인 방법, 전략, 수단, 계획을 수립하고 자신이 수행한 유사 경험과 연결하여 내용을 작성한다.

　인사 직무(임금관리)를 세분화한 예시를 보자. 업무의 역할과 세부절차가 모두 다르다. 이를 자신과 일치하는 어떤 경험과 연결하는가에 따라서 직무 역량과 역할이 달라진다. 역량기술서를 기술할 때 이를 고려한다면 충분히 좋은 평가를 받을 수 있다.

〈인사직무 세부화 및 경험 연결〉

담당업무		세부절차	관련 경험	직무역량
임금관리	입금 인상	동종업계 급여자료 수집	전국 동아리 특징 분석 및 자료 수집	기획력, 정보수집
	급여 지급	전월 기준 개인별 급여오류 분석	매년 동아리 지원액 및 사용내역 오류 분석	계획수립, 문서작성능력
	상여금 지급	계산 확인 및 데이터 수정	엑셀 함수를 통한 동아리 및 학과 총무	엑셀능력
	성과금 지급			판단력

　다음으로 자기소개서와 다르게 가독성을 높이기 위해서 서술식과 개조식5 (번호)을 적절하게 활용해야 한다. 지금까지 프로젝트 수행 및 과제를 제출할 때는 서술식을 중심으로 작성했다면, 앞으로 공문, 계획서, 결과보고서 등의 사내 문서에서는 개조식 문서를 자주 접하게 될 것이다. 가능하다면 지원하는 회사의 문서 양식을 참고하는 것이 좋다. 마땅하게 참고할 곳이 없다면, 정부기관 사이트에 접속하여 다운로드할 수 있는 보고서를 받아 형식을 확인하기 바란다.

　역량기술서는 전산 시스템에 입력하지 않고, 따로 파일을 업로드하거나 이메일로 제출하는 경우가 있다. 때문에 텍스트보다 이미지 또는 도식화를 하면 메시지 전달 효과가 높아진다. 취업 포트폴리오처럼 자신의 경험에 스토리와 역량이 있다는 것을 이미지나 도식화하여 전달하는 것이다. 텍스트 구조는 많은 정보를 담을 수 있지만, 쉽고 빠르고 정확하게 전달하기에는 한계가 있다.

　이처럼 역량기술서를 포트폴리오와 함께 미리 준비해 둔다면 취업의 중요한 무기가 될 것이다.

---

5 개조식 : 글을 쓸 때, 글 앞에 번호를 붙여서 중요한 요점을 정리하는 방식이다.

⑫

수시채용 과연 다를까?
지원자가 알아야 하는 면접의 5원칙

정기공채에서 지원자가 면접 일정이 나온 후 뒤늦게 벼락치기로 면접 준비를 하는 모습을 보면 안타깝다는 말이 절로 나온다. 수시채용이 대세로 떠오른 지금, 많은 구직자들이 면접에도 변화가 있는 것이 아닐까에 대한 두려움을 가지고 있다. 하지만 면접의 본질은 크게 변화하지 않았다. 그렇다면 수시채용에서의 면접은 어떻게 준비해야 할까?

한 번쯤은 서류를 준비할 때 면접 준비를 함께 시작해야 한다는 말을 많이 들어봤을 것이다. 개인적으로는 반은 맞고 반은 동의할 수 없다. 사람마다 개인차가 있기 때문이다. 실제 언어능력과 상황판단능력 등 기본적인 능력이 있는 친구들은 모의면접을 몇 번 연습하고, 면접 프로세스를 조금만 이해하면 좋은 결과를 내는 편이다. 하지만 그렇지 않은 친구들은 굉장히 오랜 시간이 걸린다. 따라서 면접을 준비할 때 가장 먼저 해야 하는 일은 나를 아는 것이다.

안심Touch

첫째, 나의 수준 파악하기

면접에 두려움을 가지고 있는 친구들은 크게 다음 3가지 항목에서 부족함을 이야기한다.

사회적 긴장도	어휘력과 언어구사력	커뮤니케이션
상	상	상
중	중	중
하	하	하

사회적 긴장도가 높은 학생들은 면접 경험이 부족한 친구들이 많다. 다음으로 어휘력과 언어구사력이 부족한 경우는 책이나 신문을 잘 읽지 않거나, 보고서를 작성해본 경험이 없는 학생들에게서 많이 관찰된다. 마지막으로 커뮤니케이션은 대인관계에 소극적이고 내향적인 사람에게서 주로 나타난다. 이처럼 자신이 어떤 문제를 지니고 있는지 파악하고, 가장 부족하다고 생각하는 것에 초점을 맞춰서 면접 전략을 세우면 좀 더 빠르게 면접 수준을 향상시킬 수 있다.

사회적 긴장도
사회적 상황에서 긴장과 불안이 높아지면서 자신을 표현하는 방법을 찾지 못하고 그 상황에 대해 자신이 느끼는 감정의 크기이다. 어떤 상황에서도 긴장하지 않기 위해 모의 면접 연습, 상황 면접 위주로 연습한다. 단 긴장도와 불안이 높은 상황이 있어야 하므로 면접관을 수시로 변경하여 연습하거나 질문의 난이도를 높여가는 방법을 이용하면 긴장도를 낮출 수 있다.

어휘력과 언어구사력
다양한 단어를 숙지하고 있으며, 이로 문장을 능숙하게 만들어 가는 능력이다. 신문 및 사설을 읽고, 이를 바탕으로 주변 사람들에게 명확하게 설명을 할 수 있도록 연습한다. 특히 이야기의 강약과 적절한 단어 선택에 주의하면 듣는 이에게 설득력을 줄 수 있고 지원자의 논리력을 향상시킬 수 있다.

> **커뮤니케이션**
>
> 상대의 기대나 욕구를 정확히 이해하고 자신의 의사를 표현하여, 면접관으로 하여금 이해와 공감을 끌어내는 능력이다. 능력을 향상시키는 가장 좋은 방법은 다양한 사회활동에 참여하는 것이다. 다양한 경험을 한 친구들은 면접에도 잘 적응하여 금방 좋은 성과를 낸다. 하지만 그게 쉽지 않은 지원자라면 소개팅을 하거나 모임에 참석해서 이야기를 주도하는 연습을 하는 것도 좋다. 공감능력과 호감도를 높이는 대화법을 숙지할 수 있다.

둘째, 면접에도 정답은 없다

  기업에서는 면접 전에 운영 및 평가방법을 계획하면서 평가항목을 개발하고, 단계별 측정요소를 평가할 수 있는 질문지를 만든다. 이러한 면접 진행 프로세스 중에 가장 공을 들이는 부분은 면접관 교육이다. 실무에서 일하는 직원들이 최대한 객관적인 면접관 역할을 수행할 수 있도록 대기업에서는 2박 3일 정도 교육을 진행하고, 공공기관의 경우 외부면접관을 전체 면접관의 2/3 이상으로 확대하려고 노력한다. 이러한 여건을 마련하기 어려운 회사라도 최소 반나절 이상 면접관들을 위한 교육을 진행한다. 이처럼 면접관 교육에 힘을 쓰는 이유는 개연성을 배제하고 채용의 공정성을 확보하기 위함이다.

  하지만 면접은 사람이 만나는 일인지라, 객관적으로 평가하기가 정말 어렵다. 단 몇 개의 질문들로 지원자를 판단하기는 쉽지 않기 때문이다. 이러한 연유로 면접에서는 자주 오류가 발생하게 되는데 이는 면접관 교육을 아무리 해도 소용없다. 그래서 '난 분명 망했다.'고 생각했는데 면접에 붙기도 하고, '진짜 잘 봤다.'고 생각했는데 떨어지는 일이 발생하는 것이다.

> **면접관이 범하는 6가지 오류**
>
> 1. 질문의 신뢰도 및 타당도 결여(평가항목과 전혀 관련 없는 질문)
> 2. 투사 오류(면접관 자신의 배경과 성격을 닮은 지원자에게 더 좋은 평가 점수를 주거나 혹은 그 반대 현상)
> 3. 중도화 경향(탁월 혹은 미흡의 명확한 평가를 피하고 '보통'만 택할 경우)
> 4. 편견 및 선입관(비전공 대학 출신, 해외대, 성별, 군입대 여부 등)
> 5. 비언어적 단서들에 대한 부적절한 사용(말투, 태도, 자세, 걸음걸이, 음성, 신체적 조건)
> 6. 후광효과(면접자의 한 특성이나 측면이 다른 측면을 평가하는 데까지 영향을 미침)

그래서 면접은 50:50이다. 50은 면접관의 영역이기 때문에, 그 점수까지는 욕심내지 말아야 한다. 준비 과정에서 최대한 노력을 했고 연습을 통해 현장에서 충분한 답변을 하였다면 본인의 역할은 끝난 것이다.

셋째, 자신감 있는 면접자

1차, 2차 면접 등 길고 긴 채용 절차를 뚫고 성공한 지원자를 보면 특색 있는 답변과 면접기술이 좋다고 생각할 수 있다. 그러나 면접관의 입장에서 가장 눈여겨보게 되고 관심이 가는 면접자가 있다. 눈이 가는 면접자는 이미 눈빛에서부터 차이가 난다. 단지 목소리가 크고 외형적인 이미지가 좋은 것과는 다르다. 분명 긴장되고 움츠러든 모습 사이에서 면접관을 향한 호기심, 회사에 대한 궁금증, 이 자리에 대한 확신이 엿보이는 눈빛이다. 현장에서 보면, 이런 친구들이 종종 보인다. 들어오는 순간 생기가 느껴지는 지원자들을 향해 질문을 던지다 보면, 면접관들이 답변에 빠져들어 이미 설득을 당하고 있다.

결국, 자신에게 물어보았으면 한다. 나는 지금 이 회사에서 이 직무를 하고 싶어서 있는 것인지, 남들이 가는 길을 내 길로 착각하고 있는지.

넷째, 산업과 직무를 향한 열정과 관심

서류, 인적성을 뚫고, 1차 면접까지 살아남은 지원자들을 보면 답변이 용호상박(龍虎相搏)이다. 직무 및 회사, 구조화 질문 등 어려운 질문에도 당황하지 않고 척척 답한다. 하지만 그래서 차이점을 발견하기 어렵고 모두 비슷해 보인다. 이때 지원자들의 사소하지만 중요한 한 가지가 면접 평가를 좌지우지한다.

바로 열정과 관심이다. 대부분의 면접자들을 살펴보면 기업분석은 Dart, 직무분석은 자사 홈페이지 또는 현직자 간담회를 통해서 준비한다. 하지만 여기에 내가 입사하고자 하는 산업에 대한 현소비자의 반응, 상품에 대한 장점 등을 준비하는 지원자가 있다. 면접관으로 선발된 사람이라면 이미 누구보다 회사와 직무에 대해서 잘 알고 있다. 때문에 지원자의 생각이 더 궁금할 것이다. 수많은 면접자 중에서 확실하게 눈도장을 찍는 방법은 귀찮고, 창피할 수 있지만 가장 기본적인 것에 관심을 기울이는 것이다.

다섯째, 나의 이야기를 한다는 것

자기개발서적에 등장하는 좋고 옳은 이야기는 누구나 알고 있지만 다른 세상의 이야기 같을 때가 있다. 그러나 옳은 이야기는 누구나 하는 말이며, 이미 다른 조에서 충분히 들은 답변이다. 면접은 지원자를 객관적으로 파악하기 위해 마련된 자리로서 뻔한 소리가 나오면 지원자가 받을 수 있는 평가는 이미 정해져 있다.

면접관들은 사전에 이력서와 자기소개서를 보면서 지원자에 대한 이미지를 그려 놓는다. 하지만 실제 면접장에서 만나는 지원자의 이미지는 서류에 적힌 것과 비교하면 너무 다르다. 그러다 보니 면접관들은 이구동성으로 '사람은 직접 보지 않고는 제대로 알 수가 없다.'라는 이야기를 한다. 지원자들은 정답이 아닌, 본인의 이야기를 하는 데 두려움을 갖지 말고 임해야 한다. 면접관들도 수많은 지원자 가운데 누구였는지가 기억나야 좋은 평가를 줄 수 있다.

면접관들이 평가 점수를 매기며 의견을 모으다 보면 대부분이 공통된 이야기를 한다. 함부로 사람을 평가하는 일은 경계해야 하지만 정말 모두를 휘어잡는 역량을 갖춘 지원자가 간간이 보인다는 것이다. 성공적인 면접을 위해서는 위의 5가지를 숙지해야 백전백승 할 수 있다.

(13)

이제는 실무진 면접,
다 알지만 못하는 준비방법

　수시채용이 활발해지면 가장 열심히 준비해야 하는 면접은 실무진 면접이다. 정기공채를 진행할 때는 기업에 맞는 인재를 위한 채용이었기 때문에 인사팀에서 평가하거나, 기업에서 성과가 높은 인재들을 면접관으로 선발해서 진행하는 편이었다. 하지만 수시채용은 다르다. 가장 먼저 수시채용을 도입한 현대자동차그룹만 보아도 이러한 차이를 느낄 수 있다.

　기존에는 토론면접, PT면접 등 모두에게 다양한 면접을 진행했다면, 현재 진행되는 채용 절차는 직무에 따라 기본 틀을 유연하게 적용하여 진행할 수도 있다. 영업 직무라면 특정 상황을 주고 롤플레잉을 통해서 상대방을 설득하는 것을 확인할 것이다. 또한 소프트웨어 관련 직무를 채용한다면, 프로그래밍 언어 활용 역량을 확인하고자 코딩 테스트를 진행한 뒤, 그 과정에 대해 현업 직무전문가와 함께 토론하는 면접을 진행한다. 만약 상사의 지시 보다는 실무자의 아이디어와 협업이 중요한 직무라면, 팀장 또는 임원 면접 대신에 함께 일하는 동료를 면접관으로 선발하여 진행할 수도 있다.

　즉, 수시채용에서는 고정적인 방법 없이 직무에서 요구하는 역량에 따라

면접 형태와 방식이 모두 변화할 수 있다. 지원자의 역량을 평가하기 위해 면접 설계 과정에서부터 실무자들의 의견을 수렴하여 진행한다. 최근에는 면접 평가 요소와 면접 관련 정보를 채용 공고에서부터 구체적으로 제시하는 편이지만, 전형에 대한 안내가 부족하다면 인사팀에 연락하거나 기존 면접 후기를 최대한 참고하여 면접 형태를 파악해야 한다.

만약 개인별 50분 면접이라면 작성한 이력서, 자기소개서, 역량기술서를 바탕으로 한 구조화 면접일 확률이 높다. 서류 내용의 사실 여부를 검증하는 면접으로 지원자가 가지고 있는 능력이 무엇인지를 보고, 회사에서 어떤 방식으로 활용할 수 있는지를 확인하는 질문이 주를 이루게 된다. 반대로 인사팀에서 15분 동안 면접을 진행한다면 지원자의 논리적 사고 및 의사전달능력을 검증하는 적부(T/F) 형태로 진행된다. 이처럼 면접 형태를 이해하고 준비한다면 효율적으로 면접을 준비한 만큼 면접에 성패가 달라질 수 있다.

수시채용은 정기공채보다 면접을 준비할 수 있는 시간이 짧다. 평균 5일 이내에 면접이 진행되는 만큼 일정이 촉박하고 마음은 조급해진다. 면접을 미리 준비하면 좋겠지만, 그럴 수 없다면 온전한 내 모습을 보여주는 것이 면접에서 필승하는 방법이다. 너무 뻔한 이야기지만, 그 뻔한 것을 하지 못하는 구직자들이 생각보다 너무 많다. 지원자가 진짜 내 모습을 최대한 속이고, 좋은 모습만 보여준다면 면접관들의 마음을 사로잡을 수 없다. 면접 준비 전 여러분이 접하는 정보가 잘못된 것이 아니다. '두괄식으로 이야기해야 한다.', '논리적으로 답변해야 한다.', '자신감 있게 말해야 한다.', '잘 웃어야 한다.' 등 모두 면접에서 중요하게 적용되는 말이다. 하지만 나에게 어색한 옷을 입고 소개팅에 나가면 좋은 인상을 주기 힘들듯이 면접도 마찬가지이다. 면접을 위해 준비한 가식적인 답변이 아니라, 지원자만의 삶의 이야기를 듣고 싶은 것이다.

> "면접을 망한 것 같았어요. 언론고시를 준비하다 그만둔 것에 대한 질문과 공백기에 대한 질문도 있었습니다. 당시 저의 부족한 이력에 떨어질 것 같다고 생각했습니다. 하지만 저는 후회가 없었어요. 그래서 솔직하게 이야기를 했고, 결과는? 합격했어요."

　지원자의 솔직한 이야기를 보면 패기 있게 도전했고, 실패했다는 생각이 들었지만, 최선을 다했기에 후회가 없었다. 자신의 엉덩이에 종기가 날 정도로 공부했던 시간, 떨어지고서 세웠던 다음 목표, 목표를 실현하기 위한 자신의 행동들로 지금 이 자리에 있음을 즐겁게 이야기했다. 그랬기에 그의 공백기는 알맹이가 꽉 차 있었고, 약점이라 생각하고 질문한 면접관으로부터 공감을 이끌어 낼 수 있었다. 미래를 위한 지원자의 방향 전환은 더는 약점이 아니라, 지원자의 철학이자 의지였다.

　그래서 면접은 '면까몰'이라는 말이 있는 것이다. 수년간 컨설팅을 하면서 면접만큼은 구직자의 성향과 습관을 고려해서 꾸며진 답변에서 벗어나 최대한 진솔한 답변을 끌어내고자 노력했다. 필자는 면접이 연애와 같다고 생각한다. 사소한 행동, 우연한 인연에서 서로 사랑이 시작된 것처럼 면접을 위해서 가장 중요한 것은 귀를 자극하는 화려한 언변이 아니라, 마음을 울리는 진솔함이다. 남들이 잘한 답변을 참고하기보다는 시간이 걸리더라도 자신만의 것을 만들어야 한다. 인터넷에 떠도는 우수 사례는 그 사람에게 좋은 것이었을 뿐이다. 가장 나다운 답변이 좋은 점수로 이어진다는 것을 항상 기억하자.

직업을 구한다는 건 이제 모든 일을 혼자서 결정하는 것이라고 생각합니다. 저의 직업관은 여기서 시작됩니다.

제가 처음 아르바이트를 하면서 처음으로 누군가에게 지시를 받고, 맡은 업무를 수행하다 보니 돈 버는 일이 참 쉽지 않구나, 아빠가 정말 힘들게 돈을 벌어오셨구나라는 생각이 들었습니다. 아버지께 '술 한 잔 어때요?'라고 전화를 했던 기억이 납니다. 아마도 제가 회사에 입사하고 조만간 결혼을 할 것이고, 미래의 가장으로서 부양할 가족의 생계를 책임져야 하는 위치에 설 것입니다. 저의 언행에 책임을 지고, 모든 것을 혼자서 결정할 수 있는 자립심이 직업관에 필요한 가장 첫 번째 덕목이라고 생각합니다.

그렇다고 연습을 게을리하라는 의미는 결코 아니다. 이러한 진솔함이 가능한 이유는 충분한 자기분석이 자기소개서를 작성하면서 완성었되고, 다양한 면접 질문을 접하며 숙련되었기 때문이다. 처음부터 끝까지 취업을 위해 한 길만 걸어왔기에 앞의 관문을 통과할 수 있었고, 예상하지 못하는 질문에도 대처가 가능했다.

말콤 글래드웰의 저서 『아웃라이어』를 통해 전 세계인에게 각인된 일명 '1만 시간의 법칙'에 의하면 무엇인가에 대한 전문가가 되려면 1만 시간을 한 분야에 투자해야 한다. 1993년 스웨덴의 심리학평론(Psychological Review)에는 「전문역량 습득을 하는데 의도적인 연습의 역할(The role of deliberate practice in the acquisition of expert performance)」이라는 논문이 하나 기재된다. 이 논문은 심리학계의 지속적인 논쟁 대상이었던 재능과 연습에 관한 주목할만한 연구 결과였다. 무려 4,400건에 이르는 다른 논문을 인용하여 실험을 진행했기 때문이다. 우리나라로 치면 한국예술종합학교와 같은 곳에서 바이올린을 전공하는 학생을 대상으로 연구를 진행했다. 그들은

'세계적 수준(Best Student), 우수한 학생(Good Student), 평범한 학생(Teacher)'으로 나누고, 이들의 연습시간을 조사했다. 그 결과 세계적 수준의 학생은 연습시간이 1만 시간에 달해 있었고, 우수한 학생은 약 7~8천 시간, 평범한 학생들은 약 3~4천 시간을 연습했다는 결론을 얻을 수 있었다.

이를 면접에 적용해보면 마찬가지이다. 면접이 어렵다고 생각하거나, 계속 불합격하는 구직자를 보면 순수한 연습 시간이 50시간 이하인 경우가 허다하다. 에릭슨이 말한 의도적 연습(Deliberate Practice)은 고도로 신중하게 계획된 수련을 이야기한다. 내가 면접을 앞두고 급하게 답변을 연습하는 것은 연습이 아니라는 것이다. 계획된 수련이 이뤄지기 위해서는 자신의 약점을 없애고 수준을 향상시키기 위한 목적으로 학습이 이뤄져야 한다. 또한 자신의 노력이 제대로 된 방향과 성과를 다시 피드백해 줄 수 있는 자신보다 앞선 사람, 즉 멘토를 통한 끊임없는 교정이 이뤄져야 한다. 그 과정의 누적이 이루어지면 질적인 성장이 가능하며, 누구나 만족할 수 있는 높은 기량을 선보일 수 있다.

이제는 수시채용이다. 충분한 연습시간이 부족한 만큼 평상시에 자신이 면접에서 부족한 점이 무엇인지 파악하고 대비해야 한다. 결국 끊임없는 연습을 통한 기본기 향상과 진실성이 답이라는 뻔한 이야기를 다시 한번 강조한다.

14

면접은 테트리스,
합격하는 답변 준비

    면접은 회사와 나라는 사람을 맞춰가는 테트리스와 같다. 테트리스 블록에는 총 7가지가 있는데, 회사에서 지원자를 평가하는 기준을 블록이라고 할 수 있다. 회사에서 원하는 블록이 T라면, 수많은 지원자 중 가장 비슷한 블록 모양을 찾는 활동이 면접이다. 정기공채에서는 면접에서 지원자가 여러 가지 모양의 블록이어도 상관없었다.

    하지만 수시채용은 회사에서 요구하는 블록이 더욱 구체화되고 명확해진다. 때문에 구직자는 자신이 어떤 블록을 가지고 있는 사람인지 이해하고 있어야 한다. 자기분석과 자기소개서는 면접을 위한 하나의 과정이다. 면접에서는 사람과 사람 사이의 대화를 통해서 지원자의 블록을 확인한다.

이때 구직자가 가장 고민하는 것은 답변 내용이다. 앞서 말했듯이 모범답안을 찾으려는 지원자들은 큰 차이점과 개성이 보이지 않는다. 그럼에도 답변 내용에 집착하는 가장 큰 이유는 지원자들이 면접에 대해 가지고 있는 오해에서 시작된다. 면접을 시험과 같은 평가라고 생각하기 때문이다. 하지만 면접관들은 그 사람의 답변에 끌리기보다 지원자의 인상과 단어 그리고 행동에서 더 신뢰를 느낀다고 한다. 이를 비언어의 중요성이라고 하는데 이를 설명하는 '메라비언의 법칙'이라는 것이 있다. 메라비언의 법칙은 심리학자이자, UCLA의 교수였던 엘버트 메라비언(Albert Mehrabian)이 발표한 이론으로 상대방의 인상이나 호감을 결정하는 데 있어 보디랭귀지는 55%, 목소리는 38%, 말의 내용은 7%만 작용한다는 것이다. 이를 면접에 적용하면 답변의 내용은 7%밖에 관여하지 않으므로 비언어적 요소가 그만큼 중요하다는 것을 알 수 있다.

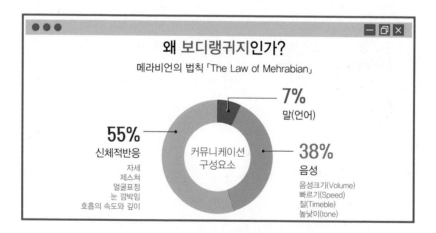

그렇다고 7%의 말(언어)을 가볍게 여겨도 좋다는 의미는 아니지만, 메라비언의 법칙을 효과적으로 사용하기 위해서 언어의 의미와 보디랭귀지를 일치시켜야 한다. 즉, 내적 상태와 외적 표현이 일치할 때 그 전달력은 몇 배 더 커지며 면접관은 지원자의 진정성을 느끼게 된다.

> "단정한 머리, 호감형 외모 그리고 간절함으로 시작된 자기소개, 물 흐르듯 준비된 답변이 흘러나온다. 그러다 갑자기 단어들이 중복되고 머뭇거리기 시작한다. 지원자는 다시 한번 해도 되겠냐고 면접관에게 물어보고 다시 진행한다. 좀 전에 했던 자기소개와 글자 하나 다르지 않은 상태로 다시 말하는 모습을 보면서 면접관은 지원자의 노력이 가상하지만 자기소개가 인상적이라는 생각은 들지 않았다."

만약 지원자가 중간에 막히지 않고, 완벽하게 했다면 좋은 평가를 받았을까? 아마 그렇지 못했을 것이다. 예상 질문에서 벗어난 질문에 말문이 막힐 것이고, 뒤로 갈수록 논리적이지 못한 모습을 보이면서 앞선 답변들에 대한 신뢰까지 잃었을 것이다.

> "반대로 무표정한 얼굴에 간절함은 없었던 지원자, 자기소개는 짧게 자신의 강점만 이야기하고 끝이 났다. 경험을 들어보니 우리 회사와 관련성이 많이 부족하다. 굳이 왜 우리 회사에 지원했는지를 물어보니, 지원자는 의외라는 표정을 지어 보이며, 복리후생 및 연봉이 좋은 회사에서 일하고 싶은 건 당연하다고 답변했다. 이 지원자는 지나치지도 않으며 그렇다고 숨기지도 않았다."

당연한 일일 수 있지만, 그 말이 끝나자 몇 개의 추가 질문 외에는 특별한 질문이 없었다. 지원자는 분명히 면접에서 떨어졌다고 생각을 했겠지만, 면접관들은 지원자에게 좋은 평가를 줬다. 일관된 모습에서 나오는 안정된 답변 그리고 솔직함에서 더는 확인할 것이 없었다. 이처럼 면접은 지원자가 자신의 모습을 '보기 좋게' 드러내는 것이 핵심이다. 지원자가 생각하는 '좋은 답변'이 면접관이 생각하는 '좋은 답변'과 일치한다는 것은 아무도 보장할 수 없다. 자신의 솔직한 모습을 드러내도록 하되, 회사라는 기준에서 생각해서 답변한다면 정답이 될 수도 있다.

(15)

면접 합격자의 1급 비밀,
스크립트 인사이드

진인사대천명(盡人事待天命), 최선을 다한 뒤 결과는 하늘에 맡긴다는 뜻으로 면접에 임한 모든 지원자들에게 필요한 마음가짐이다. 하지만 D-day가 다가올수록 긴장과 초조함이 계속되고, 대범한 마음가짐을 갖기는 쉽지 않다. 상대적으로 면접 준비 시간이 짧은 수시채용에서 자신감을 가지려면 그만큼 기본기가 튼튼해야 한다. 아무리 타고난 면접 DNA를 가진 지원자라고 해도 돌발 상황에서는 당황하지 않을 수 없다. '지피지기면 백전백승(知彼知己 百戰百勝)'이라는 말처럼 자주 나오는 면접 질문에 대비한다면 좋은 결과를 얻을 수 있을 것이다.

면접을 준비하는 지원자를 보면 크게 '긴장', '동문서답', '타인의식' 타입으로 구분해 볼 수 있다. '긴장'의 경우 면접장에 들어서는 순간부터 진행되는 내내 긴장감 때문에 제대로 답변하지 못한다. '동문서답'의 경우 자신감이 있어 보이지만, 예상치 못한 질문을 받았을 때는 질문과 다른 엉뚱한 대답을 하는 등의 모습을 보인다. 끝으로 '타인의식'의 경우에는 면접관 외에도 함께 면접을 보는 지원자들의 답변에 너무 집중한 나머지, 제대로 된 답변을 못하는

안심Touch

경우가 많다. 이러한 특징을 가진 지원자는 면접 스크립트를 미리 준비해서 활용하면 충분히 해결할 수 있다. 무조건 스크립트에 의존하여 대답하라는 것은 아니지만, 자주 등장하는 면접 질문은 시간이 있을 때 준비하고 연습하기를 바란다.

어디든 자주 등장하는 면접 질문 10가지

1. 자기소개(1분 / 30초)

2. 자신이 갖추고 있는 차별화 된 능력은?

3. 지원한 직무를 선택한 이유는 무엇입니까?

4. 본인의 직업관은 무엇입니까?

5. 삶에서 가장 몰두했던 경험이 있다면 무엇입니까?

6. 삶에서 크게 실패했던 경험이 있다면 무엇입니까?

7. 자신만의 스트레스 관리 방법이 있다면 무엇입니까?

8. 공동의 목표를 달성하기 위해서 본인의 최선을 다 했던 경험이 있다면 무엇입니까?

9. 10년 후 자신의 목표는 무엇입니까?

10. 마지막으로 하고 싶은 말이 있다면 이야기해주십시오.

만약 어떤 이야기든지 진정성 있게 전달할 능력이 있는 사람이라면 면접에서 어떤 이야기를 해도 상관없다. 하지만 필자는 그러한 사람이 전문적으로 훈련을 받은 배우(대본, 즉 '스토리텔링'에 종사하는 사람) 외에는 없다고 생각한다. 따라서 자신만의 모범답안을 준비하고, 이를 훈련해야 실전에서 자신의 진정성을 전달할 수 있다. 물론, 나에게 가장 기억에 남는 기억이어서 누군가에게 재미있게 이야기할 수 있는 내용이고, 남들의 반응이 항상 좋았던 내용인 경우는 예외이다.

면접 전에 스크립트를 작성할 때, 구어체가 아닌 글로 작성하는 경우가 많다. 이렇게 작성하면 남들이 듣기 좋아하는 멋진 이야기를 쓰기 위해 고치고 또 고친다. 스크립트를 작성할 때 중요한 점은 거칠고 다듬어지지 않아도 자신의 이야기를 말하듯이 작성하고, 다듬어야 한다는 것이다. 내가 쓴 글이기 때문에 자연스러워야 하고, 전달력이 있어야 한다. 지원자들이 크게 착각하는 것 중 하나는 작성한 스크립트를 수십 번 읽고 암기하면 면접장에서 훌륭하게 말할 수 있다고 생각하는 것이다. 수십 번 읽고 암기한 답변에 감정, 호흡 처리 그리고 면접관의 반응까지 고려해야 하므로 준비한 답변을 얼마나 '잘 처리하는가'의 문제는 결코 쉽지 않다.

무대에 서서 연기하는 배우들의 연습 대본을 살펴보면 그들의 고뇌를 엿볼수 있다. 대본을 외우고 한 페이지, 장면 하나에 한 가지의 목표를 정한 후 각대사마다 '태도 감정'을 넣는다. 이후 자신이 연기한 대사를 듣고 또 들으며 케릭터와 동화되는 과정을 거쳐 자신과 대본 속 캐릭터의 간격을 좁히는 일을 반복한다. 이러한 작업에만 최소 1~2개월이 소요된다. 우리가 연기파 배우라고 알고 있는 하정우, 송강호, 유해진 등의 촬영 속 뒷이야기를 살펴보면 모두 이러한 과정을 담고 있다. 특유의 자연스러운 연기가 일품인 배우 하정우는 지난 2012년 SBS의 「힐링캠프」라는 프로그램에 출연해서 15년간 작성해온 자신의 연기 노트를 공개했다. 노트 속에는 손끝, 발끝 등 사소한 동작과 디테일한 감정 처리까지 그만의 연기 해석이 가득했으며, 대본 한 귀퉁이에는 바를 정(正)자로 연습한 횟수가 가득 적혀있었다. 그는 한 인터뷰에서 "재능은 믿을게 못 된다. 시간을 낭비하지 말자는 생각으로 반복하고 또 반복해야 한다. 3~4개월 동안 대사를 전부 암기한다. 크랭크인 전까지 모든 준비를 완료한다. 그래서 영화를 찍을 때가 제일 여유롭다."라고 말했다. 또한 배우 류승룡은 영화 「7번방의 선물」이라는 영화의 제작보고회에서 포스트잇과

형광펜 자국이 가득한 실제 대본을 공개했다. 다 낡아서 너덜너덜해진 대본 속에서 노력의 흔적을 엿볼 수 있었다.

면접이 어렵고 힘들다는 지원자들에게 묻고 싶다. "면접장에서 이야기한 답변들은 얼마나 연습한 것인가요? 정말 최선을 다한 것인가요?" 면접에 자주 등장하는 기본적인 답변은 정말 피나는 연습이 필요하다. 여러분이 사전에 작성한 스크립트는 연기의 대본일 뿐이다. 이 스크립트가 완전히 자연스러워지려면 또 하나의 고민이 동반되어야 한다. 여러분이 가지고 있는 고유의 분위기와 철저한 자기분석까지, 그렇게 지원자의 꼼꼼한 철학이 있는 대본은 면접관에게 고스란히 전해질 것이다. 면접장에서 아주 쉬운 일이라는 듯이 자연스럽고 능청스러운 답변이 가능한 지원자들은 면접장 밖에서 대본은 벗 삼아 피나는 노력이 했기에 가능한 것이다.

너무 많이 사용해서 너덜너덜해진 메모와 호흡이나 강조를 위한 형광펜 밑줄이 가득 찬 스크립트가 아직 없다면 반성이 필요하다. 수시채용이 활발해지는 지금 제시된 10개의 면접 질문 이외에도 직무에 관한 면접 질문을 더하다 보면, 어느 순간 면접장에서도 긴장하지 않고 능청스럽게 대처하는 나를 발견하게 될 것이다.

답변 구조화,
나만 알고 싶은 면접 스크립트 작성법

수시채용에서 역량에 가장 신경 써야 한다는 것은 계속해서 강조하고 있다. 그렇다면 역량을 잘 드러내는 답변 준비는 어떻게 해야 하는 것일까?

먼저 기본 질문처럼 스크립트를 준비해야 한다. 나올지 안나올지 모르는 역량에 관한 질문을 스크립트화하는 이유는 답변을 구조화하기 위해서이다. 다음은 엑셀로 작성한 면접 스크립트 예시이다.

날짜	주제	대표역량	사례 및 스토리라인
4월 5일	성공 경험	문제해결 능력	• 문제 인식 → 해결방안 → 적용 • 스토리라인 : 재고현황표 → 재고파악 → 구분관리 → 우수사례

면접 스크립트를 작성하는 방법은 주제 항목에 기본 면접 질문을 쓰고, 자신이 지원하는 직무에 맞는 '대표역량'을 정한다. 작성한 대표역량을 바탕으로 면접 답변의 방향성을 설정한다. 스크립트의 '원본'은 자신이 자기소개서에 작성한 내용이고, 이를 참고해서 답변을 작성한다. 완성된 본인의 면접 답변을 살펴보면 현재 자신의 면접 실력이 어느 정도 수준인지도 확인 할 수 있다.

안심Touch

공기업 인턴으로 근무하며 복잡한 재고현황표를 한눈에 파악할 수 있게 수정하여 우수사례로 뽑힌 경험이 있습니다.

기존의 재고표는 자산번호별로 구분되어 출입이 정리되어 있었지만, 같은 부품을 세 업체에서 조달하였기에 다른 생김새로 인해 재고수량을 파악하기 힘든 부분이 있었습니다. 그렇기에 업체별로 자재 옆에 이름표와 수량을 붙여두었고, 자재 엑셀로 겹치는 자산재고는 생산된 업체를 같이 적었습니다.

그 결과, 업체별로 나눠 정리할 수 있었고, 헷갈리지 않고 재고를 파악할 수 있었습니다. 또한, 분기별 재고조사를 잘 수행해 우수사례가 되어 인트라넷에 올라갈 수 있었습니다.

인턴 때 자재관리 업무를 보조하며, 실재재고와 재고현황표를 한눈에 비교할 수 있게 수정하였고, 우수사례로 뽑힌 경험이 있습니다. (S)

기존재고표는 같은 부품을 세 업체에서 조달받았지만 활용되는 부분은 업체마다 달라서 재고 파악이 어렵다는 것을 알았습니다. (T)

그래서 재고 파악을 수월하게 하기 위해 업체별로 자재를 분류하여 이름표와 수량을 붙여두었고, 자재 관리 엑셀에는 같은 부품이지만 생산 업체를 구분하여 관리하였습니다. (A)

그 결과, 업체별로 자재관리가 수월하게 되었고, 저의 자재관리 프로세스가 우수사례가 되어 인트라넷에 전체 자료로 게재되었습니다. (R)

또한 역량 면접에도 자주 출제되는 면접 질문이 있다. 이에 대한 면접 스크립트 8문항을 작성하여 답변을 하는 구조화 연습을 하도록 한다. 이때, 당장 면접 볼 때를 대비하는 스크립트가 아닌 평상시 틈틈이 시간을 두고 면접 답변 연습을 위한 스크립트를 준비하는 것이 좋다.

꼭 준비해야 하는 면접 스크립트 질문 문항

1. 고객 컴플레인 응대

2. 성공 경험

3. 최근 가장 기억에 남는 경험

4. 본인의 남과 차별화된 강점

5. 입사 후 포부

6. 본인의 스트레스 해소법

7. 본인의 시간 관리 방법

8. 본인을 채용해야 하는 이유

이때 많은 취업준비생들이 면접 답변을 구조화하는 과정이 낯설어 어려움을 겪는다. 이때 'PSTAR기법'을 활용하여 연습한다면 논리를 갖춘 말하기가 가능하다.

〈PSTAR기법〉

핵심 (Point)	STAR기법으로 구성된 내용에서 핵심이 되는 역량을 간단하게 요약한다. 답변을 본격적으로 시작하기 전에 자신이 하려는 답에 대한 암시를 준다.
상황 (Situation)	경험의 계기 및 이유, 원인, 배경을 5W1H로 설명하는 것이다. 주로 과거에 겪었던 내용을 설명한다.
과제 (Task)	세웠던 목표와 자신의 역할을 설명하는 단계로 문제해결을 위해 직면했던 과제를 강조하고 자신의 목표 또는 과업을 강조한다.
행동 (Action)	구체적으로 목표를 달성하기 위한 노력과 행동으로, 앞서 언급한 상황과 과제에 맞춰서 자신이 갖추고 있는 역량을 객관화한다.
결과 (Result)	앞서 행동으로 이뤄낸 결과를 통해 어떤 것을 배우고 깨달았는지를 구체적으로 정량 또는 정성으로 적어준다.

역량 중심 행동면접을 준비할 때도 많은 지원자들이 STAR기법을 활용한다. 이 때문에 더더욱 PSTAR기법을 활용해야 한다. 평상시 경험을 'PSTAR'로 구조화해두면, 면접 답변 내용을 좀 더 구체적이고, 체계적으로 구성할 수

있다. 그리고 반복적으로 수정하는 과정을 통해 답변의 완성도는 점점 높아진다.

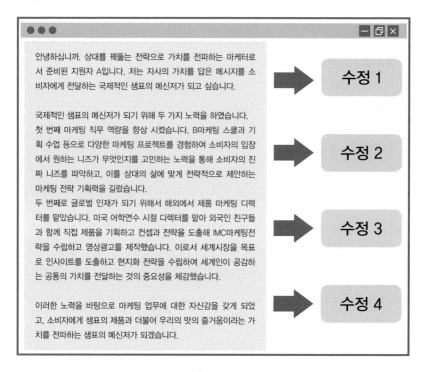

스크립트를 계속해서 수정하다 보면 질문의 특징, 기업의 특성, STAR의 단계적 요약해보기 등에 따라 여러 질문에도 즉흥적으로 답변할 수 있는 순간 대응 능력을 높일 수 있다. 여러 번의 수정 단계를 거쳐 최종적인 면접 답변이 구조화되어 완성되면, '사례 및 스토리'에는 내가 작성한 답변의 상황과 스토리 흐름을 적어 한눈에 확인할 수 있게 한다.

많은 취업준비생들이 취업에 성공한 사람의 면접 답변을 찾으려고 하거나 그럴듯한 문장을 찾으려고 노력한다. 그러나 지원자 본인만의 고유한 경험을 바탕으로 구조화시킨 내용이 가장 좋은 답이다. 끊임없는 연습과 면접의 상황이나 면접관의 질문의 요지 등에 따라 PSTAR를 그대로 활용하는 것도 아닌 PA, PSA, SA 등 그 상황에 맞는 답변을 할 수 있도록 유연성을 높이는 것이 매우 중요하다. 다음은 PSTAR기법을 활용하여 면접에 답변하는 방법의 사례이다.

Before

군 시절, 저는 조직원들에게 가장 '만족감을 주는 밥'을 제공하는 것을 목표로 2개월간 노력했고 이를 성취했습니다.

기존 메뉴얼대로 음식을 만들어도 조직원의 평가는 좋았지만, 항상 저는 더 나은 방안을 고민했습니다. '정교한 칼질 노력', '풍미가 더 깊은 조미료 개발'이라는 2가지 목표를 설정했고 이를 달성하기 위해 개인휴식 시간까지 투자하는 노력을 기울였습니다.

이를 꾸준히 실천한 결과, '식사시간이 가장 행복하다.'는 평가를 받았습니다.

위의 내용을 STAR기법에 따라 작성하기 위해서는 본인의 생각이 더해져야 한다. 한 예로 '만족감을 주는 밥을 목표로 한 이유는 무엇인가?'를 확인할 수 없어서 사람들에게 무엇을 주고 싶었는지를 알 수 없다. 스크립트에서 과정을 구체적으로 써야 하는 이유는 요약된 답변을 바로 구성하기에 아직 지원자의 작성 요령이 부족한 상태이기 때문이다.

다음은 행동을 좀 더 구체화해서 작성한 것이다. 목표를 설정하고 도전하는 과정이 잘 드러나 있어서 원래의 답변보다 설득력이 높아졌다. 열정이나 도전정신 등의 역량을 강조하고, '고객 중심적인 마인드'를 목표로 설정한 점은 전달하고자 하는 메시지를 보여줄 수 있다.

군 시절, 조직원들의 스트레스를 조금이라도 더 해소시키는 것을 목표로 삼았고, 2개월간의 노력 끝에 '가장 만족감을 주는 밥'으로 이를 성취했습니다. (S)

평소 조직원들에게 관심을 많이 가졌고, 조직원들이 가장 스트레스를 해소하는 시간이 식사 시간임을 파악했습니다. 이에 저는 '현재보다 더 맛있는 밥'을 제공함으로써 조직원들이 보다 만족감을 가지는 것을 목표로 삼았습니다. (T)

이를 위해 '정교한 칼질 노력', '풍미가 깊은 조미료 개발'이 필수적인 것을 파악했습니다. 저는 개인 휴식시간까지 할애하면서 칼질 실력을 향상시켰고, 조미료의 알맞은 황금비율을 찾기 위해 이리저리 섞어보았습니다. 칼에 베이기도 하고 조미료를 배합하느라 시간이 걸렸지만 저의 목표를 생각하면서 오히려 이를 즐겼습니다. (A)

꾸준히 2개월간 실천한 결과, 조직원들은 '밥이 더 맛있어졌다.'라는 평가와 함께 스트레스를 해소하는 모습을 관찰할 수 있었습니다. 이것이 제가 스스로 목표를 세워 도전하고 달성한 결과입니다. (B)

수정한 내용을 살펴보면 심층 구조화 면접에 대비할 수 있도록 내용을 좀 더 구조화시켜 지원자의 행동과 그 이유를 알 수 있게 작성되었다. 또한 이 내용을 실전에서 답변할 때는 흐름에 맞게 요약이 가능한데, 이때도 중요한 것은 'STAR'의 내용 중 어떤 것을 구체화할지를 선택하는 것이다.

〈일반 경험 작성 예시 – 자기소개〉

Before

제한된 환경에서 적절한 해결책을 찾으려고 노력합니다. ERP 수강생 및 조교로서 학생들이 수업에서 느끼는 불편함을 없애야만 했습니다.

ERP 수업은 실습수업으로 프로그램이 있어야만 과제와 자격증 취득을 위해 공부할 수 있었습니다. 그런데 프로그램의 설치가 어려운 학생들이 있었습니다. 교수님과 상의하여 수업시간 외 강의실을 일주일에 3번 2시간씩 빌렸습니다. 그 결과 학생들은 실습프로그램을 이용할 수 있었고 과제와 자격증 취득도 할 수 있었습니다.

P : 문제해결능력

S : 학생들의 자격증 취득이 어려움

T : 학생들 자격증 취득을 도움

A : 일주일 3번 2시간씩 강의실 대관 요청

R : 모든 학생 자격증 취득

After

저의 가장 큰 장점은 주어진 상황 속에서 문제를 해결하는 능력입니다. (P)

ERP 수업은 실습 프로그램이 있어야지만 과제와 자격증 취득을 위한 공부를 할 수 있습니다. 하지만 자가설치가 어려운 학생들이 많았습니다. (S)

이런 상황에 저의 역할은 학생들이 과제를 잘 수행해서 자격증을 취득할 수 있도록 도와주는 것이었습니다. (T)

그래서 교수님께 건의하여 수업시간 외에도 강의실을 일주일에 3번 2시간씩 빌려서 학생들이 실습할 수 있도록 지원하였습니다. (A)

그 결과 모든 학생이 과제를 잘 수행해내서 자격증을 취득하게 되었습니다. (R)

〈인턴 경험 작성 예시 – 지원동기〉

Before

금융인으로서 성장하기 위해 지원하였습니다.

대학교 1학년 때 대외활동으로 경영멘토 활동을 하던 시절, 경영학 지식과 실무 경험이 부족해 멘티들에게 더 많은 도움이 되지 못해 아쉬웠던 경험이 있습니다. 이는 향후 금융인으로서 업무를 볼 때도 마찬가지라고 생각합니다. 아는 만큼 타인을 도울 수 있습니다. 따라서 저는 신용보증기금의 인턴으로서 중소기업 사장님들을 대면하고 보증업무를 배워 실무경험을 쌓아 금융인으로서 성장하겠습니다.

P : 자기계발능력

S : 경영멘토로써 멘티에게 도움 안 됨

T : 도움이 되기 위한 존재되기

A : 상대방에게 정보 전달 시에는 자기계발을 하는 가치관 보유

R : 보증업무를 배우며 자기계발

After

금융에 대한 끊임없는 자기계발을 통해 든든한 동반자로 성장하기 위해 지원하게 되었습니다. (P)

대학교 1학년 때 경영멘토로 활동했지만 부족한 경영지식과 실무경험으로 멘티들에게 도움이 되지 못한 경험이 있습니다. (S, T)

그 이후 타인에게 도움이 되기 위한 사람이 되기 위해 끊임없는 자기계발을 해야된다는 가치관을 갖게 되었습니다. (A)

따라서 신용보증기금의 인턴으로 활동하여 보증업무를 숙지하는 자기계발을 통해 향후 도움이 필요한 분들을 돕는 금융인이 되고 싶습니다. (R)

AI면접,
합격을 결정하는 가장 중요한 기술

수시채용과 비대면이 확대됨에 따라 AI면접은 평가에 한 영역으로 자리매김하고 있다. AI는 정확한 데이터 분석과 모방이 가능한 인공지능 프로그램이다. 현재 인간이 지닌 기억력, 계산력의 한계가 있는 영역까지 알고리즘에 따라 분석하고, 최적화된 해법을 찾아낼 수 있어서 최근 많은 기업에서 도입 중에 있다. 또한, 지필 시험과 자기보고방식에 의존하여 측정 문항과 방식에 한계가 있고, 제한된 인지능력만 평가할 수 있는 인적성검사의 단점을 보완할 수 있다는 장점이 있다.

그렇다면 AI면접은 어떻게 준비해야 할까?

필자의 개인적인 생각으로는 모집단이 늘어나고 데이터가 축적될수록 AI에 대처할 수 있는 방법을 줄어들 것이다. 하지만 현재의 AI면접 기술은 완전하지 않기 때문에 그 한계점을 이용하면 어느 정도 대비가 가능하다. 현재 AI 기술의 가장 큰 단점은 최근 가장 강조되고 있는 창의적 사고와 통찰력 등, 새로운 아이디어를 도출하는 인간의 역량을 확인할 수 없다는 점이다. 아울러 고차원적인 의미를 담고 있는 문장의 뜻을 제대로 인식하지 못한다. 현재

안심Touch

의 기술은 동사나 단어에 의존하여 문맥에 따른 의미를 파악하고, 무의미한 단어나 문장의 반복을 확인하는 정도이다. 때문에 AI면접에서 좋은 평가를 받을 수 있는 다섯 가지 핵심 포인트를 제시하려고 한다.

AI면접 핵심 포인트

1. 인성, 성격, 자질을 표현하는 단어 주의
2. 기대와 상식에 맞는 단어 사용
3. 직무성격에 적합한 단어 사용
4. 전문성이 반영된 단어 사용
5. 시각, 청각 등 각 특성에 맞는 단어 사용

　　인간의 지능에는 한계가 있어서 인성검사와의 상관관계를 분석하는 뇌과학 분석(게이미케이션), 심층 분석(심층/구조화 면접, 기업 맞춤형 면접)에 대한 완벽한 대비는 불가능하다. 하지만 AI면접에서 합격한 사람들의 공통점을 살펴보면 게임을 잘하지 못했고, 답변이 미흡했어도 결과가 좋았던 경우가 많았다. 반대로 탈락한 사람들의 공통점을 보면 비언어적으로 부족한 경우를 제외하고, 부정적이거나 직무와 관련이 없는 단어를 선택한 경우가 압도적으로 많았다.

⚙️ 비전

➡️ **우리 맛으로 <u>세계인</u>을 즐겁게**

우리 맛의 중심인 발효와 장(醬), 더 나아가 <u>한식의 진정한 가치</u>를 전 <u>세계에 널리 알리고,</u> 모두가 즐길 수 있도록 하겠다는 샘표의 꿈이 담겨 있습니다.

⚙️ 핵심가치

<u>구성원의 행복</u>

지역사회에 <u>기여</u>

<u>문화의 다양성</u>

⚙️ 인재상

➡️ **<u>열정있는</u> 사람**

- 어떠한 일이든지 몰두하여 열심히 하고 시간이 걸리더라도 <u>일을 잘 할 수 있도록</u> 한다.
- 업무능력에 상관없이 <u>최선</u>을 다해 맡은 일에 몰두하는 자세를 가지고 일을 한다.
- <u>끊임없이 개선하려는 적극적인 자세</u>로 일을 한다.

➡️ **<u>겸손한</u> 사람**

- 내가 모르는 것이 많다는 것을 <u>스스로</u> 인식하는 마음 자세를 가지고 있다.
- <u>타인의 의견</u>을 적극 <u>경청</u>하며 존중한다.
- 타인에게 배우려 하며 <u>끊임없이 개선</u>하려고 노력한다.

➡️ **<u>사심없는</u> 사람**

- 일을 할 때 '나', '너' 이런 생각을 갖지 않고 <u>회사의 이익</u>을 위해 일을 한다.
- 가장 좋은 방향으로 <u>합리적 판단</u>을 하려는 마음을 가지고 일을 한다.
- 자신의 업무뿐만 아니라 회사가 필요로 하는 일을 언제든지 할 수 있는 자세를 갖고 일을 한다.

샘표그룹 AI면접 자기소개 스크립트 작성 완성 샘플

안녕하십니까. 상대를 꿰뚫는 전략으로 가치를 전파하는 마케터로서 준비된 지원자 A입니다. 저는 자사의 가치를 담은 메시지를 소비자에게 전달하는 국제적인 샘표의 메신저가 되고 싶습니다.

국제적인 샘표의 메신저가 되기 위해 두 가지 노력을 하였습니다.
첫 번째 마케팅 직무 역량을 향상 시켰습니다. B마케팅스쿨과 기획 수업 등으로 다양한 마케팅 프로젝트를 경험하여 소비자의 입장에서 원하는 니즈가 무엇인지를 고민하는 노력을 통해 소비자의 진짜 니즈를 파악하고, 이를 상대의 삶에 맞게 전략적으로 제안하는 마케팅 전략 기획력을 길렀습니다.
두 번째로 글로벌 인재가 되기 위해서 해외에서 제품 마케팅 디렉터를 맡았습니다. 미국 어학연수 시절 디렉터를 맡아 외국인 친구들과 함께 직접 제품을 기획하고 컨셉과 전략을 도출해 IMC마케팅전략을 수립하고 영상광고를 제작했습니다. 이로서 세계시장을 목표로 인사이트를 도출하고 현지화 전략을 수립하여 세계인이 공감하는 공통의 가치를 전달하는 것의 중요성을 체감했습니다.

이러한 노력을 바탕으로 마케팅 업무에 대한 자신감을 갖게 되었고, 소비자에게 샘표의 제품과 더불어 우리의 맛의 즐거움이라는 가치를 전파하는 샘표의 메신저가 되겠습니다.

위의 자기소개처럼 기업에서 요구하는 역량 및 키워드를 활용하여 면접 스크립트를 작성하고, 별색으로 표시된 핵심 키워드를 잘 숙지한 답변을 하는 것이 중요하다. 기본면접에서는 완벽하게 잘하는 것이 중요한 것이 아닌, 즉흥적으로 답하는 연습을 많이 해야 한다.

특히 상황면접과 심층 구조화 면접의 답변이 큰 차이가 나지 않게 하도록 기준점을 낮출 필요가 있다. 내가 기본 면접 질문에서 너무 잘 답한다면, 전체적인 채점 기준이 너무 높아지게 된다. 이는 상황 면접과 심층 구조화 면접 때, 조금이라도 더듬거리거나 표정의 변화가 발생하여 분노, 공포 등의 표정 변화 점수가 높아지게 되고, 호감지수 평가에서 오히려 마이너스가 될 수도 있다. 때문에 평소 대화하는 것처럼 즉흥적으로 답변하는 연습을 많이 해야 하며 나머지 성격의 장단점과 지원동기도 이처럼 기업의 역량에 맞게 즉흥적으로 답변하는 연습을 해야 한다.

AI면접의 상황질문에서 답을 하는 요령은 논리보다 키워드이다. AI는 지원자의 대답에 뜻을 해석하는 것이 아니라, 단어를 기반으로 확인을 한다. 즉, AI는 답변 내용을 이해하지 못한다. 아직 AI면접에 대한 구체적인 후기가 없어서 일반 면접에서처럼 정답을 찾아서 이야기하려는 지원자가 많다. 하지만 여러 번 설명한 것처럼 아직은 완벽하지 않은 기술이다. 때문에 답과 자연스러움을 찾으려고 하는 것이 아닌 기업이나 직무의 중요한 키워드에 본인다움을 더하여 준비할 수 있도록 해야 한다.

> **상황질문**
> 1. 3명이 한 조인 그룹에서 사업 기획에 대한 과제를 하고 있다. 그런데 1명이 무임승차한다면 어떻게 말할 것인가?
> 2. 상사가 1,000명의 고객에게 만족도 조사를 하라고 했는데, 턱없이 부족한 시간으로 제시간 안에 못 끝낼 것 같다. 어떻게 말할 것인가?
> 3. 이성 친구의 어머님이 음식을 해주셨는데, 너무 맛이 없었다. 어머님에게 어떻게 말할 것인가?

상황질문 2에 답변한다고 하면 사람마다 표현하는 비언어적 측면이나 활용하는 단어는 모두 다를 것이다. 예를 들어 사람 중심적인 기질을 가지고 있는 사람은 "대리님, 1,000명의 고객 만족도 조사를 하려는 데 인간적으로 너무 많은 것 같아요. 100~150명으로 줄여주신다면 어떻게든 만족도 조사를 수행하도록 할게요!"라고 답변하면서 친근감이 담긴 말로 답변을 할 것이다.

만약 분석가 기질을 가지고 있는 사람이라면 "대리님, 1,000명의 고객 만족도 조사를 하려면 하루 8시간 동안 1명당 3초 이내에 만족도 조사를 끝내야지 가능한 데, 이는 현실적으로 불가능합니다. 1명당 1분에서 1분 30초의 시간으로 계산하면, 100~150명으로 설문조사를 수행할 수 있을 것으로 판단됩니다."라고 대답할 것이다. 객관적인 단어와 분석적인 표현들이 많이 들어가 있는 것을 볼 수 있고, 목소리 톤도 일정하며, 표정의 변화에도 차이가 없을 것이다. 이처럼 지원자의 자연스러운 모습을 잘 살리는 것이 중요하다.

다음으로 심층 구조화 질문에서는 인성검사를 기반으로 한 질문이 제시된다. 그래서 인성검사 때 체크한 나의 강점과 약점의 역량과 일치하는 것이 중요하다. 하지만 상황면접과 게이미피케이션을 진행한 후에 심층 구조화 면접을 진행하므로 인성검사 때의 기억은 이미 없어졌을 것이다.

심층 구조화 질문
Q1. 주변에 가장 성공한 사람이 누구라고 생각하는가?
Q1-1. 그 이유는 무엇인가?
Q1-2. 그 사람과 나의 차이점은 무엇인가?

이에 대비하려면 본인의 강점과 약점을 미리 알고 있어야 한다. 면접 질문에서 나의 강점과 약점에 대한 질문과 그에 따른 추가 질문이 생각보다 정확하게 주어지기 때문에 지원자는 AI면접관의 예리함에 놀라는 경우가 많다. 심층 구조화 질문은 인성검사 때 체크한 것을 바탕으로 강점과 약점이 분석되고, 심층 질문마다 이미 구조화된 질문이 준비되어 있다. 이 사실을 알고 면접에 임하면 AI면접관이 한결 편하게 느껴질 것이다.

하지만 최근 심층 구조화 질문이 업데이트되어 내가 준비한 질문 중에서 나오지 않는 경우도 종종 발생한다. 때문에 이 역시 대답을 할 수 있도록 준비해야 한다. 모든 면접 스크립트를 만들 수는 없지만 ICRU나 MBTI, 에니어그램, 홀랜드 등의 정확한 진단 도구 및 검사 도구를 활용해서 나의 강점과 약점을 찾고, 이에 따른 사례를 준비한다면 효과적인 준비가 가능하다.

마지막으로 커스터마이징 질문은 잘 나오지 않긴 하지만 간혹 질문이 나올 수 있기 때문에 지원한 기업에 대한 특징 및 직무 용어 등 사전 지식을 숙지해 두면 더욱 좋다. 외국계 기업이나 해외관련 직무는 외국어 질문이 나오는 경우가 있기 때문에 미리 해당 기업의 후기를 찾아보고 필요하다면 준비한다.

커스터마이징 질문

1. 당신을 왜 뽑아야 하나요?
2. 연구원으로서의 덕목은 무엇인가요?
3. 외국어(특정 기업 및 직무 특성)로 자신을 소개해주세요.

앞으로 수시채용이 활성화되면 기업들은 온라인과 오프라인 면접 두 가지 방식을 모두 가져갈 것이고, AI면접은 빠지지 않게 될 것이다. AI면접에 많은 시간을 투자하여 미리 준비할 필요는 없다. 최대한 자연스러운 모습으로 높은 호감도를 얻고, 적절한 단어를 선택한다면 AI면접이 발목을 잡아 탈락하는 일은 없을 것이다.

18

AI면접
보디랭귀지 적극 활용하기

AI면접의 결과표는 외부 면접관이 관여할 수 없고, AI면접관이 지원자를 객관적으로 평가한 데이터를 기반으로 결과표를 제공한다. 즉, 사람의 주관적 편향과 편견이 들어가지 않는다. AI면접의 대표적인 기술에는 V4가 있는데 우리는 이를 명확하게 이해하고, 그에 따른 AI면접 전략을 세워야 한다.

외면적 요소 V4

외면적 요소 V4의 기술은 AI면접에 답변할 때 측정된 데이터를 분석하여 지원자의 호감도를 분석하는 데 활용된다.

1. Vision Analysis : 지원자의 안면에서 메인 68포인트를 기준으로 지원자의 안면 표정 및 움직임을 분석
2. Voice Analysis : 지원자의 음성을 밀리세컨드까지 추출해 음색, 음 높이, 휴지, 음 크기, 속도 등을 분석
3. Verbal Analysis : 음성인식 기술을 활용하여 실제 지원자의 음성을 텍스트로 변환해 분석
4. Vital Analysis : 심장박동으로부터 혈류량과 혈압에 따른 맥박의 변화 및 안면 색상을 분석

(1) 긍정의 보디랭귀지

AI면접관에게 긍정의 보디랭귀지를 전달하여 직무에 적합한 인재라는 신호를 심어주자!

시선처리

AI면접에서 질문에 답변할 때의 영상은 면접관이 확인할 수 있다. 그래서 면접관이 나의 영상을 볼 때, 면접관을 응시하는 모습이 보이도록 질문 카메라를 바라보고 답변해야 한다.

밝은 표정

AI면접에서 나의 밝은 표정이 객관적으로도 기쁜 표정으로 인식되는지 확인해 볼 필요가 있다. 많은 학생이 나는 웃었다고 생각하지만, 실제 표정 인식을 해보면 분노나 찡그림의 수치가 높게 잡히는 경우가 발생한다. 기계가 기뻐하는 표정을 인식할 수 있도록 웃어야 한다.

(2) 부정의 보디랭귀지

부정의 보디랭귀지를 사전에 차단하여 AI면접관에게 신뢰도를 향상 시키자!

입술 사라지게 하기

AI면접은 면접관이 직접 보고 있지 않다고 생각하기 때문에 많은 지원자가 표정에 대한 통제를 내려놓는다. 당황하거나 분노했을 때, 입술 깨물기 같은 분노로 인식되는 표정을 유지하는 시간이 길어질 수 있으므로 표정을 계속 신경 써야 한다.

뒤로 머리 기울이기

우리가 처음으로 카메라에 얼굴을 인식할 때는 화면을 바라보기 때문에 고개를 정면으로 보이게 맞추지만, AI면접이 시작되면 나의 모습을 보기 어려워서 나도 모르게 턱이 들리는 경우가 있다. 이는 면접관에게 거만한 모습으로 보일 수 있으므로 주의하여 태도를 유지하는 연습을 한다.

(19)

디지털 혁신,
비대면 면접 무엇이 다를까?

비대면 면접을 진행하는 기업이 점차 늘고 있다. 디지털이 최근 채용의 핵심으로 떠오르며 변화할 것이라고 예상은 했지만, 코로나19의 확산 여파로 순식간에 변화했다. 사회적 거리두기와 함께 이베이코리아, GS홈쇼핑, BGF리테일, 삼성, SK, 현대, 공공기관, 금융회사 등 다양한 곳에서 비대면 채용 절차를 진행하고 있다.

하지만 비대면 면접이 갑작스럽게 등장한 것은 아니다. 여러 대기업들은 해외 인재를 채용할 때 유선 또는 화상으로 면접을 진행하는 경우가 많았으며, 경력직 면접에서도 자주 활용하는 방법이었다.

비대면 방식의 면접과 대면 면접의 큰 차이점은 없다.

오히려 면접에서 긴장을 심하게 하는 지원자라면 편한 마음으로 면접에 임할 수 있다. 달라진 것이라고는 면접관과 내가 카메라와 마이크, 화면을 통해 이야기한다는 것일 뿐, 기존의 방식과 동일하게 임하면 된다. 다만 카메라를 응시해야 하는 낯선 상황에 적응하기 위해, 지원자는 화상통화 프로그램을 활용하여 미리 본인의 모습을 꼭 확인해야 한다. 아무래도 화면에 보이는 내 모습은 상당히 어색할 수 있으므로 반드시 녹화를 하고, 전체 내용을 다시 봐야 한다. 또한 음성은 제대로 녹음되고 있는지, 화면의 화질이 좋은지에 대한 세심한 확인도 필요하다.

그렇다면 기업에서 활용하고 있는 화상면접 프로그램은 어떤 것이 있을까? 기업에서 주로 활용하는 프로그램은 줌(Zoom), 구글미트(Google Meet), 스카이프(Skype), Cisco Webex Meetings, 블루진(Bluejeans), 어피어(Appear) 등이 있다. 모두 사용법이 다르므로 사전에 면접에 사용되는 프로그램을 이해하려는 노력도 절대 잊지 말자.

〈온라인 비대면(언택트) 면접에서 크게 실수하는 3가지〉

시선처리

비대면 면접은 면접관이 아니라 카메라를 응시해야 한다. 그러다 보니 자칫 시선처리에 실수할 가능성이 있다. 카메라를 보고 답변해야 하지만 화면을 보고 답변하는 지원자들이 많다. 카메라와 화면을 번갈아 가며 보면 자칫 산만해 보일 수 있다. 따라서 연습할 때 다른 곳에 시선을 두지 말고, 카메라만 응시하는 연습을 해야 한다.

보디랭귀지

화면의 특성상 사소한 행동도 과장되어 보이는 경향이 있다. 그래서 과한 손동작이나 호흡은 상대방에게 역동적으로 보일 수 있다. 또한 프레임에 걸리면 상대방에게는 과장된 행동처럼 보일 수 있다. 따라서 제스처는 최대한 줄이는 것이 좋다. 오히려 대면 면접에서 지양해야 하는 과장된 미소를 추천한다. 비대면의 특성상 지원자의 미소가 가식인지 진짜인지 알아보기는 매우 어렵다.

위치선정

비대면은 장소에 있어 자유롭다. 면접 장소로 가장 좋은 곳은 적절한 조명이 있는 곳이다. 사진이나 영상을 찍어본 사람은 공감할 것이다. 조명에 따라서 사람의 이미지가 확 바뀌어 보이기도 하므로 자신을 강조할 수 있는 조명 위치를 찾는다. 또한 이에 맞는 배경을 고르면 신뢰감을 주는 지원자가 될 수 있다.

비대면 방식이라는 면접 환경이 아직 낯설 뿐이다. 하지만 진행방식이나 답변 방법은 기존 면접과 크게 달라지지 않았다. 충분히 연습한다면 오히려 대면 면접보다 더 좋은 평가로 이어질 수 있는 만큼 겁먹지 말고 도전하기를 바란다.

PT면접,
수시채용에서 왜 중요할까?

    수시채용이 증가하면서 직무역량을 평가하는 'PT면접'의 중요성이 더욱 강조되고 있다. PT면접은 주어진 주제를 지원자가 해석하여 발표하는 형식이다. 이를 통해 기업은 지원자의 직무이해도와 문제해결과정 그리고 의사표현 능력까지 모두 확인할 수 있다. 지원자마다 주어진 문제의 대안을 찾아가는 과정과 해결방법을 통해서 면접관이 직무 전문성과 업무 성향을 파악할 수 있다.

평가요소			평가내용	평가등급				
				20(S)	17(A)	18(B)	11(C)	8(D)
공통	기본 요소	평가 요소	발표 시 면접관과 눈 맞춤, 자신감 있는 표정과 목소리					
		감점 요소	불안한 시선 처리, 주눅이 든 말투, 지나친 긴장					
의사 소통 능력	의사 표현 능력	평가 요소	주제의 목적과 상황에 맞춰 자신이 뜻한 바를 전달					
		감점 요소	주제의 목적과 상황에서 벗어난 의사 내용					
자원 관리 능력	시간 자원 관리 능력	평가 요소	제한된 시간 내 자료 정리 및 발표시간 엄수					
		감점 요소	발표시간 초과 및 시간 배분 실패					
정보 능력	정보 처리 능력	평가 요소	주어진 정보를 분석하여 목적에 맞춰 조직 및 정보에 활용					
		감점 요소	사고의 부족으로 일반적인 수준의 내용 언급					
문제 해결 능력	문제 처리 능력	평가 요소	문제의 원인을 파악하고, 대안을 제시하여 그 결과를 반영					
		감점 요소	주제에 벗어난 문제의 특성 파악 및 대안 제시					
합계								
최종평가 등급								

　최근 출제된 PT면접 질문을 보면 점점 어려워지고 있다. 이는 지원자의 직무 역량을 좀더 깊이 있게 물어보기 때문이다. 수시채용이 활성화되면, 직무와 관련된 주제가 출제될 가능성은 더욱 높아질 것이고 어려워질 것이다. 현재까지는 인문/상경계열의 경우 문제해결형 질문이 주로 출제되었으며, 이공계의 경우 전공지식을 확인할 수 있는 질문이 출제되었다.

〈출제된 PT면접 예시〉

기업		면접 질문
LG	인문/상경	주어진 자료를 토대로 신시장에 진출하는 데 EU, 미국, 중국 중 어느 곳이 적합한지 자료를 토대로 작성하라.
	이공계	웨어러블기기와 관련하여 시계 산업의 대처 방안 및 아이디어를 발표하라.
CJ	인문/상경	CJ 내 타 계열사와 협력하여 진행할 수 있는 오프라인 스토어 운영 기획 방안을 제안하십시오.
	이공계	IT기술을 활용하여 고객 친화적인 어플리케이션 등을 기획해보십시오.

　지원자들이 가장 어려워하는 면접 중 하나가 PT면접이다. 누군가의 앞에서 발표를 했던 경험이 많지 않고, 지원직무에 대한 이해가 부족할수록 PT면접은 부담스럽게만 느껴진다. 또한 제한된 시간에 회사의 양식에 맞춰서 보고서를 작성하고, 발표까지 해야 하기에 지식, 시간, 발표 능력의 삼중고를 겪는다.

　PT면접을 위해 지원자가 꼭 준비해야 하는 것은 직무이해도와 기업의 발전 방향, 두 가지이다. 먼저 직무이해도는 자신이 지원한 직무의 실제 업무에 필요한 전략이나 수행계획이 동반되는 내용이 주를 이룬다. 즉 지원자가 해당 직무에 대해 이해하고 있는지가 중요한 평가 요소이다. 때문에 롤플레잉처럼 특정 상황을 제시하는 질문이 나올 수 있으므로 사전에 현직자를 만나 직무에 관한 인터뷰를 해보는 걸 추천한다. 그리고 내가 지원한 회사는 아니더라도 동일 직무에서 출제된 PT면접 주제는 모아서 연습한다. 제시된 자료 안에서 내용을 도출하고 정리하여 활용하는 PT면접의 특성에 익숙해지는 것이 시간을 단축하고, 좀 더 설득력 있는 의사표현을 할 수 있는 가장 빠른 길이다.

다음으로 회사의 최근 이슈, 주요 로드맵 등을 이해해야 한다. 기업에서는 인재상 그리고 사업 목표 및 전략에 대한 이해도를 평가하기 위해 기업의 발전을 위한 계획을 수립하라는 질문을 자주 한다. 기업 분석, 동종 업계의 경쟁사 현황, 고객 반응을 위한 시장 분석 등 다양한 정보를 수집해 내가 지원한 기업에 대한 이해도를 높여야 한다.

PT면접 분석 방법 5단계

1. 주제의 정확한 의도 파악
2. 주제에서 찾아낸 문제에 대한 본인의 생각
3. 문제를 해결할 적절한 대안 및 이를 선택한 이유
4. 대안의 장단점 및 향후 기대효과
5. 추후 보완점 및 피드백 제시

 PT면접 주제 : 직장 내 괴롭힘 근절, 건전한 조직문화 마련

☐ 직장 괴롭힘 현황
  ○ 정당한 이유 없이 업무 능력이나 성과 불인정
  ○ 조롱하고 훈련이나 승진 등 일상적인 대우에서 차별

☐ 직장 내 괴롭힘 금지법의 문제점
  ○ 직장 갑질을 경험한 직장인의 신고율 저조
    – 신고해도 달라지지 않을 것이라는 인식 : 35.1%
    – 정황은 있으나 증거 부족 : 27.5%
  ○ 신고 과정의 문제점 존재
    – 신고자 개인의 신변 보호 필요 : 25.2%
    – 신고방법 안내, 홍보 부족 : 14.2%

□ 건전한 조직문화를 위한 해결방안

　　○ 사내 괴롭힘에 대한 회사의 적극적 대응 강화

　　　　– 회사 내 괴롭힘 금지 제도의 처벌 강화로 인식 개선

　　　　– 신고 사례집을 만들어 증거자료 수집에 대한 이해 도모

　　○ 신고방식의 변화 필요

　　　　– 신고 과정에서 익명 보장 및 외부기관으로 신고처 변경

　　　　– 신청 방법의 온·오프라인 교육을 통한 홍보 실시

□ 기대효과

　　직장 내 괴롭힘 근절을 통한 직장인의 업무효율성 향상 및 사내 건전한 조직문화 개선

　　마지막으로 PT면접의 핵심은 간결한 설명과 자신감 있는 태도이다. 발표 시간의 경우 10분 미만으로 평균 3~5분이 가장 많다. 짧은 시간 안에 주어진 주제와 나의 생각을 충분히 전달하려면 핵심 키워드를 중심으로 발표를 진행해야 한다. 면접관에게 내용이 정확하게 전달될 수만 있다면, 질의응답에서도 원활한 진행이 가능하다. 내가 집중한 만큼 예상치 못한 질문을 받을 가능성을 낮출 수 있으며, 면접관의 이목을 가져올 수 있다.

직무 면접,
면접 질문은 이미 정해져 있다!

수시채용에서 직무 면접이 중요해진다는 건 실무진 면접의 중요성이 커졌다는 의미이다. 실무진 면접은 크게 두 종류로 나누어 볼 수 있는데, 잠재적인 성장 가능성을 살펴보는 '직무 면접'은 주로 자기소개서의 내용과 직무 관련 준비 정도를 집중적으로 확인한다. 사전에 면접관의 질문과 채점 기준을 미리 정해놓는 '구조화 면접'은 객관적인 문항과 기준으로 지원자의 직무역량을 확인할 수 있다.

지원자는 구조화된 면접을 위해서 직무에 필요한 역량이 무엇인지 최대한 구체화해야 한다. 그 업무를 제대로 수행하기 위해서는 어떤 지식과 기술이 필요한지를 결정한 다음, 해당 요소들을 평가할 수 있는 면접 질문을 예상해야 한다. 구조화 면접 질문은 크게 과거의 행동을 통해 미래의 성과를 예측하는 '행동 기반 질문'과 특정 상황을 가정한 뒤 답하게 하는 '상황 가정 질문'으로 나눠 볼 수 있다.

〈대인관계 역량 면접 질문 예시〉

	면접 질문 예시
행동 기반 질문	• 본인이 잘 알지 못하는 사람들과 협업을 통해 문제를 해결한 경험이 있는가? • 팀 업무 수행 시 갈등이 발생했을 때 문제를 해결한 경험이 있다.
상황 가정 질문	• 팀원 중 한 명이 업무 수행에 있어서 적극적으로 참여하지 않는 것을 목격했을 때 어떻게 할 것인가? • 주제를 선정하는 데 본인의 의견이 반영되지 않고 있다면 이때 어떻게 하겠는가?

따라서 지원자는 구조화 면접을 이해하고, 자신의 역량을 보여줄 수 있는 경험을 사전에 정리해야 한다. 이때 경험은 STAR기법을 뼈대로 삼아 정리하고, 최대한 세분화하여 경험을 역량으로 구분한다. 만약 자신이 지원한 직무의 평가 역량을 정확하게 유추하기 어렵다면 주요 핵심 역량별로 경험을 분류하여 대비한다. 본인의 경험을 평가하고, 지원자의 답변에 따른 후속 질문과 그에 대한 평가 점수가 매겨지는 잘 정리된 역량별 경험은 좋은 평가를 만들 수 있을 것이다.

 상세경험 Ⅰ - 오픽 스터디

상황	위기·과업·가치판		행동	결과	핵심 역량
같이 스터디를 하는 사람이 과제를 안함	과업	동기 부여 제공	• 잔소리 하기 • 그 사람의 현재 문제점 인식 시키기 • 필요성 인식 시키기	• 사람이 변함 • 개인 메시지로 고맙다는 연락을 받음	관계 형성
국제무역사 시험일이 6주 남음	위기	시간 관리가 어려움	1강에 1시간이 걸리는 국재무역사 강의 130강을 3주 만에 완강하고, 마지막 한 주는 기출에 올인	목표로 한 자격증 취득	시간관리, 목표달성 (성과)
오픽 공부를 함께 하게 된 것	가치관	백지장도 맞들면 낫다	혼자일 때는 틀린 부분을 확인하기 어렵지만, 함께 하니까 알게됨	백지장도 맞들면 낫다	팀워크

상황	위기·과업·가치관		행동	결과	핵심 역량
조별 준비 내용을 발표해야 함	과업	캠프 내 발표자	• 발표 전 1일 3시간 리허설 • 발표 당일 참고해야 하는 사람의 영상 시청	떨지 않고 발표를 잘하여 최우수상 수상	발표 능력
중동 관련 자료 및 우리의 아이템 정보가 많이 부족	위기	자료조사를 했지만 확신이 없음	중국 사이트를 활용하여 정보를 더 수집하고자 함	선정한 아이템에 대한 확신과 가능성 확인	정보 수집 능력
우리가 선정한 아이템과 국가에 대한 발표	가치관	역할분담의 중요성	가장 잘할 수 있는 부분을 대화하면서 발견하고자 노력함	서로가 잘할 수 있는 부분에 역할 분배를 하게 됨	의사 소통 능력

구체적인 경험 준비는 일관성 있고 신뢰도 높은 답변을 가능하게 한다. 가치관, 언어적 선택, 성격 및 성향 등은 단시간에 바뀔 수 있는 게 아니기 때문에 시간을 두고 준비해야 한다. 투자한 노력만큼 메인 질문과 꼬리 질문에 구조를 그려볼 수 있으며, 답변에도 일관성이 생긴다.

메인 질문

과거에 실패했던 경험이 있다면 이야기해주시기 바랍니다.

꼬리 질문

(S) 그 경험 중 다른 상황이 발생했다면 어떻게 했겠는가?

(T) 본인의 역할을 벗어나서 했던 다른 행동들은 무엇이 있는가?

(A) OO한 방식으로 문제를 해결했다고 했는데, 다른 방식을 고민하지는 않았는가?

(R) 이후에 실패를 반성하고 가지게 된 습관이나 또 다른 노력이 있는가?

이처럼 실무진들은 지원자의 생각을 알고 싶어 하기 때문에, 이를 뒷받침할 수 있는 근거들을 잘 설명할수록 면접 합격률은 올라간다.

 실패 경험 자기소개서

첫 번째 어려움은 경제적 어려움이었습니다. 스무 살 때 아버지께서 돌아가시고, 경제적인 도움을 드리고 싶어서 새벽에 우유배달을 시작했습니다. 처음에는 너무 힘들고 포기하고 싶었지만 점차 아침형 인간이 되어가는 제 모습을 보면서 보람을 느꼈고, 대학교 4년을 꾸준하게 한 결과 남들보다 심신이 건강해 질 수 있었습니다.

최근에는 취업을 준비하면서 번번히 고배를 마셨습니다. 아마도 스무살 때 아버님이 돌아가신 이후 두 번째로 겪는 힘든 고비가 아닐까 싶습니다. 하지만 포기만 하지 않으면 언제든 이겨낼 수있다는 저만의 지론이 있듯, 이번에도 멋지게 이겨낼 것이라는 확신을 가지고 있습니다.

사람은 누구나 실패를 경험한다. 회사 생활은 대학교와 다르게 매 순간이 경쟁이며, 살아남기 위한 싸움이다. 때문에 어떤 문제가 생겨도 역경을 딛고 이를 해결할 수 있다는 마음가짐을 가진 지원자를 기업은 원한다. 면접관들 나이에 맞춰서 함께 공감할 수 있는 어려움을 공유하고, 이를 슬기롭게 헤쳐 나갈 수 있는 자신감을 보여준다면 좋은 평가를 받을 수 있다. 이처럼 역량과 경험을 정확하게 일치시킨 답변은 면접관의 마음을 움직일 것이다.

(22)

임원 면접 변화,
그들이 듣고 싶은 대답은?

수시채용으로 직무 면접이 활성화된 것에 비례하여 임원 면접의 중요성은 낮아질 것이다. 기존에는 지원자가 기업마다 가진 인재상에 맞는지를 확인하는 최종 과정으로, 임원 개개인마다 정해놓은 기준을 가지고 지원자들의 조직적응력을 평가했다. 그러다 보니 앞선 과정을 잘했음에도 임원 면접에서 탈락하는 지원자들이 많았다. 서류, 필기, 실무진 면접 등을 거쳐 마지막 임원 면접까지 올라갔지만, 이상하게 최종(임원) 면접에서만 떨어지는 이유는 무엇일까?

> "총 4개의 질문을 받았어요. 나름 준비한 답변이었고, 분위기도 좋았기 때문에 합격을 장담했는데, 막상 떨어지니까 내가 떨어진 이유를 도무지 모르겠어요. 다른 지원자들보다 질문도 많이 받았고, 막상 이렇게 되니 도무지 무슨 기준으로 합격자를 정한 건지 모르겠습니다."

실제로 최종(임원) 면접에서 이유도 모른 체 불합격한 후기를 생각보다 많이 찾아볼 수 있다. 정기공채에서는 기업마다 정해진 채용 원칙이 존재하나,

그것은 어떠한 사람들을 주로 뽑아야 하는지와 어떠한 사람들은 절대 뽑지 말라는 큰 범주의 가이드라인에 불과했다. 그러다 보니 임원 면접에서 면접관에게 주어지는 평가표는 말 그대로 평가표일 뿐이다. 즉, 본인의 사회생활 경험과 선입견에 의존해서 합격자를 선택했다. 20년 이상 산전수전을 겪으면서 임원이 된 만큼 그들의 철학은 굉장히 확고하다. 말 한마디와 지원자의 표정만 보고 합격과 불합격을 나눠버리는 관상쟁이들을 만족시키기란 여간 까다로운 것이 아니다. 그러다 보니 인사팀에서도 임원 면접을 신뢰하기보다는 최소한의 배수를 두고 검증하는 형태로 진행했다.

하지만 앞서 말한 것처럼 수시채용에서는 임원 면접을 찾아보기 어려워질지도 모른다. 직무별 수시채용을 진행하는 만큼 현업부서가 필요할 때마다 원하는 인재를 직접 선발하므로 인사팀 면접 이후에 실무진 면접을 진행하게 된다. 임원들의 일정까지 고려하여 면접을 상시로 진행하기 어렵고, 최근에는 차별 방지를 위해 다른 정보를 활용하는 것이 어려워졌다. 때문에 여러 차례에 걸친 실무진 면접으로 검증을 강화할 수밖에 없다.

실제, 수시채용으로 전환을 선언한 기업들을 살펴보면 임원 면접보다는 실무진 면접에 비중이 확실히 높으며, 임원 면접을 진행하지 않는 곳도 종종 보인다. 이러한 변화는 몇 년 전부터 예견됐다. 많은 대기업이 홈페이지에서 직무에 대한 상세내용을 찾아볼 수 있게 했으며, 최근 유튜브를 통해 실무자의 직장 생활을 소개하는 기업들이 늘고 있는 것도 현실적인 직무 상황을 간접적으로나마 경험하게 하기 위함이다. 이미 구글, 페이스북 등의 외국계 기업들은 임원면접에서 벗어나 수백 명의 리크루터가 직접 SNS를 통해 인재를 발굴하고, 실제 업무를 함께할 직원들이 10회 이상의 인터뷰를 진행한다. 동료들이 직접 면접에 참여해 조직에서 성과를 낼 수 있을지의 여부를 직접적으로 확인한다. 현재 국내 기업들도 이러한 측면에 입각하여 수시채용을 활성화하고 있다. 지원자들은 임원 면접을 지나치게 준비하기보다 현재 면접 트렌드에 맞게 적절한 대비가 이뤄져야한다.

만약 임원 면접을 앞두고 있는 지원자라면 상대방의 입장에서 고민을 해야 한다. 임원들은 지원자들을 평가하고, 왜 채용해야 하는지를 끊임없이 생각한다. 특히 요즘처럼 외부 환경의 변화가 많은 시기에는 트렌드의 변화에 민감한 인재를 선호한다. 과거에는 사업을 관리 또는 운영하기 위한 인력이 필요하다 보니 조직에 순응하는 인재를 선호했었다. 하지만 이제는 반대이다. 즉, 자신의 글로벌 능력과 더불어 다양한 전략과 브랜딩을 할 수 있는 '전문가'를 원한다.

> **Q.** "지원자께서 회사에 입사하여 5년 정도 후에, 어떤 일을 맡고 있을 거라고 생각하십니까?
> **A.** 제가 맡은 일에 최선을 다하고, 불평 없이 회사의 직원으로서 사명을 다하겠습니다.

질문과 답변을 보면 크게 문제가 되는 점이 없다. 하지만 질문을 던진 임원의 입장에서는 만족스러운 대답이 아니다. 신입사원에게 5년이라는 시간동안 산업을 이해하고, 변화에 능동적으로 대처하겠다는 '포부'를 기대했을 것이며, 직무에 따라 변화의 방향을 예상하고 비전을 제시할 것이라 생각했을 것이다. 오랜 시간 실무에 종사한 임원들에게 근면 성실은 일종의 '현실 타협'으로 변화에 도태되는 지원자로 비칠 가능성이 있다. 이러한 답변이 가능하기 위해서는 산업에 대한 관심과 열정이 동반되어야 한다.

산업에서 요구하는 기술이나 숙련도는 짧은 기간 안에 갖추기 어렵다. 이러한 점은 임원들도 잘 알고 있어서 첫발을 내딛고자 하는 신입사원에게 난이도 높은 실무 관련 질문을 하는 사람은 드물다. 이미 실무진 면접에서 충분한 검증이 되었다고 판단하기 때문에 자신의 기준에서 신입사원이 꼭 갖춰야 한다고 생각하는 중요한 요소만을 평가하고자 한다.

> **Q.** 어떤 계기로 이 분야를 선택하게 되었나요?
> **Q.** 평상시에 주로 어떤 활동을 하면서 시간을 보내십니까?

이러한 질문들은 '이 분야가 얼마나 힘든지 알고 있는지?' 또는 '제대로 일을 배우기도 전에 포기하지 않을지?'를 우회적으로 확인하고자 하는 표현일 수 있다. 그리고 이런 질문들은 때로는 노골적이기도 하다.

> **Q.** 평상시에 구매하던 상품이 어떤 기획 과정들을 거쳐 소비자에게 제공되는지 알고 있습니까?
> **Q.** 예상보다 야근이 많을 수 있고, 독기가 필요한 일인데 할 수 있겠습니까?

실무진 면접이 당장 직무 수행에 필요한 실무역량을 확인한다면, 임원 면접은 산업이 요구하는 변화를 어떻게 수용하고, 그 과정을 효과적으로 수행할 수 있는지를 중점적으로 평가한다. 따라서 임원 면접에서는 내가 지원한 산업을 향한 지원자의 특별한 '덕질'이 필요하다. 특히 모든 지원자에게 같은 질문을 하는 면접 특성상 이러한 덕질은 큰 차이를 만들 것이다.

23

면접관도 놀랐던 면접 답변, 차별화된 기업 및 산업 분석

우선 지금부터 공개하는 산업 및 기업분석 방법은 서류보다 면접 단계에서 진행하는 것이 옳다. 수시채용의 빠른 서류 접수 기간을 고려하면, 서류 단계에서부터 한 기업에 3~4시간씩 들여가며 산업 및 기업분석을 한다고 한들, 블랙프라이데이6에 불합격 문자를 받을 가능성이 크다. 이후 기업 및 산업분석으로 낭비된 시간 동안 다른 기업을 쓰지 못했던 자신을 원망하며 후회하는 일까지 종종 발생한다.

따라서 서류 단계에서는 가벼운 산업 및 기업분석으로 지원동기를 작성하는 것이 합리적이다. 하지만 면접은 다르다. 면접관이 지원동기에 대해 물었을 때, 소위 '덕심'이 느껴지는 분석 답변은 면접과의 집중력을 끌어 낼 수 있다. 그리고 이는 다음 질문으로 이어지며, 면접과의 호감을 높일 수 있다.

예를 들어 면접관이 지원동기를 물었을 때, 산업에 대한 충분한 식견과 성장 가능성을 여러 가지 근거를 통해 효과적으로 말했다고 가정해보자. 그렇

---

6 블랙프라이데이 : 주로 금요일에 합격/불합격 문자를 보내는 데 탈락문자를 많이 받아서 우울한 금요일이란 뜻으로 필자만 쓰는 말이니, 어디 가서 블랙프라이데이가 세일기간이 아니라고 우기지 말자.

다면 다음 질문들은 ① 그런 정보를 어디서 얻었는지, ② 회사의 미래는 어떻게 될 것인가에 대한 추가 질문 등을 받는다. ①의 질문에는 본인이 준비해온 과정을 이야기하면서 지원자의 노력을 보여줄 수 있으며, ②의 질문에서는 추가적인 방향성을 언급해 합격의 시그널로 이어질 수 있다.

그렇다면 어떻게 효과적으로 산업 및 기업분석을 할 수 있을까? 다양한 방법이 있지만, 가장 효율적이고 빠르게 접근 가능한 방법은 '신용평가 사이트'를 활용하는 것이다. 그 중 '전자정보공시(DART)'에 포함된 사업 내용이나 주식 애널리스트의 평가분석 글은 현재도 많은 구직자들이 활용하고 있다. 하지만 신용평가 사이트를 활용하여 산업 및 기업분석을 하는 구직자는 드물다. 면접에서 활용할 수 있는 뭔가 다른 산업 및 기업분석 방법을 공유하고자 한다.

신용평가 사이트는 무엇일까?

경제나 국가 등에 관심이 많은 구직자라면 'OO기업 신용평가 AA등급 획득'이라는 기사나 '무디스, 한국 국가신용등급 Aa2 유지' 등과 같은 기사를 접한 경험이 있을 것이다. 이는 회사나 국가가 회사채나 국채를 발행하거나, 회사채와 국채의 이자율을 정하며 투자자를 유치하고자 할 때, 사용하는 공신력이 있는 지표이다. 각 신용평가 회사마다 부르는 지표는 다르지만, 통상 AAA~B0라던지, A3~B1 지표로 국가나 회사를 평가한다. 이러한 평가에 따라서 회사채의 이율이 어느 정도 시장가로 정해지게 되면, 기관이나 투자자들은 어떤 국채나 회사채에 투자할지를 결정하는 기준으로 삼는다. 즉 전문가들이 회사의 현재상황을 평가한 자료라는 뜻이다.

무디스나 피치처럼 전 세계적으로 공신력이 있는 회사들이 각 국가와 세계의 유수 대기업들의 신용평가 등급을 부여하고 있다. 우리나라의 경우에는 한국신용평가(이하 한신평), 한국기업평가(이하 한기평), 나이스신용평가(이하 나신평), 서울신용평가에서 등급을 제시하고 있다. 우리나라에 있는 많은 기업 중 회사채 발행, 사업 확장, 법적 기준 등으로 신용평가를 받아야 하는 상황에 있다면 앞서 말한 4개의 회사에 의뢰하여 1년에 한 번씩 신용평가를 갱신한다.

　여기서 구직자들이 중요하게 봐야 하는 표현이 있다. 신용평가가 필요한 회사가 '의뢰한다'는 표현인데, 신용평가사가 요청한 다양한 자료들을 회사에서 보내주면, 그에 대한 검증 작업과 함께 직접 임직원 인터뷰를 진행하는 등의 다양한 방법으로 현재 신용도를 평가하게 된다. 그리고 일정한 도구를 사용하여 최종 평가등급을 산출하고 공개한다. 이 말은 재무나 산업에 대해 평가를 내리는 최고의 전문가들이 모여, 시중에서 구하기도 힘든 자료를 바탕으로 쓴 기업분석 보고서가 평가사 자료에 그대로 공개된다는 뜻이다.

　따라서 한국신용평가, 한국기업평가, 나이스신용평가 등 상위 3개 신용평가회사의 사이트 활용 방법과 함께 신용평가 등급이 없는 기업은 어떤 내용을 활용하면 좋을지를 알고 있어야 한다. 신용평가사들이 모든 산업을 세세하게 분석한 것은 아니기에 모든 산업 및 기업분석에 통용되긴 어렵지만, 맨땅에 헤딩하는 것보다 훨씬 유리한 정보를 갖고 면접장에 입장할 수 있다.

신용평가 사이트 활용법

　회사를 확인할 때는 평가리포트(Credit Report)의 S(Summary)를 중점적으로 살펴야 한다. 만약 원하는 기업 정보가 사이트에 없을 때는 해당 산업의 '산업별 평가 방법론'을 찾아서 보면 된다. 그전에 내가 면접을 앞두고 있는 기업이 모든 신용평가사에 없는지 확인해야 한다. 왜냐하면 기업들은 신용평가사를 하나만 이용하기 때문이다. 세 개를 모두 검색해보고 없으면 그때는 회사채 발행을 하지 않은 회사라고 판단하고, 이후 앞서 언급한 '산업별 평가 방법론'을 검색해야 한다.

1) 평가리포트(Credit Report) 활용

우선 세 사이트 모두 평가리포트에 대한 명칭도 다르고, 들어가는 방식에 조금씩 차이가 있다. 기본적으로 전체 리포트는 유료(생각보다 많이 비싸다)이지만, 요약 리포트는 무료로 확인할 수 있다. 구직자의 입장에서는 요약 리포트만 보아도 면접에 언급할 수 있는 정보를 충분히 얻을 수 있으니, 꼭 참고하기 바란다. 여기서 주의해야 할 점은, 신용평가 사이트들이 일반적인 검색엔진(네이버, 다음)과 다르기 때문에 기업의 이름을 아주 정확하게 입력해야 필요한 정보를 얻을 수 있다는 점이다. 즉 '씨제이제일제당', '티에스케이코퍼레이션'처럼 순수 한글, 영어로 기업명을 검색해야 한다.

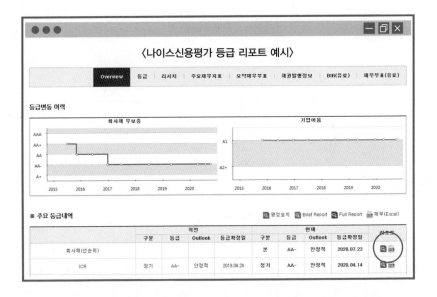

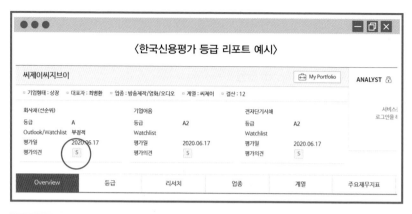

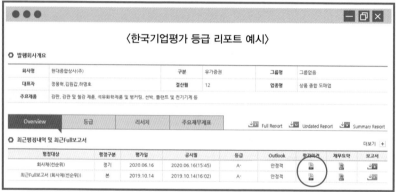

　동그라미로 표시한 부분을 직접 클릭해 보면 평가리포트에 포함되어 있는 요소들을 직접 확인할 수 있다. 평소에 접하지 못한 막대한 정보량과 고품질 자료에 당황할 것이다. 최근 3~6개월 사이에 올라온 회사라면 즉시 활용할 수 있는 재무 정보가 자세하게 작성되어 있다.

　제일 처음에 나오는 주요 재무제표의 계정에는 우선 매출액, 영업이익이나 당기순이익, EBITDA 등 회사 경영에서 꼭 알아둬야 할 지표들이 정리되어 있다. 하지만 기업에 따라서 영업이익, 순이익, 잉여현금흐름, 차입금, 유동비율 등 지표가 산업 및 기업마다 조금씩 차이를 보이니 참고하기 바란다. 각 산업 및 기업의 등급을 평가하는 데 중요했던 지표를 모아놓은 것이기 때문에 재무에 대한 감이 없는 비상경 또는 이공계 지원자라도 상단의 재무정보들 위주로만 숙지하면 면접에서 활용이 가능하다.

다음으로 '평가근거'라고 하는 그 회사의 등급을 평가한 요약표가 있다. 요약표는 회사 내부 정보까지 최대한 활용되어 내린 결론이며, 경쟁사의 상황, 산업의 동향, 정부 정책의 변화 등까지 예상한 최신의 고급 정보를 요약한 것이다. 기업마다 차이는 있지만 다른 곳에서 찾으려면 여러 번 수고를 거쳐야하는 정보들을 확인할 수 있다. 예를 들면 CJ CGV의 코로나19 발생 시점의 해외 영업 현황을 즉시 확인 가능하다. 여기서 해외 사이트(영화관) 숫자까지 확인할 수 있는데, 면접에서 남들은 모르는 정보(해외는 극장 수에 비례하여 한국에 비해 매출이 적은 점, 사이트 수 대비 매출 비중이 높은 국가 등)를 언급하면 호감가는 지원자가 될 수 있다.

〈국가별 영업현황 및 극장 수(CJ CGV)〉

신종 코로나바이러스 확산 이후 국가별 영업현황　　　　　　　　(단위 : 억 원, %, 개)

지역	2019년			비고
	매출액	매출비중	사이트 수	
한국	10,464	53.9	168	3/28부터 4/28까지 직영 극장 35개 일시 휴업
중국	4,062	20.9	141	1/24부터 전체 극장 휴업, 6월 말 영업재개 확정
베트남	1,861	9.6	82	3월 말부터 5/9까지 74개 극장 일시 휴업
터키	1,456	7.5	108	3/17부터 전체 극장 휴업, 7월 영업재개 예정
인도네시아	1,196	6.2	67	3/17부터 62개 극장 휴업, 7월 초 영업재개 예상

단, 요약표는 '재무 위주'로 작성되어 있다 보니 업계 및 금융 용어가 섞여 있다. 본인의 직무가 기획 또는 재무가 아닌 이상 해당 용어들이 낯설 것이다. 구직자 수준에서 접하기 어려운 단어이며, 실무에서도 잘 안 쓰이는 난이도가 높은 단어들이 종종 사용된다. 따라서 해당 자료를 사용할 때는 본인이

사용 가능한 수준으로 바꿔서 말할 수 있어야 한다.

면접에서 고품질의 자료를 활용하여 답변하는 것은 긍정적이다. 하지만 다른 질문과 차이가 나는 문장력이나 용어는 면접관에게 부정적으로 보일 수 있다. 양질의 자료를 면접에서 활용하지만 실패하는 이유이다. 면접의 포인트를 만들 수 있는 내용을 찾았다면, 내가 자주 사용하는 단어로 면접 스크립트를 구성해야 한다.

2) 산업별 평가방법론의 활용

평가리포트를 제대로 숙지한다면 면접장에서 1시간 이상 산업 및 기업에 대해서 이야기를 할 수 있다. 하지만 이 글을 읽고 검색을 시도해보면 생각보다 쉽지 않을 것이다. 특히, 대기업 계열사들의 경우 회사채나 상장을 하지 않은 회사가 많다 보니 이럴 때는 '산업별 평가방법론'을 활용해야 한다

신용평가사마다 차이는 있지만, 특정 회사를 검색하면 하단에 '관련 평가방법론'을 찾아볼 수 있다. 해당 산업에 속한 회사들의 등급을 평가하는 방법론을 정리한 내용으로 등급이 없는 회사들을 분석할 때 활용하면 좋다.

〈발전사업 평가방법론 중 일부 발췌(나이스신용평가)〉

범주	하위범주	평가지표	가중치	AAA	AA	A	BBB	BB	B
	산업위험		10%		◎				
사업위험	경쟁지위	설비용량	25%	≥3,000MW	≥800MW	≥400MW	≥150MW	≥30MW	<30MW
		(해당발전원에 대한) 정부정책	15%	극히 우호적	매우 우호적	우호적	중립	비우호적	매우 비우호적
		사업안정성	20%	극히 우수	매우 우수	우수	보통	미흡	매우 미흡
		운영효율성	15%	극히 우수	매우 우수	우수	보통	미흡	매우 미흡
		EBITDA 창출규모	15%	≥5,000억 원	≥2,000억 원	≥500억 원	≥100억 원	≥50억 원	<50억 원

재무위험	금융비용 Coverage	EBITDA /금융비용	25%	≥10배	≥7배	≥5배	≥8배	≥10배	<10배
	재무구조 및 자산의 질	부채비율	20%	≤60%	≤120%	≤180%	≤300%	≤450%	>450%
		총차입금/ EBITDA	10%	≤1배	≤3배	≤6배	≤8배	≤10배	> 10배
	현금흐름 적정성	영업현금흐름 /총차입금	20%	≥40%	≥30%	≥20%	≥10%	≥0%	0%<
	재무적 융통성		25%	극히 우수	매우 우수	우수	보통	미흡	매우 미흡

다음은 나이스신용평가의 발전사업 평가방법론 중 일부를 발췌한 것으로 발전회사의 등급을 평가할 때 어떤 지표들을 보는지를 정리해놓은 것이다. 예를 들어 발전 설비가 3,000MW 이상이라면 AAA를 주고, 그것의 가중치인 25%를 적용했다. 다른 지표들도 각각 AA, A 등 정량적, 정성적인 데이터들로 측정한 다음 측정값의 합으로 최종 등급을 산출했다.

이를 통해서 구직자는 해당 산업에서 중요하게 여기는 것이 무엇인지를 이해할 수 있다. 이후 면접에서 지원한 기업의 설비 용량이 얼마인지, 정부 정책이 현재 우호적인지 아닌지, 그리고 사업안정성이 어떤지, 운영 효율성이 있는지 없는지, 끝으로 EBITDA는 어느 정도 나오면 되는지 확인한 다음 기업의 현재 등급과 향후 방향성을 예상해 볼 수 있다.

 면접 스크립트 활용

우리 A사는 설비용량이 1,500MW 수준으로 대형 발전회사는 아닌 상황입니다. 하지만 최근 3년 간 EBITDA가 평균 2,000억 이상 창출될 정도로 효율적으로 운영되었습니다. 이는 그룹의 캐시카우 역할이 가능하다는 측면으로도 볼 수 있습니다.
또한, 발전산업에서 가장 중요한 것은 정부 정책이라고 생각합니다. 최근 3년간 공기업의 발전의 용량이 모자란 상황에서 최근 OOO 조례가 신설되며 OOO에 우호적인 정책 상황이 지속되고 있어서 저는 미래 가능성을 확인하고 지원했습니다.

〈종합상사산업 평가방법론 중 일부 발췌(한국기업신용평가)〉

주요 평가요소			AAA	AA	A	BBB	BB
사업 항목	시장지위	매출규모	≥30조 원	≥15조 원	≥7조 원	≥2조 원	≥5천억 원
		영업자산규모 (매출채권 +재고자산 +무형자산)	≥5조 원	≥3조 원	≥1조 원	≥3천억 원	≥1천억 원
	사업 및 품목 다각화		무역 외 사업부문 다수, 매출 또는 이익의 일정 비중을 구성하는 Trading 품목 다수로 사업 안정성 최고 수준	무역 외 사업부문 다수, 매출 또는 이익의 일정 비중을 구성하는 Trading 품목 다수로 사업 안정성 매우 우수	매출 또는 이익의 일정비중을 구성하는 Trading 품목 다수로 사업 안정성 우수	매출 또는 이익의 일정비중을 구성하는 Trading 품목 3개 이상으로 사업 안정성 양호	매출 또는 이익의 일정비중을 구성하는 Trading품목 2개 이상으로 사업 안정성 열위
	지역 및 거래처 다각화		해외네트워크 90개 이상 보유	해외네트워크 60개 이상 보유	해외네트워크 30개 이상 보유	해외네트워크 20개 이상 보유	해외네트워크 10개 이상 보유
	계열사 거래 비중		계열 등 Captive 거래비중이 40% 이상이고, 거래 대상 신용도가 최고 수준	계열 등 Captive 거래비중이 30% 이상이고, 거래 대상 신용도가 매우 우수	계열 등 Captive 거래비중이 20% 이상이고, 거래 대상 신용도가 우수	계열 등 Captive 거래비중이 10% 이상이고, 거래 대상 신용도가 양호	계열 등 Captive 거래비중이 5% 이상이고, 거래 대상 신용도가 최고 열위

위의 자료는 한국기업신용평가의 종합상사 산업 평가방법론 중 일부이다. 여기서 시장지위를 평가할 때 매출 규모와 영업자산 규모를 활용하고 있다. 이를 통해서 해당 산업에서 어느 정도 매출이나 영업이익을 받으면 되는지에 대한 기준을 산업별 평가방법론을 통해서 확인할 수 있다.

다른 산업에서는 5조 원만 되도 AAA지만, 종합상사는 30조 원이 넘어야 AAA이다. 종합상사는 상품을 사서 파는 바이패스(Bypass) 매출이 많아서, 물건을 제조해서 판매하는 제조업보다 매출액이 높고, 대신 영업이익률이 낮기 때문이다. 이처럼 산업별 평가방법론을 보면서 산업 간의 차이를 이해할 수 있으며, 이런저런 고민했던 내용을 면접에서 활용할 수 있다. 또한, 영업자산 규모, 사업 및 품목 다각화, 그리고 계열사 거래 비중까지 중요하게 생각하는 산업이란 걸 알 수 있으며, 본문에서 그 이유를 이해할 수 있다.

〈산업별 평가방법론 일부 발췌(나이스신용평가)〉

23	산업별	산업별 평가방법론 - 자동차	최재호	2018.03.15	726		+
24	산업별	산업별 평가방법론 - 자동차부품	최재호	2020.01.31	497		+
25	산업별	산업별 평가방법론 - 조선	김연수	2019.12.31	360		+
-26	산업별	산업별 평가방법론 - 철강	황상환	2018.03.15	766		+
27	산업별	산업별 평가방법론 - 비철금속	김도현	2015.06.30	1030		+
28	산업별	산업별 평가방법론 - 정유	노지현	2015.06.30	1274		+
29	산업별	산업별 평가방법론 - 석유화학	이혁준B	2019.12.31	470		+
30	산업별	산업별 평가방법론 - 제지	이강서	2015.06.30	882		+
31	산업별	산업별 평가방법론 - 화학섬유	강원구	2015.06.30	937		+
32	산업별	산업별 평가방법론 - 제약	정복육	2018.03.15	821		+
33	산업별	산업별 평가방법론 - 통신서비스	동영호	2015.06.30	925		+

신용평가분석 전문가들이 만들어놓은 평가 틀을 가지고 산업 및 회사를 바라보면, 훨씬 쉽고 깊이 있게 분석할 수 있으며, 구직자들은 자신의 전문성과 관심, 열정을 면접관에게 강조할 수 있다.

3) 스페셜리포트 및 Industry Credit Outlook의 활용

나이스신용평가	스페셜리포트와 산업전망 및 산업위험평가
한국신용평가	Special Report
한국기업신용평가	Special Comment와 Industry credit outlook

모든 산업 및 회사가 나오는 것은 아니다. 하지만 현재 가장 중요한 이슈에 대해서 자세하게 서술되어 있는 만큼 여유가 있다면 꼭 한번 살펴보기 바란다. 아쉬운 점은 대다수 보고서가 유료로 제공된다는 것인데, 간혹 무료로 이용이 가능한 것도 있으므로 꼭 정독하기 바란다.

지금까지 수시채용 시 면접에서 활용 가능한 산업 및 기업분석 방법을 제안하였다. 이외에도 산업 및 회사를 분석하는 방법은 여러 가지가 있다. 그

중 재무분석과 재무제표 주석의 활용, 신년사의 활용 등 많지만, 신용평가사 이트를 활용하면 훨씬 구체적으로 경쟁력있는 답변이 가능하다.

수시채용에서는 짧은 시간에 많은 정보를 모을 수 있어야 한다. 시간이 넉넉하다면 활용가능한 모든 자료를 동원하여 신용평가 사이트, 전자공시시스템, 여러 뉴스, 현직자 인터뷰 등을 모두 활용하면 유용할 것이다. 하지만 내용을 완벽하게 이해하고 활용하기 위해서는 오랜 시간이 필요한 만큼 효율적인 시간관리를 하기 바란다.

진짜 합격해본 사람만 아는 수시채용 비밀정보

(사례)

① 영업관리, 수많은 단점에도 합격한 그 남자의 서류 작성방법

기본정보	학교	학점	외국어	해외 경험	자격증	대외 활동	경력 사항
남자 (31세)	지방대 / 체육학과	3.4	745점	有	생활 체육 지도사	동아리 아르바이트	없음

  '영업관리' 직무는 생각보다 많은 구직자들이 부정적인 시각으로 보는 편이다. 많은 이들을 상담하다 보면 영업관리를 고객에게 굽실거리면서 상품을 팔아야 하는 전문성 없는 업무로 취급한다. 하지만 영업관리는 '기업의 꽃'이며, 가장 우수한 인재가 필요한 직무이다. 만약 기업의 임원이 된다면 가장 많이 해야 하는 업무가 바로 '영업'이다. 해외 사례를 살펴보면 영업관리만큼은 대학교 졸업자 이상을 채용하는 기업이 많다. 또한, 마케팅, 기획, 전략 등 핵심 직무를 채용할 때에는 현장경험이 없는 지원자는 배제하는 편이다. '영업=기업'이라고 볼 수 있을 정도로 각 기업을 대표하기도 하며, 많은 사람들이 원하는 인사, 마케팅, 기획 등의 직무는 결국 영업이라는 목표를 위해 든든히 받쳐주는 역할을 한다. 따라서 영업관리 직무를 이해한다는 뜻은 기

업의 주요 고객, 주요 이윤 창출 수단이 되는 상품, 이를 팔기 위한 시스템을 배웠다고 볼 수 있다. 이러한 이해를 가지고 지원한 구직자와 아닌 구직자의 서류는 차이가 있을 수 밖에 없다.

만약 지원자가 엘리베이터 영업관리 직무에 지원한다면, 채용공고 또는 산업군 분석을 통해서 '고객이 누구인가?'를 이해해야 한다. 고객이 누군가에 따라서 커뮤니케이션 방법이 달라지고, 입사 후의 과업과 필요한 역량이 다르기 때문이다.

만약 B2B 영업 관리직을 채용하는 경우에 고객은 시공사, 건설사 등 제휴사가 될 것이고, 커뮤니케이션을 위해 전문적인 지식을 갖춰야 한다. 그렇다면 기계 전공자, 승강기 기사 등을 가지고 있는 전공이 유리하고, 건설업 문화에 대한 이해가 필요하다. 반대로 현장영업, 영업지원을 채용한다면 주요 고객은 아파트 관리소장, 부녀회장 등 입주민 대표가 될 것이다. 이때는 전문적인 지식보다는 비전문가인 상대에 맞춰서 설명하고 제안하는 직무역량이 필요하다. 이러한 차이점을 이해하고 작성된 자기소개서는 경력이 없어도, 충분히 서류를 통과할 수 있었다.

책임감, 실행력, 도전정신으로 오티스의 철학을 실천하는 영업사원이 되겠습니다. 오티스 엘리베이터에 입사하여 회사의 제품을 사용하는 현장을 직접 방문하고 저의 고객이 될 관리소장, 아파트운영위원회 등의 사람들을 만나 각 거래처별로 적절한 방법을 통해 신뢰를 얻는데 주력하겠습니다.

아파트운영위원회

크고 작은 공사 및 계약 관련 사항은 입주자 대표 회의를 통한 주민들의 의견 수렴 후 아파트 운영위원회에서 결정하고 있습니다. 그때 입주자 대표 위원회의 발언권이 강하기 때문에 항상 현장 방문을 통해 거래처와의 커뮤니케이션에 집중하여 그들의 신뢰를 얻는 데 주력하겠습니다.

관리소장 및 빌딩관리인

대부분 큰 건물의 경우 건물관리업을 주로 하는 위탁업체에서 상주하여 관리를 하고 있어, 그들의 신뢰를 얻는다면 쉽게 계약 영업을 진행할 수 있습니다. 특히 총무 및 시설 팀에서 진행 중인 구매 계획 및 회사 내 돌아가는 상황을 가장 잘 접하는 분들이기 때문에 경쟁사보다 빠르게 정보를 습득하여 기존고객은 유지하고 신규고객을 개발할 수 있도록 하겠습니다.

마지막으로 신입사원으로서 신규 고객 개발은 힘들 수 있습니다. 따라서 저는 기존 고객의 유지·관리 영업에 힘쓰겠습니다. 이를 통해 많은 현장경험을 쌓고 오티스의 안전, 윤리, 고객중심 이 3가지의 철학을 깃들인 저만의 영업 노하우를 만들어 신규거래처를 발굴할 수 있도록 노력하겠습니다.

이후 2차례의 실무면접과 임원면접에서도 제출한 서류는 큰 힘이 되었다. 당시 지원자가 지원한 기업은 수시채용을 진행했고, 이에 따라 1차 실무면접이 생각보다 깊은 질문들이 이어졌다. 하지만 충분한 직무이해로 적절한 답변이 가능했다.

Q. 우리의 고객은 누구라고 생각합니까?

A. FM사업의 특성상 주 고객은 관리소장, 건물주, 빌딩관리인 등으로 자신감 있는 태도로 커뮤니케이션을 할 수 있어야 합니다.

Q. 왜 그렇게 생각하시나요?

A. 과거 100여명의 아파트 및 빌딩 내 현장 담당자들을 만나 인터뷰를 하며 느꼈던 점은 남자다운 자신감을 중시한다는 점입니다.

대부분의 현장 담당자들은 나이가 많았고, 더운 여름 방문한 저에게 신뢰감의 중요성을 조언해주던 분들이 기억에 남습니다. 직무 특성상 항상 건물에 상주하여 사람들의 안전을 책임지고, 경비, 미화, 시설 관련 파견근무자들을 많게는 50명 이상 관리하다 보니 생겨난 직업적 특징인 듯 보였습니다.

일부 답변 내용을 살펴보면 실무진은 지원자에게서 열정과 간절함을 느낄 것이다. 대부분 영업관리를 지원하는 사람들이 외향성과 승부욕 등을 강조하지만, 진짜 성과를 내는 인재는 '분석력'이 필요하다고 생각한다. 영업관리만큼 주/월/연 단위로 목표가 주어지는 부서는 없으며, 이를 달성하기 위해서는 전략적인 접근이 필요하다. 영업인에게는 매출액, 영업이익, 주변 상권 정보, 각종 판매 데이터 등이 주어지고, 이를 근거로 목표를 달성하기 위한 끊임없는 고민이 동반되어야 한다.

다른 직무에 비해 필요한 스펙이 명확하지 않은 만큼 영업관리를 지원하는 구직자라면 최대한 직무역량을 기반으로 서류작성에서부터 차별화를 줘야 한다. 수시채용이 확대될수록 고객을 이해하고, 상품의 특성에 맞춰서 작성된 서류는 서류 합격률과 면접 합격률에 큰 영향을 줄 것이다.

$$\textcircled{2}$$

인사·총무,
그녀가 합격한 비결은 직무이해도

기본정보	학교	학점	외국어	해외 경험	자격증	대외 활동	경력 사항
여자 (29세)	수도권 / 경영학과	3.9	815점	無	MOS 전산 회계	동아리	대학교 행정 2년

　문과계열 구직자들이 많이 희망하는 인사, 마케팅, 기획 등의 직무는 정말 취업이 쉽지 않다. 그래서 '문송(문과라서 죄송합니다.)'이라는 말이 생겨날 만큼 취업난이 갈수록 심각해지고 있다. 이러한 상황에서 자신이 원하는 직무에 취업하기 위해서는 자신만의 강점을 부각시킬 수 있어야 한다.

　많은 취업 컨설턴트들은 문과생들에게 상대적으로 채용인원이 많은 영업관리 직무를 추천한다. 하지만 내가 쌓아온 역량이 지원하는 직무와 일치한다면 충분히 원하는 분야로 취업 가능하다.

"나이 29세 여자로서 대기업 지원은 무리라고 생각합니다. 특히, 제가 원하는 인사·총무 직무는 채용인원도 적고, 좋은 기업에 입사하기 위해서는 영업관리에 지원하라고 하더라고요. 그런데 제가 지금까지 쌓아온 이력으로 가능할지 모르겠습니다. 취업 공백기가 두려워서 빠르게 취업한 곳이 대학교 행정 업무였습니다. 그래도 제가 했던 근무 경험을 잘 살리면 인사·총무가 가능할 것 같은데, 주변에서는 힘들다는 이야기를 많이 합니다. 공채로 지원하는 경우가 아니라서 수시채용을 활용하고 있는데 접근 방법을 잘 모르겠어요."

구직자의 경우 나이, 경력으로 직무를 선택했지만, 공채와는 다른 구직방법으로 혼란을 겪는 경우에 해당한다. 이런 경우에도 직무에 대한 이해도만 높인다면 합격률을 높일 수 있다. 인사·총무 업무는 중기업 이상 중견기업 미만이라면, 가장 많이 요구하는 과업이 급여관리로서 'Pay Roll'이 가장 많다. 따라서 자신이 지닌 자격증을 바탕으로 '회계 지식', '행정 경력' 등을 언급한다면 충분하게 유사 경력으로 활용하여 직무 전환이 가능하다.

〈인사·총무 업무〉

급여관리	4대보험	퇴직금	증명서
급여/상여/성과급 등의 급여계산 및 급여이체 자료	국민, 건강, 고용, 산재보험 자격관리	퇴직금(중간정산) 계산 및 퇴직연금 업무	재직, 경력, 갑종 근로 소득세 증명 발급
급여 집계표 등 급여 관련 REPORT 작성	건강보험, 피부양자, 자격관리, 건강검진 대상자 관리	퇴직금 추계액 계산	근로소득원천징수 영수증 발급
급여내역 웹 게시, 급여관련 상담	국민연금 결정 보험료 검토 및 적용, 건강보험, 연말정산분 검토 및 적용	세무신고자료 (원천징수이행상황 신고)	퇴직소득원천징수 영수증 발급
세무신고자료	4대보험 관공서 관련 업무	전자신고자료 수록 (근로소득, 의료비, 기부금, 근로소득 간이 지급명세서, 퇴직소득)	

자신이 갖추고 있는 회계 지식과 그리고 인사총무 업무와의 연관성을 찾고, 지원하는 기업의 업종, 직무적 특성을 파악하여 접근한다면 맞춤형 자기소개서를 만들 수 있다. 이번 사례의 구직자 또한 처음에는 커뮤니케이션, 가교역할과 같은 남들과 유사한 직무역량을 강조했다. 하지만 지원하는 직무에 대한 이해도를 높여 내가 가져온 경력을 간접적으로 연결하여 서류를 작성하였다. 그리고 이는 서류전형에서 합격으로 이어졌고, 면접에서는 면접관들의 시선을 사로잡았다. 면접관인 임원들에게 '우리 기업에 아는 지인이 있는가?' '정말 열심히 준비한 것 같다.'는 평가로 이어졌고, 당일에 바로 회사 전무님과의 추가 면접을 진행하며 최종합격으로 이어졌다.

Before

인사총무로서의 체계적인 준비를 위해 한국 팔로워십센터에서 전문 인사총무 과정을 수료하면서 직무교육과 실질적인 총무 업무를 접했고, 복잡한 비즈니스 환경 아래 경영자의 올바른 의사결정을 체계적으로 지원하는 업무의 중요성을 절감하며 제가 준비하는 이 길에 더욱 확신을 가졌습니다. 입사 후 두 가지 약속을 실천하는 인사총무인이 되겠습니다.

첫째, 신뢰할 수 있는 든든한 서포터가 되겠습니다.

단지 주어진 업무처리와 단순 경영지원을 넘어, 모든 일의 범위를 임직원보다 높은 시야로 바라보고 상사의 마음을 헤아리겠습니다. 모든 업무에 적극적이고 능동적인 자세로 임하며 임직원들의 입장에서나 가교역할을 담당하겠습니다.

둘째, 끊임없이 배움에 도전하며 성장하겠습니다.

인사총무로서 능동적, 자발적인 자기 계발은 필수라고 생각합니다. 외국어 공부에 힘쓰고 다방면에 풍부한 지식을 갖추기 위해 부지런히 배움에 도전하며 꼭 필요한 직원으로 성장해 나가겠습니다.

그만큼 수시채용에서는 자신이 갖추고 있는 단점보다 내가 "무엇을 갖추고 있는지?"에 대한 분석이 중요하다. 이는 높은 서류 합격률로 이어지며, 남들보다 면접에서 좋은 평가로 이어질 수 있다. 많은 구직자들과 만나서 취업상담을 하다 보면 가장 고민하는 것이 '단점'이다. 단점을 장점으로 변화시킬 수 있는 능력이 취업에서 보여줘야 하는 '차별화'이며, 이는 자신이 원하는 기업으로의 빠른 취업으로 연결될 수 있다.

After

A기업에서 업무의 시작은 일계표와 거래내역(입·출납)에 따른 전표를 결의하는 것으로 시작하겠습니다. A기업의 살림을 도맡아 하는 총무 업무를 맡아 합계잔액시산표, 재무상태표, 손익계산서 등에 대한 지식을 쌓고, 각 주요 사업에 따라 계정과목을 공부하여 적극적으로 실무에 적응하려 노력하겠습니다. 특히 외부고객인 회원사들의 가입금 및 월회비 관리, 내부고객인 직원들의 급여와 퇴직연금, 협회의 부가가치세와 관련된 세금납부 등 세 가지에 가장 중점을 두고 업무에 임하겠습니다.

다음으로 A기업의 존립 목적은 회원사라는 사실을 항상 염두하고, 일반/특별회원들과 임원, 이사분들이 방문하면 가장 먼저 일어나 인사하고 집무실로 안내하겠습니다. 그 외 회원사들이 자주 묻는 질문은 수첩에 정리 후 암기하여 회원사들에게 정확한 설명을 할 수 있도록 노력하겠습니다. A기업 사무국 내 총무부에서 항상 배움을 게을리 하지 않고 성실하게 근무하며 입사 3개월 안에 인정받는 신입사원 '김○○'이 되겠습니다.

수시채용은 인사담당자가 자기소개서를 더욱 심도있게 심사할 수 있다. 회사의 인재상과 얼마나 부합하는지, 직무에 대한 이해도가 뛰어난지에 대한 지원자의 역량과 능력을 정확하게 판단할 수 있다는 뜻이다. 따라서 기존의 스펙이 중요한 것이 아니며, 업종, 기업, 직무별 맞춤형 취업준비를 한 구직자에게 무조건 유리하다고 할 수 있다.

경영&전략기획,
과연 고스펙자만 합격하는 직무일까?

기본정보	학교	학점	외국어	해외 경험	자격증	대외 활동	경력 사항
여자 (26세)	건동홍/ 어문학 전공, 경영학 부전공	3.6	880점 토스 LV6 신HSK 6급	중국 교환 학생 6개월	컴활 2급	서포터즈, 봉사활동	중소기업 인턴 1회

기획이라고 하면 어떤 생각이 드는가? 우선 사전적 정의는 '일을 꾀하여 계획함'이다. 그리고 관련 직무를 인터넷에 검색해본다면, 전략기획, 상품기획, 출판기획, 웹기획, 사업기획, 경영기획 등은 물론 마케팅기획, 영업기획, 구매기획 등등 수많은 직무를 보게 된다.

아마 구직자가 취업했을 때, 본인의 생각과 가장 크게 차이 나는 직무를 꼽으라 하면, 주저 없이 기획을 꼽을 정도로 실무에서의 기획은 매우 다르다. 취업 전문가들마저도 재무회계와 경영기획 사이의 업무를 오인하고, 기획이라고 명칭이 붙은 직무들에 대해서 명확히 설명을 못할 정도로 회사나 산업마다 R&R(Role and Responsibilities)의 차이를 보이는 것이 기획이기도 하다. 때문에 이를 막기 위해 간단하게라도 기획이라는 직무에 대한 이해가 필요하다.

〈경영기획&전략 직무〉

직무명	주요업무	상세 설명
경영기획	경영계획, 성과분석, KPI관리, 관리회계, 회의체관리, 예산관리	거의 모든 회사에 다 있으며, 팀명은 경영기획 혹은 기획조정 혹은 경영관리 등으로 다양하다. 일반적으로 말하는 '기획팀'은 보통 경영기획팀을 지칭한다.
전략기획	중장기 경영계획, M&A, 신규사업검토, 관리회계	경영기획과 비슷하나, 회사의 중장기적 전략을 설정하는 역할에 치중한다. 초대기업이나 지주회사 말고는 많지 않다.
사업기획	해당 본부/사업 관련 예산관리, 사업전략, 신규 사업 검토 등 각 산업이나 회사 및 본부 사정에 맞춰 R&R은 다양하다.	조직체계가 '사업별 조직'일 경우, 해당 사업 본부 등에서 본부 기획 업무를 담당하는 직무이다. 통상 해당 산업에 맞는 전공자를 원하는 경우가 많다.
영업기획, 생산기획	해당 직무 관련 예산관리, 영업전략, 생산전략, 각 산업이나 회사 및 본부 사정에 맞춰 R&R은 다양하다.	조직 체계가 '기능별 조직'일 경우, 해당 영업 본부나 생산본부 등에서 기획 업무를 담당하는 직무이다. 인원이 적은 회사일 경우 영업/생산기술 직무를 맡은 사람이 겸직하는 것이 일반적이다.
콘텐츠기획	디지털콘텐츠 기획, SNS 채널 기획, 마케팅 캠페인 기획 등	마케팅의 세부 직무 중 하나이다. 경영기획, 전략기획과 전혀 관계없다.
상품기획	시장조사, 유통채널 전략, 가격설정, 신제품 기획 및 개발	
서비스 기획	각종 서비스 기획/관리, 웹/앱서비스 기획, 프로젝트 관리, 서비스 동향 분석 등	IT포털 같은 서비스가 주 매출원 중 하나인 회사에 수요가 있는 직무이다. 해당 서비스 및 프로젝트에 대한 관리를 진행한다. 물론 경영기획, 전략기획과는 관계가 없다.
웹기획	UX/UI, 웹사이트 운영관리, 웹/앱 프로세스 기획	서비스기획이나 마케팅 업무와 비슷하긴 하나, 디자인, IT역량도 필요한 업무이다. 웹/앱의 발달과 함께 수요가 증가하고 있다. 역시 경영기획, 전략기획과는 관련이 없다.

기획직무라고 함은 실질적으로 경영기획과 전략기획이라고 지칭하는 직무와 함께, 사업기획이나 영업, 생산기획도 포함될 수 있다. 실제로 회사에서 채용 공고를 낼 때는 해당 직무는 영업이나 생산관리, 사업기획으로 내는 경우도 있고, 아니면 경영기획, 기획 등으로 공고를 내고 채용을 한 후에 해당 본부의 기획팀으로 보내는 경우도 있다.

사례의 구직자는 '경영기획'과 '전략기획'을 지원했다. 보통 기획 직무는 경영계획이나 실적분석을 하는 회사의 Head 부서이기 때문에 고학벌, 고스펙이 많다고 판단하여 지원을 포기한다. 하지만 섣불리 포기할 필요는 없다. 취업의 세계는 단순하다. 수요와 공급의 법칙이 지배하는데, 해당 직무를 필요로 하는 공고가 얼마나 있는지(수요가 많은지, 적은지), 그리고 해당 직무에 대한 지원자가 얼마나 있는지(공급이 많은지, 적은지)로 경쟁률은 정해진다.

기획은 모든 회사에서 필요로 하는 직무이다. 회사의 크기에 따라 500명 이하 규모에서는 4~5명 정도가, 500~1,000명은 5~7명 정도가 필수로 필요한 인원이다. 만약 수만 명이 근무하는 회사에 경영기획팀이 5~6명 수준이라면 분명 전사 경영기획팀 밑에 본부 경영기획팀(사업기획팀 혹은 영업기획 같은 부서)이 존재하여 업무를 분담하는 체제일 것이다. 이처럼 수요는 생각보다 많다.

기획 직무에는 약간의 진입장벽이 존재한다. 경영계획, 실적분석, 관리회계 모두 재무에 대해 어느 정도 지식이 있어야 접근 가능하기 때문에 경영학이나 경제학 등 상경계열을 전공했거나, 복수·부전공한 사람들이 유리하다. 물론 사업기획의 경우에는 숫자에 대해 몰라도 해당 회사가 속한 산업군에 맞는 학과가 유리하기도 하다. 예를 들면 화학회사에서 2차전지 기획팀을 뽑는다고 하면, 전자학과도 지원할 수 있다. 물론 평생 재무제표를 다뤄야 하니

지원에는 고민이 필요하겠지만, 해당 산업에 대한 이해도가 중요하다는 것으로 이해하면 된다.

> "경영학과를 부전공하긴 했지만 회계나 재무관리를 딱히 잘했던 것은 아닙니다. 중국어 전공에 뛰어나지 않은 학벌로 경영기획 부서에 입사할 수 있을까요? 게다가 자격증도 회계자격증 같은 것 하나 없고 인턴도 학교에서 연계해준 중소기업 인턴 밖에 없습니다. 다만 거기서 경영지원 업무를 하면서 인사총무 업무를 경험해봤습니다."

이 구직자의 경우, 처음 만났을 때부터 어느 정도 기획에 대해 감을 잡고 온 상태였다. 본인의 조용한 성격상 영업은 피하고 싶고, Back Office 부서 중 하나를 고르다가, 경영학을 부전공했기에 경영기획을 해보고 싶다고 도전하였다. 이런 상황에서 우선 경영기획, 그리고 전략기획에 대한 명확한 직무 이해가 필요했다.

주요 업무	업무설명	누구와 일하는가?
경영 계획 예산 수립	• 차년도(혹은 중기) 재무제표 예측/작성 • 손익을 추정하고, 회사의 Impact가 큰 증감 요인에 대한 대책 마련 • 대기업(10~11월), 중견(11월 중순)	각 본부 기획팀, 인사, 재무, 생산, 영업 관련 부서 임원진
실적분석 성과 관리	• 경영 계획 달성도 및 예산 집행 실적을 회사 전체/각 부문/부서 단위로 점검하고 평가 • 각 부서 별 수행과제 및 성과지표(KPI) 설정, 차년도 수행 점검	각 본부 기획팀, 인사팀, 임원진
경영 회의체 관리	• 주주총회, 이사회 혹은 경영회의체(월간 경영분석회의, 주간회의, 영업회의 등) 운영 및 지원 • 주로 회의체에 쓰일 보고서 취합/작성 등 업무	이사회 안건 실무부서, 임원진
환경분석/ 전략수립	• 대내외 경영정보 수집 및 임직원에게 제공 • 회사 전략 방향 설정 및 중장기 전략 수립 • 신규사업 검토/기획, M&A, 전략적 제휴	외부 용역사, 임원진, 실무부서 M&A 대상 실무진
기타업무	• 임원진 수명업무(주로 보고서 업무) • 비전 수립 및 사업목표 도출 • 경영혁신/경영합리화 관련 활동 전개 • 대내외 소통창구(주주/투자사 및 자회사 관리 등)	임원진, 주주사 담당자 자회사 기획팀 등

우선 경영기획과 전략기획에 대한 업무 이해를 보면, 일단 회사 내부의 대부분의 부서들과 소통한다는 것을 알 수 있고, 특히 임원진과 업무를 많이 한다는 것을 알 수 있다. 보통 경영기획 직무를 처음 접하는 구직자는 산업 분석력, 환경 분석력이나 숫자 감각 등의 역량을 강조하는 경우가 많다. 하지만 그보다 더 중요한 역량이 커뮤니케이션 스킬과 친화력이라는 것을 이해해야 한다. 또한 어떤 업무에서 누구와 협업하고 이에 어떤 소통능력이 필요한지를 어필할 수 있으면 좋다. 임원진과 소통할 때, 현업 부서와 소통할 때, 소통하며 여러 애로사항이 있을 때, 본인이 가진 본인만의 커뮤니케이션 능력을 잘 활용하여 그 어려움을 헤쳐 나갈 수 있음을 자기소개서와 면접에서 어필해야 한다.

그리고 분석력을 강조하고자 한다면 내가 '분석력을 가지고 있어요.'라고 말하면서 대학교 때 팀프로젝트 하면서 물건을 팔아봤던 그런 경험을 말하는 것이 절대 아니다. 그저 면접 단계에서 철저하게 기업을 분석하고, 기업의 재무제표와 기업의 과거와 미래를 유추하면서 자연스레 분석력을 어필하면 된다. 물론 이러한 분석은 난이도가 높기 때문에 재무관리 등에서 조금이라도 기업분석을 경험해본 상경계열이 경영기획 직무에 유리할 수밖에 없다.

위의 구직자는 자기소개서를 철저하게 경영기획에 맞춰, 꼼꼼함, 친화력, 혁신 추구 마인드, 항상 공부하고 탐구하려는 적극적 마인드, 그리고 지원동기에서 실질적인 기업분석 등 약 다섯 가지의 역량 및 성격을 어필하며 자기소개서를 작성하였다. 물론 서류 합격률은 그리 높지 않았다. 2020년 상반기에 50개가량 기획직무 자소서를 쓴 뒤에 서류 합격 4개, 인적성 탈락 2개로 4대 금융지주 계열사 중 한 곳과 중견 화학회사 경영기획팀, 두 회사에 면접을 보게 되었다.

면접을 앞두고서는 기업분석에 엄청난 공을 들였다. 한 회사당 일주일 이상을 투자한 기업분석과 함께 모든 면접스크립트를 해당 회사에 맞춰 바꾸는 작업을 진행했고, 그리고 두 회사 모두 PT면접은 없었지만, 해당 회사가 어떤 신사업에 진출해야 하는지, 아니면 정부 정책의 변화에 따라 산업과 회사에 어떤 변화가 있는지 등 PT주제를 선별하여 목차를 내리는 연습을 병행했다. 이는 금융지주 계열사 2차 면접에서 '회사에 투자자금이 충분하여 투자를 진행할 시 경영기획팀으로서 어떤 투자전략을 가져갈 것인가?'라는 질문을 답하는데 요긴하게 쓰였다. 결국 두 회사 모두 합격하여 현재는 금융지주 계열사의 경영기획팀에 몸을 담고 있다.

 **멈춰서지 않을 A사**

제가 약속드릴 수 있는 한 가지는, 화학산업에 비전을 가지고 끝까지 배우고 버티며 A사에서 경영기획 전문가로 성장하는 일입니다. 그렇기에 반짝할 회사가 아닌 꾸준히 성장할 회사에 입사하고 싶습니다. 그리고 저는 두 가지 이유에서 A사가 지속적으로 성장할 것이라 생각하였습니다.

첫째, 환경에 대한 관심이 더해져 갈 미래와 가장 적합한 화학회사이기 때문입니다.
지난 20년간 지속되어온 친환경에 대한 관심이 이제는 꼭 환경을 지켜야만 하는 필환경 시대로 한층 더 강화되고 있습니다. 우리의 다음 세대의 삶, 그 이전에 우리 세대가 살아남기 위해서는 변화가 필요하며, A사의 DMC와 AM은 필환경 시대의 시작이 되어줄 것입니다. 세상이 환경 보호에 관심을 갖게 될수록 A사의 사세는 더욱 확장될 것이며, 이에 성장 가능성을 보았습니다. 그리고 환경을 지키는 회사의 일원으로 주인의식을 갖고 업무에 임할 수 있을 것입니다.

둘째, 안정적인 재무상황과 영업활동입니다.
하나의 회사가 더 크게 성장해나가기 위해서는 우선적으로 안정성이 확보되어야 합니다. 경쟁사들 평균보다 30%p가 낮은 부채비율 81%와 주요 고객사 세 회사의 비율이 50% 넘는 등 안정적인 거래처까지 확보되었기에 더욱 성장가능성이 높다고 판단하였습니다. 경영기획전문가로 성장해나가기 위해서는 무엇보다도 업계와 회사에 대한 지속적인 관심이 필요하다고 생각합니다. 항상 정책과 경제 상황, 경쟁사 등 외적 요인과 회사의 생산, 영업, 기술력 등 내적 요인에 관심을 갖고 회사의 발전방향을 제시할 수 있도록 공부하겠습니다. 이런 행동을 통해 A사의 발전에 이익을 담당하고 싶습니다. 감사합니다.

위의 자기소개서는 구직자가 합격한 화학 중견 회사의 지원동기 및 입사 후 포부이다. 기업분석을 간단히 보여주면서 분석력을 굳이 어필하지 않더라도 어느 정도 숫자에 대한 감각이 있다는 것을 보여주었다. 하지만 많은 사람들은 이 단계에서 어려움을 느낄 수 있다. 비상경 계열인 구직자가 재무관리 과목은 배우지도 않으면서 부채비율이니 뭐니 하는 것이 어렵기 때문이다.

하지만 경영기획과 전략기획에 지원하려면 재무제표를 공부하는 것은 선택이 아닌 필수이다. 만약 아예 관심이 없다면, 기획 직무는 절대 지원하면 안 된다. 평생 숫자를 만져야 하는 직무이기 때문이다.

다만 업무는 싫지 않은데 아직 실력이 부족하다는 생각이 들면, 모든 것을 다 알 필요는 없다. 성장성과 안정성에 관련된 몇 가지 기본기만 숙지한 다음에 자기소개서 지원동기를 작성할 때 인터넷 검색을 통해 작성하면 된다. 그리고 서류에 붙는다면 면접에 가기 전에 제대로 공부해서 준비한다. 우선은 서류를 그럴듯한 수준까지 끌어올린 후 최대한 많이 작성하고 지원하는 것이 더 중요하다는 점을 꼭 기억하기 바란다.

④

재무회계, 어떻게 어필해야
경쟁자를 앞서갈 수 있을까?

기본정보	학교	학점	외국어	해외 경험	자격증	대외 활동	경력 사항
남자 (30세)	수도권 상위/ 경제학	3.7	770점 토스 LV6	없음	재경관리사	회계사 준비 2년	없음

재무회계라고 표현하긴 했지만, 재무, 자금, 세무, 원가 등 모든 재무관련 직무에 대해 간단히 설명하고자 한다. 우선 재무를 지원하는 사람은 아무래도 학사 과정에서 회계과목을 배우는 경영학도들이 압도적으로 많다. 만약 타과생이 재무를 지원한다면, 자격증이나 회계사 준비 경력 정도가 있는 것이 일반적이다.

예로 들은 구직자 역시 경영학과는 아니지만 회계 기초 과정인 회계원리를 들었던 경제학도이다. 삼수 끝에 대학에 입학하여 마음이 급한 상태로 회계사 준비에 돌입했다가 2년 동안 1차의 문턱도 넘지 못하고 2019년 하반기부터 취업으로 돌아선 상황이었다. 덕분에 대외활동이 변변치 않았고, 인턴 지원조차 당연히 해본 적 없이 30세가 되었다. 스스로 아주 암담한 상황이라고 생각했었기에 대기업 지원 자체를 기피하려고 했다. 물론 객관적으로도 취업 자체가 쉬운 상황은 아니었다. 회계사 준비 실패 후 취업을 위해 급히 따놓은 재경관리사 말고는 회계에 대한 관심을 보여줄 수 없었기에, 자소서에 회계사를 준비한 내용을 녹였지만 서류합격률은 0에 가까웠다. 총 70곳에 지원하여 3곳에 합격하였고, 이 중 한 곳은 인적성 탈락, 대기업 L사는 면접에서 탈락했고, 중견기업 화학사 N사 자금팀에 극적으로 합격하여 현재 즐겁게 다니고 있다.

이 구직자가 실제 면접에서 어필한 것은 회계사 공부를 했다는 사실도 아니었고, 재경관리사 이야기도 아니었으며, 그렇다고 실제 재무에 관련된 질문에 멋있게 대답한 것도 아니다. 다만 재무 직무에 대한 철저한 이해를 면접에서 어필하였을 뿐이다. 그리고 그 시작은 재무, 자금, 세무, 원가 등 완전 상이한 직무의 이해에서부터 시작된다.

〈재무직무 상세 직무〉

주요 업무	업무설명	누구와 일하는가?
자금 계획 /조달/운용	• 사업계획을 바탕으로 자금수지 예측 • 자금 조달(차입, 회사채, 주식) 및 운용(예금, 투자), 재무위험에 대해 대응(보험, 파생상품) • 외환관리 출입 관리, 환리스크, 헷지 등 • 자금 운용 및 투자	내부 담당자, 은행권 관계자, 주주
재무회계 업무	• 월말 마감, 전표 승인 등 기초적인 회계업무 • 기간별 회계결산 수행, 재무제표 작성(분석) • 회계법인 대응 • 대내외 정보이용자에게 회계자료 제공	각 부서 회계처리 담당자, 경영층, 주주, 회계법인 회계사, ERP 관리자
세무회계 업무	• 세법 규정 검토, 법인세/부가세/소득세/지방세/양도세 등 각 세금을 신고하고 납부 • 조세정책/세법 개정에 대한 대응 • 세무조사 시 대응/불복 청구 등	이사회 안건 실무 부서, 임원진

관리 · 원가 회계	• 경영기획팀 일부 업무 수행(재무제표 분석) • 제조원가 및 손익분석 업무 수행(제조업) • 직접비/간접비 원가 배부 작업(회계의 꽃)	경영기획부서 생산기획/관리 경영진
기타업무	• IR 업무 : 상장 기업에 존재 • 금융업종이나 자산관련 업종, 여유자금이 많은 회사 의 경우 자산운용팀 같은 별도 관리 부서 운영 • 내부 회계관리제도 운영	

회사의 크기나 상황마다 다르지만, 대기업의 경우 재무/세무/자금/원가 등의 팀이 전부 분리되어있는 경우가 많다. 혹은 팀이 같더라도 각각의 업무마다 담당자가 따로 있는 경우가 일반적이다. 특히 재무와 자금은 성질이 달라서 많은 기업에서는 팀을 분리하는 것이 일반적이다.

때문에 이런 업무체계를 이해하고, 본인이 가고 싶은 방향을 명확히 설정한다면 면접에서 크게 어필할 수 있다. 4~5가지 업무의 성향이 완전 다른 만큼 정확하게 설명한다면 실무 면접관에게 엄청난 호감을 줄 수 있다.

이 구직자가 최종으로 붙은 회사는 수시채용으로 진행되었기에 실무진 면접과 임원 면접의 텀이 2일로 매우 짧았다. 그리고 임원 면접은 2배수로 진행되어, 별다른 질문 없이 "우리 회사에 대해 아는 것 다 말해봐라.", "지원동기는?", "집에서 회사까지 얼마나 걸리나?"라는 딱 이 세 질문으로 합격통보를 받았다. 대신 실무진 면접에서는 여러 가지 측면에서 다양하게 질문했고 4 : 3 면접이 1시간 가까이 진행되었다고 한다. 직무에 맞춰서 적절하게 답변을 준비했기 때문에 주요 질문에서 막힘없이 답변할 수 있었다.

Q. 회계사를 2년 동안 준비했었다면 나중에 또 미련이 남아 보고 싶지 않겠는가?

A. 두 번째 1차 시험에 떨어지는 순간부터 깨끗이 포기했습니다. 하지만 재무직무 자체에 대해 포기한 것은 아니었습니다. 특히 저는 재무공부를 할 때 차변과 대변이 정확히 들어맞을 때마다 너무 큰 희열을 느껴왔습니다. 그래서 시험을 포기해도 재무의 길로 나가자고 마음먹었고, 사실 지금 나이에 취업준비를 시작하고 나니 가장 잘 알고 있는 재무 말고는 다른 것을 준비할 겨를도 없었기도 합니다. 하지만 그래도 재무 중에서도 특히 자금 분야로 커리어를 발전시키고자 하는 목표는 뚜렷합니다.

위의 질문은 면접스크립트로 준비하며 대비했던 것인데 질문이 나와서 신나는 기분을 꾹꾹 억누르고 최대한 천천히 말했다고 한다. 일단 일반기업 재무팀에서는 엄청나게 고급 재무인력을 원하는 것은 아니다. 쟁쟁한 회계 커리어가 없더라도 재무에 대한 열정을 어필할 수 있으면 좋은데, 특히 숫자 자체에 대한 열정을 보여준 것만으로 충분히 좋은 이미지를 줄 수 있었다.

그리고 마지막 문장을 통해 추가질문을 유도해냈다.

 **추가 질문**

Q. 자금에 관심 있는가? 왜 여러 가지 업무 중 굳이 자금을 선택했는가?

A. 우선, 재무, 원가, 세무, 자금 모두 중요한 것은 알고 있습니다. 그리고 N사는 상장했으니 IR 부서도 있을 것 같고, 그 부분도 관심이 있었습니다.
 하지만 저는 향후 제 발전가능성과 제 흥미도를 염두에 둘 때 자금이 제일 적합하다 생각했습니다. 회사가 지난 3년 동안 신공장 증설을 위해 2,000억의 투자를 진행한 것을 뉴스에서 보았습니다. 그리고 올해 회장님 신년사에서 향후 3년간 추가로 2,000억을 투자하겠다는 기사도 보았습니다. 현재 7,500억 수준인 부채와 특히 내년 3월에 만기가 도래하는 3,000억의 회사채까지 감안한다면, 2022년까지 부채비율이 200% 이상으로 치솟고 차입금 수준 역시 60%이상으로 올라갈 가능성이 있습니다. 이 때문에 신용등급은 올해 말부터 하락될 것이라 판단되기에 내년도에는 추가 회사채 발행이나 증자 등의 대책이 진행되어야 자금 사정이 트일 것 같습니다. 저는 지금 N사에서 가장 어렵고 중요한 업무가 자금이라고 생각했습니다. 선배님들께 잘 배우면서 차입금 증가를 막는 데 일조하고 싶습니다.

답변이 굉장히 프로패셔널해보이지 않는가? 당연히 기업분석을 통해 준비한 것이다. 철저한 기업분석을 통해서 해당 직무에 필요한 미래 업무를 예측해내어 효과적으로 어필할 수 있었다. 그리고 그 이전에 재무직무에 대해 완벽히 이해하고 있음을 은근히 보여주었다. 이는, 바로 추가 질문으로 이어졌고, 지식 확인을 넘어선 지원자에 대한 관심의 질문으로 이어나가게 할 수 있었다.

만약 여러분들이 재무에서 포인트를 주고 싶다면 당장 직무공부를 시작하자. 재무의 세부직무들이 어떤 고민을 하는지, 어떤 애로사항이 있고, 실제어떤 업무를 누구와 진행하는지 파악하고, 본인의 방향성을 정하자. 그렇다면 사원증은 분명 당신에게 갈 것이다.

마케팅, 실무능력으로 인정받기 위한 직무이해도

기본정보	학교	학점	외국어	해외경험	자격증	대외활동	경력사항
여자 (29세)	사회학과 (석사)	3.7	935점 AL	有	–	봉사활동 공모전	–

최근 많은 구직자들에게 인기가 높은 직무는 마케팅이다. 공모전, 서포터즈, 동아리 등 다양한 대외활동에서 팀원들과 함께 이뤄낸 결과물로 인한 성취감과 대내외적으로 인정을 받을 수 있다는 여러 정보를 접하며 꿈을 키워간다. 하지만 마케팅만큼 다양하게 파생되는 직무는 없으며, 無에서 有를 창조하는 직무 특성상 결과물을 제대로 만들어 내지 못할 때는 철야을 불사하기도 한다. 또한 유관부서와 소통이 잦아서 업무의 병목현상이 잦은 편으로 예상하지 못한 곳에서의 스트레스가 발생하기도 하는 직무이다.

많은 취업준비생들은 마케팅의 좋은 측면만 보고 취업을 희망한다. 그러다 보니 제대로 된 직무이해 없이 무작정 마케팅 직무를 지원하는 편이다. 마케팅 직무를 희망한다면 최소한 PM(Product Manager), BM(Brand Manager), MC(Marketing Communication), DM(Digital Marketing)은 이해하고 있어야 한다. 이외에도 기업 및 사업부에 따라서 자체 마케팅팀을 보유하고 있을 수 있으며 제품 및 지역별로 마케팅 전략을 진행하기도 한다.

〈마케팅 직무〉

마케팅 직무	직무 수행 내용
PM (Product Manager)	브랜드 내 제품들 포트폴리오 관리, 신제품 출시, 매출 및 경로 관리 등 업무 수행
BM (Brand Manager)	기획, 홍보, 광고 등 브랜드와 관련된 전반적인 관리
MC (Marketing Communication)	광고, 홍보(PR), 고객 소통 등 커뮤니케이션 활동
DM (Digital Marketing)	바이럴, 퍼포먼스, 컨텐츠 기획 등 최근 디지털 매체/요소를 활용한 업무수행

또한, 일반적인 고객을 누구로 두었는가에 따라서 B2C, B2B, 바이럴, 브랜드, 감성, CRM 등으로 나눠질 수도 있다. 내가 정말 마케팅을 직무로 정하고 싶다면 수시채용에서 꼭 고려할 점은 커리어 패스(Career Path)이다.

회사 및 부서 마케팅 팀 (전략 기획자)	홍보대행사, 마케팅 AE (마케팅 대행사 CEO)	브랜드 매니저 (운영자)
전략기획 및 시장이해도 리서치에 대한 실무 경험	다양한 마케팅 채널 경험 (기자, 고객 등 커뮤니케이션)	분석능력 고객분석 CRM능력

크게 3가지로 분류했지만, 산업군의 특성에 따라서 더 세부적으로 나눠질 수도 있다. 지금처럼 경제가 어려워지는 상황에서 마케팅은 온라인과 오프라인 전체에 필요한 업무이기 때문에 제품과 품목이 바뀌어도 기본적인 시장에 대한 이해도와 트렌드를 놓치지 않는다면 업계를 옮기기도 유리하다. 이번 지원자의 경우에는 상대적으로 신입의 비율이 높은 제조회사를 목표로 마케

팅을 준비했다.

제조회사		브랜드회사	
신입	경력	신입	경력
7	3	3	7

그 중 가장 중점을 두었던 점은 외국어 능력이었는데, 실질적인 비즈니스 외국어 능력을 가지고 있음을 강조했다. 따라서 지원자가 대외활동으로 진행했던 동시통역(봉사활동)과 공모전(롯데 스펙태클)을 최대한 활용하여 실무에 즉각적인 업무 수행이 가능함을 보였다. 구직자의 입장에서는 나와 별 차이가 없다고 생각할 수 있지만 접근방법이 완전히 달랐다.

실무진이 자기소개서 및 면접에서 공모전에 참여한 지원자에게 듣고 싶은 말은 수상 경력이 아니다. 다양한 팀원들과 업무를 수행하면서 지원자가 어떤 아이디어를 제시하였고, 어떻게 실무에 적용했으며, 어떤 효과와 결과가 나타났는지를 중점적으로 어필하는 것이 중요하다. 하지만 마케팅 직무를 원하는 지원자들은 공모전에 수상하지 못했다는 이유로 언급하지 않는다. 또한, 마케팅에서 커뮤니케이션 능력이 중요하다는 것은 모든 지원자가 알고 있다. 그래서 가장 많이 작성한 내용을 보면 조직의 갈등을 해결하는 내용에 중점을 두고 작성한다. 그런데 실무진이 알고 싶은 커뮤니케이션은 '타인과의 관계를 이끌어 가는 지원자만의 방법'이다.

지원자만의 의사소통방법

공모전에서 판매 상품 회의 중 조장이 내가 조사한 것과는 상반되는 경향의 마케팅 방향을 제시함(다른 팀원들도 이를 따르려고 함).

적절한 행동
- 조장이 제시한 마케팅 방향성의 근거 분석
- 내가 분석한 결과에 비교 및 대조
- 차이점을 파악하여 접목시킬 수 있는 방안들을 고민
- 주변 동료들에게도 공유하여 의견 청취
- 동료들 외 다양한 사람들의 의견 청취
- 수집된 의견으로 조장과 방향성 조율

많은 지원자들이 커뮤니케이션 능력을 보여주고 있지만 깊이 있게 고민하지 않는다. 하지만 분명 직무에 따라 필요한 소통의 방법은 다르다. 다음 면접 질문을 통해 바로 확인 가능하다.

마케팅 실무 면접 질문

> **Q.** 마케팅 비용으로 2,000만 원이 주어진다면 이 비용을 어떻게 배분하여 활용하겠습니까?
>
> **A.** 먼저 저한테 주어진 2,000만 원이 총 마케팅 비용 중 몇 %인지를 파악하겠습니다. 이후 시장성을 분석하여 제가 2,000만 원으로 최대의 효율을 낼 수 있는 방안을 3가지 정도 기획하여 상사에게 보고하겠습니다.
>
> **Q.** 신규 모델이 개발되어 국내에 런칭하려고 할 때 어떤 순서대로 업무를 진행할 것인지 로드맵을 이야기해주시기 바랍니다.
>
> **A.** 먼저 '타깃 브랜드, 리서치 및 시장조사'를 통해서 경쟁사를 파악하겠습니다. 이후 브랜드 포지셔닝을 통하여 어떤 점을 강조할지 정한 이후 브랜드 네이밍과 스토리를 만들겠습니다. 이때 저는 브랜드 포지셔닝에 중점을 둘 것입니다. 아무래도 개발 비용, 마케팅 비용을 고려하여 가격을 정해야 하며, 향후 브랜드 및 제품 네이밍 시 기획의도가 담겨야 하기 때문입니다.

　　현재의 면접 답변은 신규 브랜드를 런칭할 때 마케팅 업무 담당자라는 입장에서 제시한 답변이다. 이미 개발되어 있는 제품의 이미지를 구축하는 역할을 정확하게 이해하고 있음을 알 수 있으며, 어떤 역량이 필요한지도 알고 있다. 수시채용에서는 서류 및 면접 시 직무에 대한 이해도 없이는 최종합격이 어렵다. 실무자의 입장에서 생각하고 서류를 작성해야 하며, 그들과 같은 위치에서 면접 답변을 해야 공감을 끌어낼 수 있다. 아무리 제품이 좋아도 타깃 고객과 트렌드를 정확하지 못한다면 브랜드는 성공적으로 정착하지 못할 가능성이 높은 것처럼 현재 취업에서도 마찬가지이다. 구직자의 능력이 아무리 좋다 할지라도 직무분석과 자신의 경험을 정확히 파악하지 못하면 원하는 직무의 취업은 어려울 것이다.

⑥
생산관리,
경력을 활용한 합격비결

기본정보	학교	학점	외국어	해외 경험	자격증	대외 활동	경력 사항
남자 (29세)	기계학과	2.9	815점 토스6급	無	기계 기사	봉사활동 동아리	생산관리 1년

"선생님 합격했어요. 이번에는 진짜 면접관이랑 농담도 하고 정말 제대로 면접 보고 왔어요. 확실히 1년의 경력이 있으니 직무에 대한 이해도가 높아져서 면접관이 듣고 싶은 이야기를 어떻게 말해야 하는지 알았습니다."

처음 선릉에서 만났을 때만 해도 낮은 학점, 남들보다 많은 나이 등 하소연을 하던 때가 있었는데, 1년의 생산관리 경력이 그를 합격으로 이어줬다. 어엿한 사회인 포스를 보이며 한 걸음 성장한 모습이 원하는 대기업에 합격했기 때문은 아니었다. 1년의 경력을 갖추면서 사회인의 자세를 배웠으며, 생산관리의 업무에 대한 이해도가 높아진 만큼 자기가 선택한 직무에 확신을 가진 결과라고 본다.

수시채용이 활성화되면 자신의 경력을 가지고, 더 나은 직장을 찾아서 이직을 준비하는 중고신입이 늘어날 것이다. 이번 지원자 역시 졸업 후 2년째 취업 준비를 했지만 좋은 결과를 내지 못했다. 자신의 부족함도 문제가 되었지만, 2년간의 경력을 쌓으면서 어떤 상황에서도 유연하게 적응할 수 있는 준비된 직장인임을 강조한 다른 지원자는 서류 및 면접에서 껄끄러운 경쟁자가 되었다.

현재의 취업은 모든 구직자에게 답답하다. 대부분은 경력 없는 학생들인데 기업들은 점점 더 경력을 쌓은 중고신입을 원한다. 인턴 채용만 해도 경력이 없는 지원자들이 드문데, 수시채용으로 전환되면 신입공채를 몇 번씩 통과해본 경력자들과 같이 경쟁해야 한다. 때문에 경력 없는 구직자들에게는 서류 합격 기회조차 잘 오지 않는 게 현실이다.

특히, 기업들도 점차 블라인드 선발이나 인공지능(AI)을 추진하다 보니 업무 적응 능력을 우선순위에 두거나, 지원자가 가진 경험과 경력을 중시하는 경향이 커졌다. 사회생활을 해본 지원자와 하지 않은 지원자는 서류에서부터 차이가 보인다. 이번에 수시채용 제도를 통하여 생산관리에 합격한 구직자 또한 비슷했다. 짧지만 9개월간 근무하면서 생산라인 및 현장인원 관리, 생산 품질협의, 생산설비 품질개선 설비 구매 협의 등에 참여했고, 이는 자기소개서 및 면접에서 자신의 직무 수행 능력과 역량만을 보여줄 수 있었다.

동아리원 50명의 발언기회는 허락, 문제해결은 의사소통능력

교내 '푸른솔' 토론동아리에서 기존의 토론 방식을 개선해 발언 참여 횟수를 증가시켰습니다. 동아리원이 50명이 넘어가며 순차적으로 발언했던 기존의 토론진행 방법에 문제가 생겼고 동아리 회장이었던 저는 모든 사람들이 참여할 수 있는 효율적인 토론 방식을 2가지 제안했습니다.

첫 번째, 8명의 찬반 패널을 정해 토론의 질 높이기(너무 적은 인원만이 참여하게 된다는 반대의견)

두 번째, A,B,C 등 조별로 토론진행 진행하기(동아리가 아닌 조별모임의 분위기가 될 우려가 있다는 반대의견)

반대의견을 모아 동아리원들과 다시 회의를 진행했고 최종적으로 조별토론으로 진행하되, 마지막에 각 조의 대표가 나와 자신들의 종합적인 의견을 말하면서 다함께 토론을 마무리하자는 결론을 내렸습니다. 처음에는 부족한 진행으로 시행착오를 거쳤지만 학기가 끝날 무렵엔 토론이 질적으로 많이 향상되었고 만족스러운 토론시간을 가질 수 있었습니다. 이러한 경험을 바탕으로 조직구성원들에게 공통의 목표의식을 주고 의견을 경청하며 결과를 찾아가는 소통의 중요성을 깨달았습니다. 사람은 모두 각자만의 생각이 있습니다. 각각의 생각을 하나로 모으기 위해서는 경청해야 한다는 점을 명심하며 항상 노력하고 있습니다.

경력 有

생산 최적화를 위한 B사의 핵심역량 '조율 능력'

B사의 생산관리자로서 Global NO.1 기업으로 우뚝 서고 싶습니다. 생산관리자의 주 업무는 생산 계획 및 통제입니다. 즉, 공장과 회사 전체의 이슈를 파악하여 이를 기반으로 기획을 합니다. 분명 이 과정에서 자신의 분야가 아닌 생소한 분야와 맞닥뜨리는 경우로 인한 현실적인 장애물에 직면할 수 있습니다. 이때 여러 부서 간의 협조가 기획의 핵심으로 타부서와의 협력을 통해 현상을 파악하고 더 나아가 대책까지 제시할 수 있습니다. 그에 필요한 핵심 역량은 '조율 능력'으로 토론동아리에서 기존토론방식을 개선하며 필요 역량을 키웠습니다.

순차적으로 발언기회가 부여되던 토론방식은 참여인원이 30명이 넘어가면서 발언 기회가 적어지는 문제가 발생했습니다. 이를 해결하기 위해 동아리 회장이었던 저는 구성원들의 이야기를 경청하며 함께 고민해본 결과 '조별 토론진행으로 의견 취합하기'라는 적절한 방법을 찾을 수 있었습니다.

이 경험으로 조직구성원들에게 공통의 목표의식을 주고 의견을 경청하며 결과를 찾아가는 조율 능력의 중요성을 깨달았습니다. 사람은 모두 각자만의 생각이 있습니다. 각각의 생각을 하나로 모으기 위해서는 주어진 조건 내에서 융통성을 최대한 발휘해야 한다는 점을 명심하며 수요에 공급을 맞출 수 있도록 영업, 개발, 구매, 제조, 품질, 물류 등 사내 모든 부서와의 코디네이터 역할을 맡겠습니다.

　　경력 전과 후의 자기소개서를 읽어보면 지원자의 토론 경험이 주제로 작성되었다. 하지만 같은 경험임에도 불구하고 질적 수준에서 차이가 있다는 것을 알 수 있다. 중고신입으로 근무하면서 직무 수행에 필요한 태도와 그 이유를 알 수 있었던 만큼, '직무＝경험'으로 자신이 충분히 능력을 갖추고 있음을 보여줬다. 그러다 보니 기업들은 최소한의 교육을 통해 당장 업무에 투입할 수 있는 인재라는 것을 확인할 수 있었고, 원하는 기업에 최종 합격을 할 수 있었다.

이때 구직자들이 알아야 하는 것이 있다. 수시채용으로 중고신입의 선호도가 커진 것은 맞지만, 신입사원을 채용하는 기업 특성상 조직 충성도를 중요하게 생각해야 한다. 아직도 몇몇 기업에서는 중고신입은 인내심이 부족해 성실하지 못하다는 평가로 이어지기도 한다. 따라서 대기업을 목표로 준비한다면 산업 및 직무의 유사성을 가져가야 서류 평자가들에 관심을 이끌어낼 수 있다.

반대로 그렇지 못한 회사에서 근무한다면 '별로 도움이 되지 않을 수도' 있다. 따라서 현재 자신의 입장이 중고신입이라면 직무 역량을 중점적으로 내세우면서도 자신이 성실하다는 인상을 서류 및 면접에서 적극적으로 보여 주어야 한다.

B2B 해외영업,
3개 국어 능통자가 되어야 가능한가?

기본정보	학교	학점	외국어	해외 경험	자격증	대외 활동	경력 사항
남자 (28세)	국숭세단/ 국제통상 관련과	3.8	920점 OPIc AL	호주 워킹 홀리데이 1년	MOS 컴활2급	동아리 등	인턴 3개월

보통 해외영업을 원하는 지원자들은 기본적으로 해외대학 출신이거나, 학과가 어학 계열이거나, 국제통상, 글로벌 통상 등 무역과 관련된 학과인 사람이 많다. 또한, 어학으로 분류하면 중국어, 스페인어, 베트남어, 일본어 등을 가지고 있으며, 그 외에도 아랍어, 러시아어 같은 자격증 등을 가지고 있다.

해외영업을 희망하는 구직자가 지녀야 하는 기본적인 베이스는 영어이다. 토익 900점 이상, OPIc IH~AL, 토스 7 정도는 가지고 오는 것이 일반적이다. 만약 정량적 스펙이 기본적인 점수에 미치지 못하는 지원자가 해외영업을 고집하면, 취업 준비 기간이 늘어날 가능성이 100%이므로, 각별히 주의해야 한다.

이번 구직자는 국제통상 관련학과로, 영어 실력만 가졌다. 하지만 해외영업에서 가장 중요한 것은 어학이 아니라 '영업'에 대한 이해였다. 이에 따라 철저히 영업에 대한 이해도를 보여주어 결국 중견 자동차 부품회사 해외영업으로 취업에 성공하였다.

하지만 구직자에게 해외영업만 지원하는 것의 위험성에 대해서 계속해서 말해주어, 국내 영업을 포함하여 2019년 하반기에만 총 70개의 지원서를 제출했고, 그 중 서류합격은 국내 영업 5개, 해외 영업 2개였다. 그리고 최종으로 대기업 소재사 국내영업, 중견 자동차부품 해외영업에 합격할 수 있었다.

대부분의 해외영업 지원자들이 국내 영업 면접을 가게 되면 면접관의 집중질문에 당황해 직무를 포기하는 일이 비일비재하게 이뤄진다. 반대로 해외영업 지원자지만 국내영업에 대한 질문을 예상하고 대비한다면 충분히 가능성이 있다. 가장 어려움을 겪는 해외 경험에 대한 질문에 솔직하게 '인정'하고, 평소 가지고 있던 국내영업에 대한 생각을 진솔하게 이야기하면 좋은 인상으로 반전될 수 있으니 해외영업과 국내영업을 모두 지원해서 합격률을 높여야한다.

해외영업도 결국은 영업이다. B2B와 B2C냐의 차이만 있을 뿐, 영업의 본질은 해외든 국내든 크게 다르지 않다. 이번 지원자 역시 이력서로 보여줄 수 있는 해외 경험을 자소서에 서술하기 보다는 철저하게 영업에 대한 이해도를 자소서에 활용하였다.

B2B영업은 무엇보다도 고객사와의 관계가 가장 중요하다고 생각합니다. 특히 고객의 니즈를 파악하고, 사후 클레임에 대응하기 위해서는 상황대처력이 필요할 것입니다. 저는 15명의 교수가 소속된 프로젝트의 유일한 연구조교로 활동했던 경험이 있습니다. 이 경험을 통해서 여러 돌발 상황 속에서도 즉각 대응할 수 있는 상황대처력을 키울 수 있었습니다.

휴학 7개월간 OO대 국제협력처 조교로 근무하며, 'OO 다문화 공동체' 프로젝트 책임자를 맡아 기획과 진행 등 전반적인 업무를 수행하였습니다. 해당 프로젝트는 OO시에 거주하는 재외국인들을 대상으로 각종 행사를 기획하는 프로젝트였습니다. 매일같이 OO대학과 OO시 관계자, 여러 협력업체들로부터 안건과 요구사항이 들어왔으며, 이를 대응하기 위해 인적, 물적 자원을 분배하는 역할을 해내야했습니다. 동시다발적으로 진행되는 일정들을 숙지하기 위해 벽면이 포스트잇으로 꽉 채워질 정도였기에 업무의 우선순위를 정하는 것도 어려울 정도였습니다. 수십 명의 관계자와 업무가 진행되는 가운데, 각각의 역할, 상대 시 주의점 등을 잘 기록해놓아 헷갈리지 않고 대응할 수 있었습니다. 특히 문제 상황이 발생할 때마다 빠른 대처를 위해 메신저, 메일, 휴대전화를 통해 상시 소통망을 가동하여 상황을 공유하였습니다. 이를 통해 7개월간 대형행사 6회, 인문강의 8강, 인문체험 4회 등이 진행되는 동안 깔끔히 업무를 수행할 수 있었습니다.

이 경험을 통해 여러 상황에 대응하는 노하우를 익힐 수 있었습니다. 한정된 자원에서도 고객 니즈 파악과 클레임 대응을 통해 고객에게 신뢰를 줄 수 있는 영업인이 되겠습니다.

즉, 자기소개서와 면접 준비단계 모두에서 영업에 대한 본인의 소신과 생각, 그리고 영업직무에 맞춰 놓은 역량과 성격을 갖추고 있음을 보여주는 것이 중요하다. 모든 지원자의 어학 수준은 비슷하고, 누구나 해외 경험이 있다는 점은 이력서에서 이미 증명이 된 내용이다. 여기서 해외 경험이 많다는 점을 이야기해도, 10년 이상을 현지에서 거주한 지원자가 있다면 필패일 수 밖에 없다. 항상 명심할 것은 지혜보단 지식을, 경험보단 가치관을 보여주는 것이 더 좋다는 점을 알아뒀으면 한다.

이를 위해서는 B2B영업과 B2C영업의 주요 업무를 숙지해야 한다. 산업이나 회사에 따라 업무 방식과 R&R은 큰 차이를 보인다. 그리고 현직자, 학교 선배들을 통한 업무 인터뷰를 진행한다면, 직무에 대한 이해도를 높일 수 있다.

영업 프로세스	B2B영업직의 업무 설명	누구와 일하는가?
제품개발 (R&D)	• 고객사 Needs를 파악 • 자사 개발제품 소개	• 고객사 : R&D, 상품기획, 구매 (개발구매) • 자사 : R&D
제품 선정 협의 (Promotion)	• 샘플 전달 • 제품의 상세 SPEC을 협의 • 제품단가 및 공급계획을 협의	• 고객사 : R&D, 구매(개발구매) • 자사 : R&D, 제조, 품질, 원가 (재무), 기획
공급 (Supply)	• 공급계획 예상(Forecast) • 발주(P/O)접수 • 제품 전달 • 이슈 발생 시 이슈 해결, 클레임 대응	• 고객사 : 구매(조달구매), 품질 • 자사 : 제조, 품질, 물류
결재 (Payment)	• 채권 회수 • 매출 보고	• 고객사 : 구매, 재무/회계 • 자사 : 구매, 재무/회계, 기획

기업활동은 제품과 서비스를 개발하고 판매하는 일이라는 것을 잊으면 안 된다. B2B와 B2C의 가장 큰 차이점은 B2B영업이 제품과 서비스 개발 영역에서 고객사의 요구 사항과 자사의 기술력, 생산력, 그리고 원가 등을 조율하는 역할을 한다면 B2C영업은 회사에서 마케팅의 영역에 포함된다. 그러므로 일단 영업에 대해 공부하라.

구직자 수준에서 바라보는 영업보다 상당히 많은 업무 범위가 있으며, 전문적인 영역이라고 생각해도 좋다. 직무에 대한 이해도가 높아지는 만큼 수시채용에서 매력적인 인재로 거듭날 수 있다.

디지털 인재, IT 이직의 시작
어떻게 해야할까?

기본정보	학교	학점	외국어	해외 경험	자격증	대외 활동	경력 사항
남자 (31세)	국숭세단 석사 과정 수료	3.3	860점	캐나다 어학연수	정보 처리기사	공모전 2회	연구원 6개월

　IT로 취업을 한다고 하면 주변에서는 쉽게 취업이 가능할 것으로 생각한다. 하지만, 신입으로 IT로 취업을 준비하는 구직자의 경우, 취업에 도움이 되는 스펙보다는 그렇지 않은 스펙을 준비한 경우가 많다. 대체로 컴퓨터공학이나 전자공학 등을 전공한 이후에 정보처리기사, 정보보안기사, 네트워크관리사 등을 취득한다. 하지만, 대다수 구직자가 희망하는 기업들의 입장에서 매력적이지 않은 자격증이라고 이야기하고 싶다. 오히려 Coursera나 Udacity 등 온라인 강의를 수강하여 자격증을 받는 것이 훨씬 도움이 된다.

　특히, IT로 취업을 희망하는 구직자들의 경우 석사까지 준비한 이후에 일자리를 찾는 경우가 있다. 그 이유는 대표적으로 학벌이다. 여기서 소개할 구직자 또한 학벌이 좋지 못하다는 생각에 석사 과정을 수료했다. 하지만 결과는 좋지 못했다. 학벌의 경우, 카이스트, 포항공대, 유니스트 등 특수한 공대 및 해외 명문대라면 다소 부족하더라도 면접까지 갈 확률이 높다. 하지만 그 외의 학교라도 지원자가 충분한 자신의 능력을 보여줄 수 있는 포트폴리오가 마련되어 있다면 서류 및 면접에 통과할 수 있다. 한 예로 국내의 티맥스소프트, 네이버 등 여러 IT 기업에서 고등학교, 전문대 졸업생이라도 실력만 있다면 최종 합격을 하는 사례가 이를 증명하고 있다.

특히, 지원자들이 가장 중요하게 여기는 것이 인턴인데, IT에서는 오히려 독이 될 수 있다. 다른 업종보다 트렌드 변화가 빠르고, 실력이 없으면 업무 수행이 어려운 만큼 빈 수레가 요란한 인턴 경험은 면접에서 나쁜 평가로 이어질 수 있다. 그래서 가장 중요한 것이 포트폴리오이다. 이 글을 읽는 어떤 이는 이제 막 졸업한 대학생이 포트폴리오가 있겠냐고 반문할 수 있지만, 4년 간 진행한 프로젝트를 소개하면서 자신의 역량을 보여줄 수 있으며, 경력이 있는 지원자라면 참여했던 프로젝트 및 성과를 통해서 자신의 업무 수행능력을 보여줄 수 있다. 이러한 포트폴리오는 학벌, 인턴, 자격증을 뛰어넘는 최고의 스펙이 될 수 있다. 그렇다고 무작정 학교에서 참여한 프로젝트를 포트폴리오에 욱여 넣으라는 뜻이 아니다. 내가 참여한 프로젝트 중 현업자가 눈여겨 볼만한 것이 무엇이 있는지? 참여했던 공모전 중에서 수상을 하지 못했더라도 능력이 높아졌다면 충분히 도움이 될 수 있다.

만약 어떤 능력을 강조해야 할지 모를 때는 채용공고를 분석하는 것이 답이다. 내가 개발자를 목표로 했다면, 원하는 회사의 채용공고를 통해서 개발 환경과 최근 필요 기술(언어, 도구, 저장소 등)과 개발 지식 · 방법론(TDD, ES6 등)을 알 수 있다. 특히, 수시채용 또는 경력직 채용공고를 살펴보면 개발자를 위한 어떤 역량이 필요한지를 알 수 있기 때문에 큰 도움이 된다.

〈카카오커머스의 채용공고 내용〉

카카오커머스는 카카오의 고유한 커머스 모델 추구를 위해 12월 1일 새롭게 시작하는 회사입니다. 카카오커머스에서 개발자를 모시고 있습니다.

주요업무
- 카카오톡 내 웹서비스라는 특별한 환경과 복잡한 커머스 데이터를 다룰 수 있는 빠르고 유려한 Front End 개발

자격요건
- Java Script 애플리케이션 개발 경력 2년 이상
- HTML/CSS의 기본 지식 보유
- 코드리뷰에 대한 열인 마음을 가진 분

우대사항
- Angular, React 등의 프레임웍을 이용한 개발 경험이 있는 분
- 모바일 웹 개발 및 SPA 형태의 프로젝트를 진행해 보신 분
- ES6 기반의 코드를 작성해 본 경험이 있는 분

만약, 이러한 개발자 채용공고를 보았다면, 구직자가 해야 하는 것은 내가 자격요건과 우대사항 등을 보면서 좌절할 것이 아니라, 포트폴리오의 방향을 이해해야 한다. 한 예로 HTML/CSS의 기본 지식 보유라고 한다면, 이러한 능력치를 객관적으로 보여줄 수 있는 수치를 포트폴리오에 언급하면 되고, 이를 증빙할 수 있는 개인 프로젝트를 소개하면 된다.

이처럼 여러 채용공고를 통해서 현재 본인의 시장 가치를 파악할 수 있으며, 내가 지금 어떤 경험/기술이 필요한지를 정확하게 이해할 수 있다. '나는 신입이니까 괜찮아.'라는 마음가짐을 버리고 현재 어느 수준에 올라가 있는

지를 객관적으로 파악해보자. 현재 내가 가진 기술이나 경험이 현업에서 얼마나 사용될 수 있는지, 부족한 것은 무엇인지를 이해하면 내가 어떤 경쟁력을 갖춰야 할지 목표와 계획을 세울 수 있다. 이후 대학생이라면 마음 맞는 사람들과 공모전을 참여하거나, 하나의 서비스나 제품을 만들어 오픈소스까지 추진하고, 그 과정을 포트폴리오에 활용할 수 있다. 따라서 당장에 눈앞의 빠른 취업에 목매지 말고, 장기적으로 보고서 취업을 준비해야 한다. 앞에서도 언급했지만, IT에서의 포트폴리오는 지원자가 얼마나 빠르게 업무에 적응할 수 있는지를 판단하는 척도가 된다. 만약 포트폴리오에 자신이 없는 지원자라면 코딩테스트를 준비하는 것도 하나의 방법일 수 있다. 회사마다 코딩테스트는 다르지만, 채용공고를 통해서 개발환경 및 필요기술을 이해했다면 Codility, leetcode 등에서 관련 정보를 찾아서 준비가 가능하기 때문이다.

끝으로 IT를 희망하는 지원자들은 현재의 취업이 끝이 아니라는 점을 꼭 알아둬야 한다. 운 좋게 합격하더라도 단순 코딩만 반복하다가 미래 발전 가능성을 놓치게 될 수 있고, 잘못된 부서 배치로 회사생활이 지옥이 될 수도 있다. 늘 경력직을 수시로 채용하는 IT 업종상 구직자는 늘 채용공고를 살펴보면서 최근 기술 및 개발환경을 이해하면서 자신의 역량을 높여야 한다. 내가 회사에 도움이 될 수 있는 인재인지를 우선적으로 고려하면서 취업을 준비하는 것이 가장 빠른 지름길임을 이해하기 바란다.

부록

1

에피소드 정리 양식 &
자기 성찰표 & 자소서 평가표

에피소드 정리 양식

알려드리는 점

1. 에피소드 정리 양식은 최대한 에피소드를 상세하게 기술하여, 추후 자소서 및 면접을 미리 준비하는 데 의미가 있다. 1차 작성 시, 완벽한 문장으로 작성하기 보다는 어떠한 내용을 작성할 것인지 구상하고 점차 완성도를 높여가는 방향으로 준비 하기를 바란다.

2. 이 책에 기술한 내용을 모두 자소서 및 면접에 적용할 필요는 없다.
많은 경우의 수를 대비하여 최대한 항목을 세분화시킨 것이니, 편의에 따라 취합하여 자소서 및 면접 대본에 적용하기를 바란다.

3. 자기성찰 틀과 함께 사용한다면, 추후 자소서 및 면접을 훨씬 수월하게 준비할 수 있다.

도전 에피소드(성공, 목표의식, 열정)

항목	에피소드
언제, 어디서, 무엇을, 어떤 역할을?	
본인이 세운 도전적인 목표	
도전적인 목표 (목표 수준)를 세운 이유	
목표의 수립 과정	
처음에 생각했던 목표 달성 가능성	
수행과정에서 만난 장애물	
그때의 감정 및 생각	
장애물을 타개하기 위한 노력(최소 두 가지의 기술)	

실제 결과	
본인이 성공(실패)할 수 있다고 생각한 이유	
목표 달성 이후 느끼고 배운 점 (or 본인이 어떻게 달라졌는지)	
목표 달성 이후 직무적으로 성장한 점	
목표 달성 이후 아쉬웠던 점	
도전(성공,열정)이 무엇인지에 대한 본인의 문장 혹은 본인만의 명언 정의	

해당 에피소드에 대해서 걱정이 되거나 이슈가 될 수 있는 부분

창의 에피소드(문제, 개선)

항목	에피소드
언제, 어디서, 무엇을, 어떤 역할을?	
창의적인 방법을 적용하고 싶었던 계기 (당시의 문제점)	
창의적인 방법과 기존의 방법과의 차이점	
새로운 시도를 했을 때, 주변의 반응	
주변 반응에 대한 본인의 대응	
새로운 시도를 했을 때, 감수해야 했던 부분들	
감수해야 했던 부분들을 마주하며 한 생각과 감정	

감수해야 했던 부분들에 대한 본인의 전략	
실제 결과	
달성 이후 느끼고 배운 점	
실제 결과 이후, 다소 아쉬웠던 점	
창의(새로운 시도, 문제 개선)에 대한 본인만의 문장 및 명언	

해당 에피소드에 대해서 걱정이 되거나 이슈가 될 수 있는 부분

갈등 에피소드(설득, 조율)

항목	에피소드
언제, 어디서, 무엇을, 어떤 역할을?	
본인의 의견(입장)	
타인의 의견(입장)	
타인 의견(입장)에 대한 본인의 생각	
타인의 의견(입장)을 이해(갈등의 핵심 쟁점을 파악)하기 위해 본인이 한 노력	
타인이 그렇게 의견을 주장한 이유(뒷 배경)	
갈등의 핵심 쟁점은 무엇인가?	
핵심 쟁점을 해결할 타협 대안책을 어떤 것으로 마련했는지에 대한 기준점	

이 타협 대안책을 어떻게 설득할 것인가?	
실제 결과	
실제 결과 이후, 배우고 느낀 점 (본인이 다른 갈등을 대처하는 데 있어 배우게 된 점)	
실제 결과 이후, 다소 아쉬웠던 점	
갈등 해결(새로운 시도, 문제 개선)에 대한 본인 만의 문장 및 명언	

해당 에피소드에 대해서 걱정이 되거나 이슈가 될 수 있는 부분

실패 에피소드(어려웠던 경험, 힘들었던 경험)

항목	에피소드
언제, 어디서, 무엇을, 어떤 역할을?	
당시의 구체적인 목표	
목표를 이루기 위한 본인의 구체적인 노력 (태도)	
그러한 노력에도 어려웠던 점, 부딪힌 장애물	
어느 정도 수준의 실패를 했고 그, 결과는?	
왜 실패했는지, 실패의 원인 분석	
실패를 반복하지 않기 위해 현재 하고 있는 노력, 혹은 했던 노력	
실패 이후, 배우거나 느낀 점	

해당 에피소드에 대해서 걱정이 되거나 이슈가 될 수 있는 부분

직무 경쟁력 에피소드 ①

항목	에피소드
본인이 강조하고 싶은 직무 경쟁력 키워드	
이 직무 경쟁력이 실제 직무에서 어떻게 기여될 수 있는지를 아래 세 가지 관점 중에서 하나 선택해서 기술	
1) 직무의 핵심 목표는 A 이기 때문에, 이와 관련된 B역량이 중요하다.	
2) 직무를 수행할 때, C 한 어려움이 있을 수 있기 때문에, D역량 으로 어려움을 해결 해야 한다.	
3) E직무의 특성상, F를 해야 하기 때문에, G역 량으로 해결해야 한다.	
언제, 어디서, 무엇을, 어떤 역할을?	
당시의 문제점 혹은 목표	
문제점 및 목표에 대한 본인의 생각	

목표를 이루기 위해 (문제점을 해결하기 위해) 노력한 본인의 전략	
실제 결과	
실제 결과 이후, 배우고 느낀 점	
실제 결과 이후, 다소 아쉬웠던 점	
실제 결과 이후, 업무 및 직무적으로 성장하거나 느낀 점	

해당 에피소드에 대해서 걱정이 되거나 이슈가 될 수 있는 부분

성격의 단점 에피소드

항목	에피소드
성격의 단점 키워드	
단점을 갖게 된 배경 (성장과정 및 학창 시절, 본인의 가치관 등)	
단점을 대표하는 에피소드	
단점 때문에 발생한 피해 및 결과	
단점을 보완하기 위해 했던 노력, 혹은 하는 노력	

해당 에피소드에 대해서 걱정이 되거나 이슈가 될 수 있는 부분

가치관 및 생활 에피소드

항목	에피소드
강조하고 싶은 본인만의 가치관 및 생활신조, 본인만의 단어 혹은 명언	
왜 이러한 생활신조 및 가치관을 갖고 있는지에 대한 배경(해당 가치관에 대한 본인만의 생각)	
가치관을 적용한 에피소드	
당시의 목표 및 문제점	
목표 및 문제점에 대한 나의 생각	
가치관을 발휘하여 목표를 달성하는 데 어떻게 기여했는지	
문제점을 해결하는 데 어떻게 기여했는지	
실제 결과	

결과 이후에 느끼고 배운 점	
해당 가치관이 직무상 어떻게 발휘되고, 도움이 될 수 있는지	

해당 에피소드에 대해서 걱정이 되거나 이슈가 될 수 있는 부분

②

자기 성찰표

1 자신의 인생 목표

2 인생의 목표를 위해서 지금까지 한 노력

3 자신의 특이한 습관 및 행동(아침에 일어나면 제일 먼저 하는 일, 혹은 자기 전에 하는 일, 업무 수행 시 하는 행동)

4 자신의 취미

5 자신의 특기(내가 정말 잘하는 것)

6 자신이 좋아하는 문구들(책에서 읽은 명문장, 가치관에 관한 문장)

7 나의 가치관을 변하게 한 에피소드

8 자신 성격의 장점(최대한 작성하기)

9　자신 성격의 단점(최대한 작성하기)

10　제일 재밌었던 일(가장 몰입했던 일)

11　제일 재밌었던 과목과 그 이유

12 자신을 표현하고 싶은 키워드, 캐릭터, 형용사

13 평소 조직에서 어떤 역할을 많이 하고, 그러한 역할을 맡게 된 이유

14 스트레스 받는 순간들과 해소 방법

자기소개서 평가 항목

〈에피소드〉

항목	5	4	3	2	1
1. 에피소드의 구체성					
2. 자신의 에피소드를 솔직하게 드러내었는가? (이력서와의 일치성)					
3. 에피소드 내의 액션 및 역량이 전체적으로 잘 나타냈는가? (차별화된 역량)					
4. 직무 에피소드를 잘 작성했는가? (직무에 대한 이해도)					
5. 당시 느꼈던 감정 및 생각들이 잘 드러나 있는가?					
6. 구체적인 성과를 작성했는가?					
7. 깨달음을 얻은 포인트가 구체적으로 작성되어 있는가?					
8. 자신이 성장한 포인트가 작성되어 있는가?					
9. 에피소드를 차별화된 관점으로 작성한 노력이 보이는가?					
10. 면접관의 입장에서 묻고 싶은 에피소드가 있는가?					
11. 글로벌 감각을 가진 에피소드가 작성되어 있는가?					
합계					

안심Touch

〈기업로열티〉

항목	5	4	3	2	1
1. 기업에 지원하는 분명한 동기가 나타나 있는가?					
2. 기업에 대한 애정 및 관심도가 나타나 있는가?					
3. 기업의 비전을 잘 이해하고 있는가? (기업의 사업 전략 이해)					
4. 기업을 알아보려는 노력이 있어보이는가? (차별화된 정보 기술)					
5. 업계에 대한 관심이 있어 보이는가?					
6. 기업에서 이루고 싶은 목표가 뚜렷한가?					
7. 기업의 사업 및 제품에 대한 개선사항을 언급했는가?					
8. 기업의 핵심미션 및 가치를 이해하고 있는가?					
합계					

〈직무역량〉

항목	5	4	3	2	1
1. 직무 목표가 확실한가?					
2. 뚜렷한 목표와 열정을 가지고 직무 경험을 쌓아왔는가?					
3. 직무에 맞는 역량 및 강점이 드러났는가?					
4. 직무 용어를 기술했는가?					
5. 입사 후 업무적으로 성장해나갈 계획이 뚜렷한가?					
6. 직무에 맞는 액션에서 지원자의 발전 가능성이 보이는가?					
7. 직무 및 업계에 관련된 내용뿐만 아니라 전문적인 지식이 있는가?					
8. 직무적인 판단 능력이 적절한가?					
9. 직무에 대한 이해도 뛰어나보이는가?					
10. 직무에 관한 일관성 있는 에피소드가 작성되어 있는가? (이력 사항)					
합계					

〈인성〉

항목	5	4	3	2	1
1. 자신의 한계를 극복하는 도전적인 인재인가?					
2. 리더십 및 팀워크에 부합하는 인재인가?					
3. 창의적인 생각이 드러나는가?					
4. 지원자 본인이 되고 싶은 뚜렷한 롤모델이 있는가?					
5. 본인의 신념이 작성되어 있는가?					
6. 성실한 자세가 돋보이는가? (근속)					
7. 타인의 의견에 공감할 줄 아는가?					
8. 자기 계발에 적극적인가?					
9. 자신의 단점을 보완하려는 노력이 구체적으로 작성되어 있는가?					
10. 자기소개서와 첫인상이 일치하는가?					
11. 목표 의식이 확고하여 이룬 경험이 있는가?					
12. 인생에 대한 진중한 태도가 보이는가?					
13. 긍정적인 사고방식이 보이는가?					
14. 본인의 역할 과업을 올바르게 이해하고 있는가?					
15. 타인과 조직에서 평판은 어떠해 보이는가?					
합계					

〈문장력〉

항목	5	4	3	2	1
1. 역량 키워드를 잘 도출했는가?					
2. 문장이 간결하고 읽기 쉬운가?					
3. 제목의 주목도가 높은가?					
4. 기본적인 논증은 지켜지고 있는가?					
5. 애매한 표현이 아닌 정확한 표현을 사용했는가?					
6. 문장 전달 능력이 뛰어난가?					
합계					

부록

2

면접 질문 50제

필수 면접 질문 50제

활용 방법

1. 특정 경험을 묻는 항목 같은 경우 5~7문장 이내로 기술한다. 상황, 역할, 나의 생각, 액션, 성과, 깨달은 점까지 작성해야 한다.

2. 실제로 면접을 본다는 마음으로 작성한다.

3. 필수 질문 50제 같은 경우, 무조건 70% 이상은 출제되는 면접 질문 유형이다.

4. 어떤 꼬리 질문이 나올지도 예상하여 함께 작성한다.

5. 답변을 작성한 뒤에, 답변 자체를 외우려 하기보다는 답변에 쓴 키워드를 꼼꼼하게 확인해야 한다.

6. 본인이 예상하지 못한 질문은 당연히 나올 수밖에 없다. 하지만 정리된 내용을 바탕으로 면접에 임하면 자신감 있는 면접이 될 것이다.

1. 1분 소개

전형적인 1분 소개처럼 대답해도 무난하다. 본인이 어필하고 싶은 본인의
이미지와 기여 가능한 역량, 이 두 가지를 생각하여 표현하는 것이 핵심이다.

답변 예시	사용키워드
안녕하십니까? 현재 소비자 니즈 다양화, 경쟁 다각화 등의 상황에 놓여있는 농심의 영업사원에게 가장 필요한 역량은 현장의 소리를 영업 전략으로 빠르게 적용하는 실행력이라고 생각합니다. 저는 무역회사 인턴 당시, 한정된 정보에 의존하기보다 현장에 나가 정보를 수집하고, 고객 소리를 듣고 차별화된 영업 전략을 수립해 성과를 낸 경험이 있습니다. 이러한 실행력을 기반으로 농심의 현장 정보를 얻기 위해 유통업체 15곳 이상을 돌고, 농심의 판매 사원으로 부터 김 사원님께 이르기까지 다양한 이야기를 들었습니다. 이 과정에서 현장에서의 개선점을 찾고, 입사 후에는 어떤 영업 전략이 있으면 좋겠다는 생각을 하며 직무에 대한 자신감과 농심에 대한 애사심을 높이기도 했습니다. 이런 실행력을 바탕으로 농심의 과업을 함께 풀어나가고, 시장에서의 승전보를 올리는 데 기여하는 이○○이 되겠습니다.	

나의 답변

2. 지원 직무에 대해서 한 마디로 정의하시오.[(지원)직무란 무엇이라 생각하는가?, 어떤 역할 한다고 생각하는가?]

직무에 대한 본인의 깊이 있는 통찰을 요구한다. 사전적인 의미가 아니라, 자신만의 인사이트와 철학을 담아낸 직무 정의를 표현하는 것이 핵심이다.

답변 예시	사용키워드
SCM직무는 아침에 어머니가 해주시는 밥이라고 생각합니다. 이 직무는 제조부터 역물류까지 모든 물류현황에 대해서 관리하고 개선해야 합니다. 이처럼 아침에 어머니가 가족들을 위해서 만들어 주시는 밥상도 물류와 일맥상통하다고 생각합니다. 반찬의 재료를 시장에서 구매하여 반찬을 만들고, 식탁에 올리고, 소비자와 같은 가족들이 음식을 섭취하고 그 이후에 남은 반찬과 식기들을 다시 재사용하기 위해서 설거지를 하는 과정 모두가 물류와 똑같다고 생각합니다.	

나의 답변

3. 직무를 수행함에 있어 부딪힐 수 있는 어려움 2가지를 이야기하고, 어려움을 어떻게 극복했는지 말해보시오.

직무 수행에 있어서 부딪힐 수 있는 어려움은 많다. 본인만 특수하게 만나는 어려움이 아니라 지원한 직무의 특성상 부딪힐 수 있는 점을 의미한다. 보통 생각하는 어려움으로 타부서와의 갈등 상황을 많이 이야기하는데, 이러한 갈등을 이야할 것이라면 구체적으로 상황을 설명해야 한다. 협업 말고도 직무 목표를 이루는 데 부딪힐 수 있는 제한된 조건을 생각해보는 것도 좋다.

답변 예시	사용키워드
영업 직무를 수행하는 데 있어, 고객사들의 거절을 극복하는 어려움이 있을 것입니다. 특히 신제품 같은 경우, 고객사들이 아직 겪어보지 않은 상품이기 때문입니다. 따라서 제품이 가지는 효용성, 고객이 필요로 하는 이점들을 구체적으로 설명하고, 방문 자체를 거절하는 고객사는 key맨 공략을 위한 영업 전략을 고안하겠습니다.	

나의 답변

4. 이 직무에서 본인만이 할 수 있는 경쟁력은 무엇인가?

직무 경쟁력에 관해 대답할 때는 지식, 기술, 태도 중에서 선택하여 이야기 해야 한다. 경험 자체를 강조하는 것이 아니라 특정한 지식, 본인이 가진 기술적인 역량, 혹은 태도적인 역량을 강조하는 것이 핵심이다.

답변 예시	사용키워드
SM직무에서 경쟁력이 될 저의 강점은 고객 지향 마인드입니다. 저는 A사 인턴 근무 시 부수적으로 CS업무를 담당하며 고객을 응대하는 노하우를 익혔습니다. 실제로 CS업무를 수행하여 최우선적으로 고객 분이 서비스를 이용하면서 느꼈을 불편함에 대해 공감하고자 했고, 고객의 불편사항을 정리해 담당자 님께 즉각적으로 전달하여 빠른 문제해결을 도왔습니다.	

나의 답변

5. 이 직무 수행에서 본인의 부족한 점이 있다면?

성격상의 단점, 혹은 지식적으로 부족한 점에 대해서 대답한다. 해당 업계와 직무에 대한 경험이 부족하다는 식의 이야기는 피하는 것이 좋다.

답변 예시	사용키워드
• 행원 업무를 수행함에 있어서 부족한 부분은 외환 금융 지식입니다. 금융·경제를 전공하며 지식을 길러왔지만, 아직 외환에 대해서는 깊이 있는 공부를 하지 못했습니다. • 생산 관리 직무를 함에 있어서 DATA를 분석하는 전문성이 아직 부족합니다. 통계에 관한 과목을 듣기도 했지만, 부족함이 있다고 판단하였습니다. 때문에 현재는 통계에 관련된 과목을 특별히 이수하여 DATA에 대한 감각을 키우고 있습니다.	

나의 답변

6. 직무를 수행하기 위해 했던 노력을 모두 말해보시오.

　직무 역량을 이루는 지식, 기술, 태도, 경험 이 네 가지 측면에서 접근이 가능하다. 이공계 지원자의 경우, 특정 과목을 통한 지식 배양, 그리고 기술적인 역량에 치중하여 이야기를 하고, 문과 계열 지원자의 경우, 경험을 통해서 배운 지식과 기술을 이야기해야 한다. 단편적인 에피소드 하나만 이야기를 하면 안 되고, 중장기적인 관점에서 지속적으로 노력한 에피소드가 나와야 한다.

답변 예시	사용키워드
이 직무를 수행하기 위해 저는 두 가지 노력을 해왔습니다. 첫째, 경험을 통해 실무적인 이해를 쌓고자 노력했습니다. 이 경험으로 실무 프로세스를 간략하게라도 이해하게 되었습니다. 둘째, 경험 이후 B에 관한 지식이 부족하다고 판단되어, B에 관한 지식을 추가적으로 쌓았습니다.	

나의 답변

7. 직무를 수행함에 있어서 본인 성격의 장점과 단점이 있다면?

단점을 이야기 할 때에는 너무 치명적인 단점을 이야기하면 정말 치명적인 약점이 된다. 장점의 경우, 어떤 업무를 할 때 어떻게 도움이 되는지 구체적으로 설명한다.

답변 예시

직무를 수행하는 데 있어서, 긍정적인 마인드가 큰 도움이 될 것입니다. A업무를 하다보면 B와 같은 어려움에 처할 수 있지만, 이 어려움을 기회로 전환할 때 더 큰 성과를 낼 수 있을 것입니다. 단점으로는 무한한 긍정적인 마인드로 간혹 치밀하지 못할 수 있다는 것입니다. 이러한 부분은 메모를 적어두며 부족한 점을 보완하기 위해 노력하고 있습니다.

사용키워드

나의 답변

8. 업계에서 최근 관심 있는 이슈에 관해 이야기해 보시오.

꼭 최근 이슈여야만 한다. 하지만 회사에 너무 부정적으로 부각되고 있는 이슈는 피하는 것이 좋다.

답변 예시

현재 이 업계에서 화두가 되고 있는 DT 산업 전환에 관심이 많습니다. DT 시대가 시작됨에 따라 산업과 산업들끼리 더 긴밀하게 연결될 것이고, 이전에 없던 새로운 산업과 고객의 니즈도 발생할 수 있을 것입니다.
이 이슈에 대응하고자 현재 A기업도 B하고 있기 때문에, A사의 전략에 보탬이 될 수 있는 아이디어를 고안하고 싶습니다.

사용키워드

나의 답변

9. 우리 회사를 선택한 동기가 무엇인가?

회사에 대한 로열티를 측정하는 질문이다. 본인의 직업관과 강점을 동시에 언급하는 것이 제일 무난하며, 특정 업계 및 본인의 경험을 활용한 스토리텔링 방식의 지원동기도 좋다.

답변 예시	사용키워드
미국 교환학생 시절, 5개의 테마파크를 탐방하며 치밀한 공간 설계와 마케팅이 내는 시너지를 몸소 느꼈습니다. 테마파크의 매력은 비일상적인 경험을 제공하여 일상에서의 해방감을 선사하는 것입니다. 그러나 이 장점이 해외여행의 일상화와 같은 요인들로 인해 점차 희석되고 있습니다. 하지만 에버랜드는 IoT, VR과 같은 최신 IT기술을 발 빠르게 도입해 독창성을 키워 나가고 있습니다. 이를 보며 제가 꿈꾸었던 IT테마파크의 미래를 확신했기에 지원했습니다. 특히, 영업마케팅 직무에 지원한 계기는 학보사 영업 관련 경험 때문입니다. 당시 독자 이벤트로 생각보다 큰 지출이 발생해 추가 예산을 마련해야했습니다. 이를 위해 학교 주변 식당 스무 곳을 찾아다니며 광고를 제안했고, 그 결과 한 퓨전 식당으로부터 광고를 수주해 부족한 예산 문제를 해결할 수 있었습니다.	

나의 답변

10. 우리 회사의 경쟁사는 어디라고 생각하는가? 경쟁사와 비교했을 때, 우리 회사의 강점과 약점은 무엇인가?

　회사와 업계에 대한 관심도를 어필해야 하므로 경쟁사를 선택한 이유가 명확해야 한다. 특히 경쟁사 대비 약점에 대해 이야기를 할 때에는 실무자 관점에서도 한 번 더 고민을 해보고 대답하는 것이 좋다.

답변 예시	사용키워드
나이키의 경쟁사는 닌텐도라고 생각합니다. 게임을 함으로써 고객들이 운동을 소홀히 할 수 있기 때문입니다. 이처럼 경쟁사를 바라보는 카테고리를 동종 업계에서만 바라볼 것이 아니라 우리 기업 제품의 구매를 막을 수 있는 소비자의 구매 상황을 떠올려봄으로써 더욱 공격적인 마케팅 전략을 고민해야 할 것입니다.	

나의 답변

11. 우리 회사 제품 중에 가장 관심 있는 것이 있다면? 그 이유는?

제품에 대한 관심도, 특히 신제품 혹은 주력 제품에 관해 말하고, 구체적인 근거 혹은 본인의 스토리에 관해서도 이야기하면 좋다.

답변 예시	사용키워드
A사에서 제일 관심 있는 것은 B제품입니다. B제품은 매주 주말 독서실 아르바이트가 끝나고 허기진 배를 채워주던 음식입니다. 하지만 이번 주 주말에는 B제품을 보지 못하여 정말 아쉬웠고, 마트 사원에게 언제쯤 물건이 들어오는지 물어보기도 했습니다.	

나의 답변

12. 우리 회사 인재상 중에 부합하는 사례가 있는가?

회사의 인재상을 이해하고 있는지와 부합하는 사례를 검증하는 질문이다. 인재상의 어떤 측면에 부합하는지, 사례를 중심으로 구체적으로 이야기하는 것이 핵심이다.

답변 예시	사용키워드
도전적인 인재상과 일치한다고 생각합니다. 융합기초프로젝트 공모전에 출전해 고속도로 2차 교통사고 방지를 위한 원터치 알림판 제작으로 최우수상을 수상한 적이 있습니다. 당시 문과생이었지만, 데이터 분석을 기반으로 사회에 기여할 특별한 프로젝트에 도전해보고 싶었습니다. 이에 타 대학의 교통공학과 교수님을 직접 찾아뵙고 아이디어의 실현성을 점검받기도 했습니다. 이러한 노력으로 2개월간의 프로젝트에서 성공적인 시제품을 제작할 수 있었고, 최우수상을 수상하며 심사위원분들로부터 특허 출원 제의까지 받았습니다.	

나의 답변

13. 왜 이 업계를 선택했는가?

업계에 대한 이해도와 본인의 직업관 및 노력을 평가하기 위한 항목이다. 본인의 직업관 측면에서 업계를 선택한 이유를 설명하거나, 유사 업계 경험을 통해 느꼈던 점, 혹은 본인의 강점, 적성 파트를 언급하면 좋다. 가장 좋은 것은 스토리텔링을 통해 자연스럽게 공감을 얻을 수 있도록 이야기하는 것이다.

답변 예시	사용키워드
바로, 제가 꿈꾸던 목표를 이룰 수 있다는 확신 때문입니다. 컨설팅 회사 인턴 근무 시 시각장애인 안마 애플리케이션 제작에 참여하며 IT기술로 좀 더 나은 세상을 만들 수 있다는 것을 경험했습니다. 시각장애인 안마사만이 합법적으로 안마를 할 수 있음에도 불구하고, 불법 마사지 업소가 성행해 시각장애인의 생존권을 위협하고 있는 상황이었습니다. 이 상황을 개선하고자 애플리케이션을 통해 시각장애인 안마사의 고객층을 넓히고 이용자의 편의를 도모했습니다. 이 경험을 계기로 IT업계에서 일하고 싶다는 생각을 하게 되었습니다.	

나의 답변

14. 우리 회사에 대해서 아는 대로 말해보시오.

회사에 대한 이해도를 측정하기 위한 질문이다. 회사에 대해 정말 아는 대로 다 이야기하는 것보다는 구조적으로 내용을 정리하고, 회사에 대한 팩트와 본인의 생각을 섞어서 대답한다.

답변 예시	사용키워드
두 가지 관점에서 설명하고 싶습니다. 먼저, A기업은 혁신하는 기업입니다. B기술력을 갖추었음에도, 지속적인 혁신을 위해 최근 B분야에 투자를 진행하고 기술을 완성하여, 고객사들에게 러브콜을 받았습니다. 둘째, A기업은 윤리적인 기업입니다. C사태 때, 자발적으로 리콜을 진행해서 고객사들의 신뢰를 얻었습니다. 기술적으로 혁신하고, 윤리적으로는 더 정직하기 위해 노력하고 있는 기업이기 때문에, 꼭 함께 하고 싶은 기업입니다.	

나의 답변

15. 어느 회사에 지원했었는가? 왜 탈락했다고 생각하는가?

솔직하게 이야기를 하되, 약간 숫자를 부풀리거나 줄이는 것도 괜찮다.

답변 예시	사용키워드
총 10곳에 지원했습니다. 제 장점인 분석력과 추진력을 발휘할 수 있는 영업마케팅 업무를 수행하고 싶어 A사의 B2B 영업 직무에도 지원했습니다. 그렇지만 테마파크에 대한 저의 관심을 잘 살리면서도 영업 측면에서의 경쟁력을 잘 살릴 수 있는 이곳에서 가장 근무하고 싶습니다.	

나의 답변

16. 이 업계를 알기 위해 어떤 노력을 했는가?

업계에 대한 이해도와 열정을 측정하기 위한 질문이다. 실무진은 해당 업계에 대한 지원자의 관심도를 중요하게 생각한다. 때문에 현직자를 만나는 등의 열정적인 노력이 보일 수 있도록 어필해야 한다.

답변 예시	사용키워드
이 업계를 알기 위해 먼저 동종업계에 있는 현직자들을 찾아가 인터뷰를 했습니다. 인터뷰를 통해 현재 업계 현황은 물론 A하다는 특성을 알게 되었습니다. 특히 B직무에서는 A가 꼭 필요하기 때문에, 이를 만족시키기 위해서 노력해야 한다는 것을 느꼈습니다.	

나의 답변

17. 본인의 취미가 있다면(평소에 즐겨 하는 것, 최근의 관심사)?

취미는 차별적이고, 공감이 가며, 구체적이면 좋다. 음악 듣기라면 어떤 장르의 음악을 선호하는지, 운동이라면 어떤 운동을 얼마만큼 하는지, 구체적으로 대답한다. 만약 취미가 정말 평범하다면, 이 취미에 본인의 스토리를 더해서 이야기하는 것도 좋다.

답변 예시

저의 취미는 수영입니다. 어렸을 때 부터 해왔던 운동이기 때문에, 일주일에 2회씩, 아침 9시에서 10시까지 하고 있습니다. 최근에는 배영을 다시 연습했는데, 온몸의 긴장을 풀 수 있어 심신 단련에 큰 도움이 되었습니다.

사용키워드

나의 답변

18. 본인의 특기는(내가 이것만큼은 진짜 잘한다, 내가 이건 지구상에서 1%다, 이것만큼은 1시간 동안 강의 할 수 있다)?

특정 분야에서의 특기를 이야기하는 것이다. 축구, 노래, 글쓰기, PPT 작성 등, 특기를 보여줄 수 있는 분야는 다양하다. 이를 구체적으로 대답한다.

답변 예시	사용키워드
저의 특기는 PPT 작성입니다. 대학교 1학년 때 A동아리에서 선배들을 돕고자 시작했던 것이 이제는 장점이 되었습니다. 또한 서술되어 있는 텍스트를 빠르게 구조화 해서 파악하는 능력도 기를 수 있었습니다.	

나의 답변

19. 언제 스트레스를 많이 받는 편인가? 어떻게 해소하는가?

　지원자의 성향을 알아내기 위한 질문이다. 직무상에서 빈번하게 노출될 수 있는 스트레스 상황은 피해서 이야기하는 것이 좋다. 예를 들어 영업직무 지원자인데, 사람들과의 관계에서 스트레스를 많이 받는다고 하면 당연히 부정적인 결과를 초래한다. 해소 방법 역시 솔직한 면이 드러나야 하고 구체적이어야 하지만, 그렇다고 너무 파괴적인 해소 방법은 좋지 않다.

답변 예시	사용키워드
쓸데없이 시간을 낭비했다는 생각이 들 때 스트레스를 받습니다. 시간 효율을 무척 중요하게 여기는 편이라 계획적으로 임하는 편인데, 간혹 계획처럼 일이 되지 않아 많은 시간이 소요될 때가 있습니다. 하지만 이렇게 소요되는 시간 속에서도 배울점이 있다며 자신을 독려하고 있습니다. 또한, 보다 최적화된 계획을 세우기 위해 노력 중입니다.	

나의 답변

20. 창의적으로 했던 경험은?, 이전과 다른 방법으로 문제를 해결한 사례는?

거창한 경험을 말하는 것이 아니다. 소소한 경험을 이야기해도 좋다. 예를 들면 아르바이트로 향수를 판매했는데, 종이로 꽃모양을 접어 향수를 뿌려서 판매를 시도했다는 등의 판매 전략을 이야기해도 좋고, 다른 관점으로 문제점 개선을 시도했던 사례도 좋다.

답변 예시	사용키워드
길고양이의 수술비를 마련하기 위한 모금 활동을 주도한 적이 있습니다. 캠퍼스에서 다리를 절뚝이며 고통스러워하는 고양이를 발견했고, 즉시 동물병원으로 데려갔습니다. 다리 골절로 수술을 받아야 한다는 진단을 받아, 함께 모인 학우들과 수술비 마련을 위한 대책회의에 들어갔습니다. 고양이의 위급한 사연을 알려 빠른 시일 내에 모금을 하자는 의견이 나왔지만, 저는 무작정 기부를 요청하기보다는 더 가치 있는 명분을 제시하고 싶었습니다. 그리하여 다친 길고양이를 형상화한 마스코트 배지를 제작해 사연과 함께 소개하고 판매한 후 이를 수술비로 활용하자는 아이디어를 냈습니다. 굿즈를 활용한다면 모금을 받는 우리와 기부를 하는 사람 모두에게 서로 win-win 할 수 있는 가치를 얻을 수 있을 것이라 생각했기 때문입니다. 모금 활동은 학내 큰 이슈가 되었고, 일주일 만에 130여만 원을 모으며 성공적으로 수술비를 마련할 수 있었습니다.	

나의 답변

21. 제일 도전적으로 했던 경험은?, 못할 것 같았지만 한 번쯤 도전했던 일이 있다면?

거창한 도전을 이야기하는 것이 절대 아니다. 현재 본인 역량 수준보다 높은 목표를 세워 임했던 경험, 아니면 익숙하지 않지만 부딪혔던 경험 등 어떤 경험이든 좋다. 예를 들어 내가 비전공자이지만 다른 과의 전공 수업을 들었다든지, 학부 수준으로 해결할 수 없는 문제였지만, 논문을 찾아가며 공부를 했다라는 것 역시 도전적인 경험이다. 왜 도전을 하려고 했는지, 어떤 점이 도전적이었는지를 꼭 설명하고 그 과정에서 부딪혔던 한계, 그리고 극복 과정에 대해서 설명한다.

답변 예시	사용키워드
비전공자임에도 불구하고 A과목을 이수하여 B프로젝트에 도전한 적이 있습니다. 제 전공의 전문성 깊이를 쌓는 것도 중요하지만, 새로운 분야에 대해서도 학습할 수 있어야 한다고 생각했습니다. 공부를 시작했을 때에는 그 분야를 전공한 학생들에 비해 한참 뒤쳐졌지만, 늦은 만큼 더 열심히 하여 따라잡자는 생각으로 임하였습니다. 아침 시간을 활용하여 20분씩 공부를 더 하고, 팀프로젝트 때에는 발표를 자처하여 결과적으로 원하던 성적을 얻을 수 있었습니다.	

나의 답변

22. 제일 크게 성공한 경험이 있다면(이건 내가 정말 잘했다, 뿌듯하다고 느낀 경험)?

역시 거창한 성공을 원하는 것이 아니다. 소소한 성공 경험 역시 괜찮다. 정말 어려웠던 자격증을 취득한 경험, 학교 축제에서 판매가 불가능할 것이라 생각했던 음식을 판매하여 매출을 높인 일 등 모두 성공 경험이다. 어떤 점이 왜 성공적이라고 생각하는지에 대해서 구체적으로 설명해야 한다.

답변 예시	사용키워드
부모님께서 직접 농사지으신 강원도 찰옥수수를 완판시킨 경험이 있습니다. 당시 부모님께서 소일거리로 재배하신 옥수수가 기대 이상으로 실하게 자랐고, 이웃에게 나눔 드리고도 옥수수가 많이 남았습니다. 부모님께서 정성스럽게 키우신 터라 옥수수의 맛과 품질에 자신이 있었기 때문에, 제가 직접 팔아보겠다고 말씀드렸습니다. 제 이름 '옥엽'의 '구슬 옥' 자를 활용해 구슬처럼 반짝반짝 빛나는 옥수수 알을 컨셉으로 잡아 '옥엽이네 옥수수'를 홍보했고, 고객이 신뢰할 수 있도록 옥수수 재배환경과 수확 모습, 그리고 찰진 옥수수의 사진을 찍어 홍보물을 제작했습니다. 초기에는 지인 위주로 주문이 들어왔지만, 점점 입소문이 퍼져 이주 안에 찰옥수수 수확 물량 모두를 완판시키고, 150만 원을 벌어들였습니다.	

나의 답변

23. 제일 크게 실패한 경험이 있다면(이건 내가 정말 못했다, 후회한다는 경험은)?

아주 큰 인생의 실패가 아니라 소소한 실패도 좋다. 예를 들어 학점 취득 실패, 자격증 취득 실패, 프로젝트 미완성 등 실패 경험은 다양할 것이다. 실패 사례를 구체적으로 이야기하되, 왜 실패했는지에 대한 객관적인 사실과 자기 성찰에 대한 내용도 함께 드러내야 한다.

답변 예시	사용키워드
A과목에서 원하던 성적을 얻지 못한 것이 실패 경험입니다. A과목을 수강했을 때, 다양한 검색 알고리즘 전략과 직관적이지 않은 용어 탓에 수업 내용을 이해하는 것이 쉽지가 않았습니다. 교수님의 말씀을 녹음해 반복해서 들어보기도 하고, 여러 다른 참고 서적들을 찾아보았지만, 역부족이었습니다. 이 과정에서 포기하고 싶은 마음도 들었지만, 오히려 정면으로 돌파했습니다. 저처럼 어려움을 겪고 있는 학우 2명을 모아 스터디를 조직했고, 선배님께 튜터링을 부탁드렸습니다. 일주일에 한 번, 2시간씩 꾸준히 튜터링을 받으며 이해가 가지 않는 부분들을 공부했습니다. 하지만 완벽한 이해를 하지 못해 시험에서 좋지 못한 결과를 받았습니다. 그러나 이 실패를 통해 오히려 A분야에 관심을 갖는 계기가 되었고, 이론에 대한 완벽한 숙지보다 실무에서 이를 어떻게 적용할 것인지에 대한 고민을 하게 되었습니다.	

나의 답변

24. 살면서 가장 힘들었던 일이 있다면?

정말 개인적으로 힘든 일을 물어보았다면, 정말 개인적으로 힘들었던 인생사에 관해 대답하면 된다. 그것이 아니라면, 통상적으로 겪을 수 있는 업무상의 어려움을 이야기한다. 힘들었던 상황에 대해서 본인이 어떻게 긍정적으로 생각했고, 극복하고자 했는지에 대해서 설명한다.

답변 예시

교육봉사 단체에서 한 특성화고등학교 1학년 학생 80명을 위한 원데이 진로캠프를 진행한 적이 있습니다. 당시 가장 최전선에서 학생들과 소통하고 싶은 마음에 사회자 역할을 자처했습니다. 미리 기획한 프로그램에 따라 스크립트를 준비했고, 이대로만 진행하면 큰 문제가 없을 것 같았습니다. 그러나 진로캠프 이 주 전에 실시한 리허설에서 긴장한 나머지 자꾸만 멘트를 잊어버렸고, 프로그램 순서마저 잘못 진행하는 실수를 했습니다. 그리하여 동료들의 도움을 받아 돌발 상황에 어떻게 대처할 것인지 시뮬레이션을 하고, 말할 내용을 녹음해 하루에 50번도 더 넘게 반복해서 들으며 귀와 입에 익도록 했습니다. 온종일 들어 귀가 먹먹해질 정도였지만 내용이 입에 익고, 말투가 자연스러워지면서 뿌듯함을 느꼈습니다. 결국, 이러한 노력으로 실제 캠프 진행 시 학생들의 큰 호응을 받으며 매끄럽게 캠프를 진행했습니다. 이를 통해 많은 사람들 앞에서도 떨지 않고 대중과 소통할 수 있는 노하우를 얻었습니다.

사용키워드

나의 답변

25. 인생의 좌우명, 신념, 가치관, 명언이 있다면?

인재상 혹은 직무에 맞는 가치관을 드러내면 좋다. 자신만의 인생 슬로건을 재밌게 표현하는 것도 일종의 방법이다. '시간은 금이다.'와 같은 통상적인 표현 말고, 자신만의 표현을 어필해야 한다.

답변 예시	사용키워드
"'땀 부자'가 '땅 부자'가 된다."입니다. 땅이 부를 쌓는 데 제일 좋다는 말처럼, 면접관님들도 역시 부동산 재테크에 관심이 많으실 것이라고 생각합니다. 저 역시 재테크에 관심이 많기는 하지만, 저의 생활을 관통하는 이 신조의 의미는 그만큼 제가 얻는 결과에 대해서 정직하게 임하자는 의미입니다. 농부가 결실을 얻기 위해 노력하는 것처럼 땀을 열심히 흘리고, 그에 상응하고 합당한 결과를 정직하게 얻기 위해 노력 중입니다.	

나의 답변

26. 특정 목표를 세워서 이룬 경험은? 끈기를 갖고 한 경험은?

목표는 최대한 구체적이어야 한다. 그리고 그 목표를 왜 세웠는지에 관해서 꼭 이야기해야 한다. 운동, 다이어트, 학습(토익, 토스)적인 측면에서의 목표는 좋지 않다. 업무 역량적인 측면에서의 구체적인 목표(예를 들면, 신규 제품 판매 매출 00% 달성)를 세우고 이에 다다르기 위해 어떤 식으로 노력을 했는지, 구체적으로 이야기해야 한다. 본인의 목표 관리 방법에 대해서 설명하고, 그 다음 목표 달성 수준을 함께 답변한다.

답변 예시

신제품 프로모션 행사에 참여했을 때, 2일 안에 제가 취급하는 품목의 80%를 판매 시키자는 목표를 세웠던 적이 있습니다. 당시 제가 있던 마트는 유동인구가 적었기 때문에, 제가 세웠던 목표가 다소 높아 보이기는 했습니다. 그러나 한 번 온 고객에게는 무조건 한 번의 제품을 추천한다는 'one come one buy' 전략을 세워 임했습니다. 고객 연령별로 다가서는 멘트를 3번씩 바꾸어가며 임한 결과, 방문하신 고객님의 50% 이상에게 제품을 권유하여, 결과적으로 제가 원하던 80% 판매율을 달성할 수 있었습니다.

사용키워드

나의 답변

27. 본인의 이미지에 대해 형용사로 표현해보시오. 그리고 그 이유에 대해 설명하시오.

마케팅, MD, 영업 직무에서 주로 나올 수 있는 질문이다. 너무 통상적인 형용사, 이미지, 키워드보다는 본인 외부 이미지와 업무적으로 필요한 자질적인 측면을 고려하여 직관적인 이미지로 표현한다. 특정 캐릭터를 이야기하는 것도 좋다.

답변 예시	사용키워드
저는 저를 프로펠러라고 소개하고 싶습니다. 한 번 일을 추진하면 빠르고 높게 추진하고, 다른 이들에게 긍정적인 영향을 주기 위해 노력하기 때문입니다.	

나의 답변

28. 존경하는 인물이나 롤모델이 있는가? 이유는?, 같이 일하고 싶은 상사의 모습은? 이유는?

본인의 직업관을 간접적으로 물어보는 질문이다. '본인은 향후 어떠한 사람이 되고 싶은가?'라는 질문인데, 자신의 부모님, 친척, 유재석, 박지성, 김연아, 이국종 등 너무 유명하거나 뻔한 인물은 제외하고 떠올리는 것이 좋다. 소설 속의 인물도 괜찮다. 존경하는 이유를 구체적으로 이야기하고, 그에 부합하는 본인의 사례, 가치관도 함께 이야기해도 좋다.

답변 예시	사용키워드
세종대왕을 존경합니다. 그 이유는, 신하들의 이야기를 가장 잘 들어주었던 왕으로서 경청의 리더십으로 국정을 운영했기 때문입니다.	

나의 답변

29. 본인의 성격상의 장점 및 단점을 2가지씩 이야기해보시오.

성격상의 장단점은 업무상, 관계상에서의 측면을 바탕으로 생각해야 한다. 그러나 '너무 꼼꼼하다. 그래서 일처리가 가끔 느리다.', '여러 일을 동시에 한다', '욕심이 많다.', '거절을 잘 못한다.'는 답변은 피해야 한다. 너무 많은 사람들이 이야기하기 때문이다.

답변 예시

'철저한 시간관리 능력'입니다. '시간이 곧 금'이라는 부모님의 가르침 아래 저는 세상에 하나뿐인 5분 빨리 흘러가는 시계를 갖고 있습니다. 무려 10년 동안이나 저와 함께해 온 이 5분 빠른 시계 덕분에 약속 시간이나 강의 시간에 한 번도 지각한 적이 없었습니다. 이를 통해 늘 주변 사람들에게 성실하고 믿을만한 사람으로 인정받았습니다. 업무를 수행하는 데 있어 타임라인에 따라 업무를 차질 없이 진행하고 이를 통해 고객에게 신뢰감을 주는 것이 매우 중요하다고 생각합니다.

사용키워드

나의 답변

30. 취업 준비 말고, 꾸준하게 해왔던 경험은? 노력은?(오랫동안 자기 계발한 것, 학업 이외의 꾸준하게 해온 것)

취업 준비에 관계된 노력 말고, 다른 노력을 이야기한다. 대신 자기 계발에 관계된 부분들이야 한다. 예를 들어, 직무와 무관한 일본어를 계속 공부해왔다든지, 그냥 IT에 관심이 많아 IT기술 동향에 대해서 꾸준히 공부했다든지, 새로운 분야에 대한 본인의 관심과 중장기적인 노력을 설명한다.

답변 예시	사용키워드
한국사에 꾸준한 관심을 가지고 공부를 해왔습니다. 대학교 1학년 때, 외국인 친구들에게 우리나라 독도 문제에 관해서 이야기를 해주었는데, 자세히 설명하지 못하는 제 자신이 부끄러웠습니다. 이에 독도에 대한 역사를 시작으로 하여 우리나라 역사에 관심을 갖고, 관련 서적부터 한국사 자격증까지 취득했습니다.	

나의 답변

31. 인생의 목표가 있다면?

여기서 말한 것은 인생의 목표이다. 꼭 업무적으로 이루어야 되는 목표가 아니다. 인생에서 이루고 싶은 상위 목표를 이야기하고, '그 목표를 위해 이 회사에서 어떠한 목표를 어떻게 이루어나가겠다.'라는 식으로 이야기한다.

답변 예시	사용키워드
제 인생의 목표가 있다면, 50명의 인생에 긍정적인 영향을 주거나 그 사람들의 삶에 터닝 포인트를 제공할 수 있는 사람이 되는 것입니다. A기업 영업부에서 업무를 시작한다면, 고객사들에게 긍정적인 영향을 주는 것으로 하여 이 목표에 다가설 수 있을 것입니다. 더욱이 이러한 목표를 이루기 위해 저는 야학 봉사 활동을 포함한 소소한 봉사 활동들을 진행해 왔습니다.	

나의 답변

32. 보통 조직에서 어떤 역할을 하는가? 그 이유는?

조직에서의 개인 성향을 확인하기 위한 질문이다. 꼭 주도적인 역할을 한다고 이야기할 필요는 없다. 팔로워십에 대해서 이야기를 하는 것도 좋다. 먼저 '어떤 역할을 주로 수행합니다.'라고 이야기하고, 본인의 성격적인 측면, 조직관에 대해서 말한다.

답변 예시	사용키워드
보통 조직에서 의견을 잘 들어주고, 이를 받아적거나 재정리 해주는 역할을 많이 했습니다. 사람들의 의견이나 말을 듣다 보면, 그 사람의 스타일을 파악하게 됩니다. 이러한 역할을 주로 하다보니, 오해가 생겼을 때에도 각 친구들의 입장들을 정리하여 조율하는 역할을 많이 맡을 수 있었습니다.	

나의 답변

33. 팀워크에서 힘들었던 사례는 무엇이고, 어떻게 극복했는가?

갈등 사례를 묻는 질문이다. 이때 주의할 점이 있다면, 상대를 너무 나쁘게 폄하할 필요는 없다. '상대에 대한 오해일 뿐이었다.', '성향의 차이일 뿐이었다.'라고 설명하고, 본인이 이를 이해하고 중재하기 위해 어떤 노력을 했는지에 관해 이야기해야 한다.

답변 예시

팀프로젝트를 진행했을 때 가장 힘들었습니다.
당시 A라는 목표를 세웠지만, 저희들이 가진 지식으로는 한계가 있었기 때문입니다. 이를 극복하기 위해 SCI 논문 관련 자료를 수집하고 이를 재정리하였습니다. 나아가 관련 분야의 교수님께 두 번이나 찾아가 자문을 구하며, 어려움을 극복할 수 있었습니다. 또한 무조건 높은 목표가 아니라 그 목표를 이루기 위한 현실적인 전략이 뒷받침되어야 한다는 것을 느꼈습니다.

사용키워드

나의 답변

34. 주위에서 본인을 어떻게 평가하는 편인가?

　보통 장점만 이야기하는 경우가 많은데, 장단점을 함께 이야기해야 한다. 보통 친한 친구들은 장점과 단점을 함께 이야기해주기 마련이다. 여기서 주위 사람들이라는 범주를 친한 친구들과 업무상의 동료로 나누어, '친한 친구들은 A한 단점에 관해 이야기하는 편인데, 같이 일한 동료들은 B한 장점으로 봐주곤 했다.'는 식으로 이야기를 하고, 그 평가에 대한 본인의 생각을 이야기한 다음, 장점은 어떻게 강화하고 단점은 어떻게 보완했는지까지 말하고 대답을 마무리한다.

답변 예시	사용키워드
정말 친하게 지내는 친구들은 다소 엉뚱하다고 지적하지만, 같이 근무했던 동료들은 그 단점을 오히려 창의적이라는 장점으로 평가해주는 것 같습니다. 도전적이게 남다른 관점으로 문제 제기를 해보는 편인데, 이를 장점으로 봐주었던 것 같습니다. 하지만 다소 논리적인 면이 부족하다는 지적도 받고 있기에 논술 공부를 꾸준히 이어나가고 있습니다.	

나의 답변

35. 5년 후, 10년 후, 본인의 모습은?

5년, 10년 후에는 직책에 따른 과업 범위가 달라질 수밖에 없다. 5년 차는 보통 한 분야에서 더 전문성을 확보하는 단계이고, 10년 차는 특정 프로젝트의 큰 단위를 맡게 되는 경우가 있다. 따라서 5년 뒤에는 어떤 전문성, 10년 뒤에는 어떤 프로젝트, 신규 시장 진출 등에 관해서 생각하고 대답한다. 회사 발전에 기여할 수 있는 방향성을 가지고 이야기해야 한다.

답변 예시	사용키워드
입사 후 5년 이내에는 현장 프로모션을 장기적으로 유지하고, 매대구색을 효율적으로 하는 영업 전략 수립에 힘쓰겠습니다. 이를 통해 비용 절감을 할 수 있고, 농심이 목표로 하는 시장 지배력 강화를 이룰 수 있다고 생각합니다. 이를 위해 데이터 분석 준전문가 자격증을 취득하며 수요예측능력을 높여 품절 비용을 최소화하고, 거래처에는 손편지를 전하며 끈끈한 신뢰관계를 구축하겠습니다.	
입사 후 10년 이내엔 특수영업을 맡아 Key account라 불리는 핵심 고객을 발굴하고 관리해보고 싶습니다. 핵심 거래처를 뚫는다는 것이 힘들 수도 있지만 그만큼 전문성을 쌓을 수 있고, A의 안정적인 매출 확보에 기여할 수 있을 것이라 생각합니다. 이를 위해 매주 고객과 심층인터뷰를 실시하고, 업무노트를 작성하며 영업 전략을 세우겠습니다.	

나의 답변

36. 원하는 직무의 부서에 배치 받지 못하면 어떻게 할 것인가?

종종 나오는 면접 질문인데, 의외로 정답은 없다. 다른 직무도 괜찮다고 이야기를 하면 '직무에 대한 로열티가 너무 없는 것 아닌가?'라는 꼬리 질문을 받을 수도 있다. 회사 업무 자체에 대한 이해도와 조직 생활에 대한 이해를 측정하는 것이기 때문에, 타 직무에 배치 받는 경우에는 왜 괜찮은지에 관해서 논리적으로 설명하거나 혹은 이 직무를 꼭 배치받아야 하는 이유에 대해서 대답하면 된다. 만약 타 직무도 괜찮다는 식으로 대답하는 경우에는 업무의 연계성을 이유로 드는 것도 좋은 방법이다.

답변 예시 / 사용키워드

사실 제가 관심을 가져왔고, 배치되었으면 하는 직무는 영업 마케팅 직무입니다. 제가 잘 할 수 있는 분야라고 생각해 영업 마케팅 직무를 지원했지만 다른 직무로 배치될 경우, 상사 분들이 해당 직무 능력을 좋게 평가해 주신 것이라 생각하겠습니다. 모든 부서의 업무가 개별적으로 떨어져 있다고 볼 수 없기 때문에 다양한 직무를 경험한다면 제 능력과 전문성을 키우는 데 있어 큰 도움이 될 것이라 생각합니다. 만약 타 직무에서 저를 필요로 하고 제 업무 역량이 충분하다고 생각하신다면, 흔쾌히 임해 맡은 분야에서 최선을 다할 것입니다. 그리고 후에 기회가 된다면 꼭 희망하는 부서에서도 일을 해보고 싶습니다.

나의 답변

37. 회사 생활에서 필요한 덕목이 있다면?

사회생활에는 다양한 덕목이 필요하다. 여기서 말하는 관점은 공동체 생활 중에 필요한 덕목을 이야기하므로 배려, 이해, 공감, 협업, 주인의식 등의 덕목을 이야기하고, 그 덕목이 중요하다고 생각하는 이유와 일치하는 사례를 설명한다.

답변 예시

배려라고 생각합니다. 하나의 큰 공동 목표가 있기는 하지만, 각 부서 간의 이해관계가 다르고, 같은 부서 내 사람들과의 성향 및 배경들도 모두 다릅니다. 업무에 있어서 당연히 충돌 혹은 갈등이 일어날 수 있기 때문에, 서로를 먼저 이해하려는 배려를 실천하며 하나의 목표로 달려가고 있다는 분위기를 조성해야 할 것입니다.

사용키워드

나의 답변

38. 자신과 잘 맞는 사람의 유형과 그 이유는?

자신의 성향을 간접적으로 알아볼 수 있는 질문이다. 반대 질문으로 자신과 맞지 않는 유형에 관해서 물어볼 수도 있다. 잘 맞는 유형의 경우, 본인과 비슷한 측면을 이야기해도 되고, 내가 부족한 부분을 그런 성향의 사람이 채워주었다는 식으로 대답할 수도 있다.

답변 예시	사용키워드
실행력이 좋은 사람과 잘 맞는 것 같습니다. 저는 계획을 전체적으로 세우고, 디테일하게 점검한 뒤에, 실행을 하는 편입니다. 이 때문에 A프로젝트 당시에도 모든 부분을 꼼꼼히 점검하느라 시간이 다소 지체되기도 했습니다. 하지만 당시 부팀장인 친구가 실행력 있는 친구였기 때문에, 이러한 부분을 보완할 수 있었습니다. 오히려 저와 반대되는 성향의 사람과 함께 함으로써 갈등보다는 서로의 부족함을 보완할 수 있었습니다.	

나의 답변

39. 상사가 나랑 성향이 너무 다르다면 어떻게 해결할 것인가?

당연히 본인이 상사에게 맞추려는 노력을 동반해서 대답해야 한다. 상사의 취미 혹은 성향, 업무를 전달하는 방식에 대한 깊이 있는 이해가 있어야 한다. 만약, 본인이 지적을 받는다면 어떤 부분이 부족한지에 관해 성찰하면서, 조직적인 분위기를 높이기 위해 노력하겠다는 측면으로 대답한다.

답변 예시

조직 생활이란 제가 조직에 맞추어 나가는 것을 의미합니다. 상사의 성향은 당연히 저와 다를 수 있습니다. 상사님이 현재 조직에서 더 핵심적인 역할과 분위기를 조성하시기 때문에, 제가 맞춰 나가야 한다고 생각합니다. 특히 사용하시는 언어, 업무 지시 스타일을 구체적으로 파악하여, 두세 번의 의사소통 없이 업무를 진행할 수 있도록 노력하겠습니다.

사용키워드

나의 답변

40. 본인 전공에서 무엇을 배웠고, 어떻게 적용이 가능한가?

전공과 일치하는 이공계의 경우 본인의 특정 지식을 언급할 수도 있고, 특정 기술적인 역량에 대해서 설명한다. 그 수준에 대해서 이야기를 하는 것도 좋다.

전공이 맞는 문과계열 같은 경우 본인이 주로 들었던 과목과 그 과목을 통해 배웠던 기술적인 역량과 지식을 이야기한다.

전공이 맞지 않는 경우, 직무상에서 필요로 하는 사고력, 혹은 태도에 관해서 이야기한다. 재미있는 문구를 사용해서 면접관들의 공감을 사는 전략도 좋다. 자기 계발과 관련된 도서를 읽으면서 좋은 문구를 적어두고 이를 면접에서 활용한다.

답변 예시	사용키워드
문헌정보학을 전공하며 얻게 된 강점은 리서치 속도는 2배 감소하고, 퀄리티는 2배로 늘었다는 점입니다. 실제로 A사에서 인턴으로 근무할 때 저는 이름이 가장 많이 불린 인턴이었습니다. 최적의 정보원에서 효율적으로 정보를 찾는 능력을 기른 덕분에 기사 작성에 필요한 데이터를 가장 먼저 정확하게 찾아드릴 수 있었습니다. 입사 후에도 리서치 역량을 발휘해 상사님께 필요한 정보를 전달해 드리고, 더 나은 영업 전략을 수립하는 데 기여하겠습니다.	

나의 답변

41. 자신이 지원한 직무에 대해서 아는 대로 말해 보시오.

직무에 대해서 정말 아는 대로 이야기를 하기보다는 본인의 철학도 함께 담아서 이야기한다. 직무에 관한 내용을 두 문장으로 정리하고 그 다음에 본인의 생각을 이야기한 다음, 어떤 역량이 필요할 것 같다로 대답을 마무리하는 것이 좋다.

답변 예시

IT운영 직무에 대해서 두 가지 관점으로 말씀드리고 싶습니다. 먼저, 고객사의 문제 해결사 역할을 수행합니다. 운영 직무는 고객사의 운영 시스템을 최적화하기 위한 유지, 보수 업무를 수행하는 것으로 알고 있습니다. 따라서 고객사의 시스템을 운영하면서 발생하는 트러블을 체크하고 이슈 사항을 모니터링해서 문제점을 개선해야 합니다.
둘째, 최적화된 시스템을 구현하기 위해 계속 노력해야 합니다. 상시적인 모니터링 뿐 아니라 지속적인 자기 계발로 전문성을 키워야 하기 때문에, 입사 후에도 각종 언어 및 코딩 관련 역량을 키워야 할 것입니다.

사용키워드

나의 답변

42. 본인이 직장 생활을 하면서 가장 잘한 점과 못한 점은 무엇인가?

본인의 성과에 대해 스스로 어떻게 생각하고, 적성, 성향을 알아보기 위한 질문이다. 어느 정도의 겸손함도 같이 갖추어 이야기해야 한다. 우선, 구체적인 정황과 성과에 대해서 이야기를 하고, 선배님과 동료의 도움 덕분에 더 잘할 수 있었다라고 대답한다. 못한 점에 관해서는 미처 신경 쓰지 못했던 변수 혹은 본인의 부족했던 점이나 적성, 성향을 이야기하면서 가볍게 스토리텔링으로 풀고, 어떻게 보완하기 위한 노력을 했는지 이야기한다.

답변 예시	사용키워드
제일 잘한 점은 A란 신규 카테고리의 고객사와 제휴를 맺은 것입니다. 당시 인턴에 불과했지만, 저에 대한 배려를 아끼지 않는 상사님들을 보며, 많은 것을 배우고, 더 기여해보고 싶었습니다. 그래서 당시 A카테고리에서는 제휴를 맺었던 고객사가 없었지만, A카테고리도 저희와 제휴를 맺을 수 있지 않을까라고 생각하여, 이를 제안서로 문서화해서 제출한 적이 있습니다. 제안서가 구체적이라는 평을 받으며, 제가 퇴사하기 0일 전까지 프로젝트를 수행하며, 도움을 드릴 수 있었습니다.	
못한 점은 B프로젝트를 잘하고 싶다는 욕심에 급하게 업무를 진행하다가 C를 미처 점검하지 못한 것입니다. 엄청 큰 문제로 번지지는 않았지만, 저희 회사에 대한 신뢰가 이어질 수 있기에, 큰 실수 중에 하나였습니다. 이후 이러한 실수를 최소화하기 위해 D하는 방식으로 변경하여 꼼꼼함을 더했습니다.	

나의 답변

43. 본인이 기업을 선택하는 기준은 무엇인가?

기업을 선택하는 본인의 직업관에 대해서 평가하는 질문이다. 또한 기업에 대한 간접적인 지원동기도 될 수 있기 때문에, 본인이 지원하는 기업에 맞는 경쟁력에 대한 설명도 함께 들어가면 좋다. 본인이 꿈꾸는 직업관을 먼저 언급한 후, 그 이유를 설명하고 기업과 본인에게 어떠한 이점이 있는지에 관해서 설명한다.

답변 예시	사용키워드
비지니스에 초점을 맞출 뿐 아니라, 문화에 더 포커스를 맞추는 기업과 함께 하고 싶습니다. 이익에만 포커스를 맞추면 단기적인 성장을 만들 수 있을지는 몰라도, 중장기적인 비전을 바라볼 수 없기 때문입니다. 그러나 문화에 포커스를 맞춘다면, 중장기적인 비전을 세우며, 해당 기업의 영향력을 넓힐 수 있을 것입니다. 저는 중장기적인 비전을 세우고, 시장의 변화 뿐 아니라 세상에 긍정적인 힘을 보탤 수 있는 일을 늘 하고 싶었습니다. 문화의 힘을 알고 업계의 문화를 선도하는 A기업이라면, 저의 목표를 이룰 수 있을 것입니다.	

나의 답변

44. 우리 기업에 입사하기 위해 한 노력을 말해보시오.

'우리 기업'에 입사하기 위한 노력이다. 이 회사를 알기 위한, 지원하기 위한 노력이어야 하기 때문에, 회사에 관계된 어떤 자료들을 보며 어떻게 공부했고, 내가 향후 어떻게 기여할지에 관해서 어떻게 정리해보았다는 식의 로열티를 보여준다.

답변 예시	사용키워드
D기업에 입사하기 위해 두 가지 노력을 했습니다. 먼저, 동종업계에 근무하는 현직자를 찾아뵙고, A업계 현황에 관해서 들으며, 제가 지원하는 직무에서 왜 B가 중요한지를 배웠습니다. 특히 A업계의 현재 트렌드가 C하다는 말씀을 듣고서, A업계에 대해서 더 자세히 알아야 한다고 생각했습니다. 그래서 A업계에 관한 박람회를 찾아다녔습니다. 업계 박람회에서 특히 D기업 부스에 찾아가 바이어처럼 상담을 받아 보았습니다. 이번에 D기업에서 새로 출시된 기술을 보며, 이 기술 경쟁력을 위해선 제가 어떤 부분을 어떻게 기여해야 할지 그려보는 계기가 되었습니다.	

나의 답변

45. 언제부터 이 직무를 하기로 마음먹었는가?

최대한 솔직하고 구체적으로 이야기를 해야 한다. 예를 들어 '대학교 3학년, A과목 프로젝트 또는 아르바이트를 하면서 어떤 매력을 느꼈다거나 혹은 어떠한 성과를 낸 이후에 나의 강점이나 적성이 이쪽에 있음을 느꼈다.'라는 식으로 이야기를 하고 그 다음에 짧게 노력한 사항을 이야기한다.

답변 예시	사용키워드
대학교 3학년 2학기였습니다. 판촉 아르바이트를 하면서 직접 소비자를 만나고 그분들과 대화를 나누면서 판매하는 과정이 즐거웠습니다. 그 과정에서 신제품이 잘 팔리지 않아, 고객의 반응에 따라 멘트를 다르게 해보고, 행사 매대 위치를 담당자님께 건의해 바꾸어보는 등의 시도를 해보았는데, 이 때 특별한 성취감을 느낄 수 있었습니다. 이러한 성취감과 함께 유통 관리사 자격증을 공부하면서 유통업계가 가진 매력을 간접적으로 느낄 수 있었고, 특별한 목표를 세워 성취하려는 저의 적성과도 일치한다고 생각했습니다.	

나의 답변

46. 희생 혹은 배려했던 경험은?

희생이나 배려를 했던 경험을 묻는 문항이다. 희생같은 경우 본인의 불이익을 감수하면서까지 한 경험이고, 배려는 그냥 소소한 경험도 좋다. 돕는 액션이 나오기 전에 왜 도와야 했는지에 대한 이유와 생각에도 배려심이 느껴질 수 있게, 나의 따뜻함을 보여줄 수 있는 이야기를 한다.

답변 예시

A사의 인턴으로 근무했을 때, B프로젝트에 참여한 적이 있습니다. 당시 현실적인 방안 관련 제반 자료를 모으고 요약하는 일을 맡았습니다. 지점 식구들은 바쁜 업무 때문에 이 프로젝트를 동시에 추진하기 버거워 보였습니다. 5시가 되어 평소처럼 부부장님은 이만 퇴근하라고 하셨지만 제가 할 수 있는 한 업무 분담과 좀 더 시간을 투입하여 자료를 찾는다면 큰 도움이 될 것 같았습니다. 그렇게 1주일간 하루도 빠짐없이 팀원들과 야근하며 자료 조사는 물론이고 집단대출신청서 정리 등 분업에 임했습니다.

그리고 웹상으론 자료의 한계를 느끼고 주무관님을 무작정 찾아가서 현장의 분위기를 느끼며 실제로 도움이 되는 자료를 얻기도 했습니다. 이러한 팀의 노력과 부부장님의 성공적인 브리핑 덕분에 의미 있는 성과를 거두었다는 이야기를 듣고 보람을 느꼈습니다.

사용키워드

나의 답변

47. 우리 회사에서 본인을 꼭 채용해야 하는 이유는 무엇인가?

본인의 직무 경쟁력이나 강점에 대해서는 이미 이야기했기 때문에, 앞서 이야기 한 것과는 다른 경쟁력, 정말 마지막으로 어필할 수 있는 한 방이 필요하다. 이미 전문성에 대해서 이야기를 했다면, 돌려 말하기를 사용하여 이 업계와 직무를 위해 한 길을 걸어왔던 진심을 이야기해도 좋다. 아니면, '현재 A기업이 B하고 있기 때문에, C한 인재가 필요하다고 생각한다. 나는 그 역량이 있다.'는 식의 논리적인 구조로 이야기를 해도 좋다.

답변 예시	사용키워드
박근태 사장님께서는 "먼저 친구가 된 후에 사업을 시작하라(先做朋友, 后做生意).", "중국에서는 사업을 하기 전에 친구부터 되라."는 말씀을 하셨습니다. 단순히 외국어 역량만 가지고 사업을 하기에는 한계가 있다고 생각합니다. 현지의 문화와 그들과 피부를 맞대며 지내온 생활동안 그들의 문화를 직접적으로 이해하여, 중국 시장을 사로잡기위한 역량을 길러왔습니다. 현재 CT는 전략적인 M&A를 통하여 중국 사업에 박차를 가하고 있고, 그와 더불어 중국시장에 빠져서는 안 되는 기업으로 자리잡고 있습니다. 그렇기에 중국 현지에서 창고관리를 하며 길러온 저의 역량을 활용한다면 더욱더 큰 시너지가 발생할 것이라고 생각합니다.	

나의 답변

48. 입사 후 꼭 기여하고 싶은 부분은 무엇인가?, 어떤 팀에서 어떤 업무를 어떻게 할 것인가?

무조건 미리 준비해야 하는 답변이다. 구체적이어야 하며, 그 이유는 무엇이고, 회사 발전 방향성에 어떻게 기여될 것인지가 명확하게 드러나야 한다. 그러나 직무상에서만 수행하는 과업 범위 안에서 이야기해야 한다. 특히 현재 기업이 더 신경 쓰고 있는 이슈가 있다면, 그 이슈와 연관지어 대답한다.

답변 예시	사용키워드
중국, 태국, 베트남 등 주요 아시아 국적의 인플루언서들을 브랜드에 초청해 팸투어를 기획해보고 싶습니다. 인플루언서마다 자체적으로 독특한 브랜드 체험 코스를 짜게 하고, 가장 많은 호응을 받은 인플루언서 시상식 등의 이벤트를 통해 브랜드 해외 홍보에 박차를 가하겠습니다. 소셜 인플루언서의 영향력이 점점 더 커지고 있는 만큼, 이들을 통해 브랜드만의 독특한 어트랙션과 체험거리를 홍보한다면 해외 관광객을 유치하는 데 큰 도움이 될 것이라고 생각합니다.	

나의 답변

49. 회사에 대해 궁금한 점은?

회사에 대한 본인의 관심도를 보여주어야 한다. 회사에 대한 연봉, 근무 조건, 내부 정보와 같은 과한 솔직함은 제외하고, 회사 사업 분야 혹은 조직 문화에 대해 궁금한 점을 질문한다.

답변 예시	사용키워드
A사가 진행하고 있는 B사업에 관해서 궁금합니다. 현재 B사업 같은 경우, 신선한 재미로 다가오고 있어서 무척 좋았습니다. 현재 진행하고 있는 신사업을 보면서, C한 아이디어도 생각해봤는데 사실 제 직무와 무관한 일이 아닐까 생각했습니다. 그래서 직무에 관계없이 각 사업에 대한 아이디어가 있다면, 그러한 아이디어도 적극 개진해볼 수 있을지 궁금합니다.	

나의 답변

50. 마지막 하고 싶은 말은 무엇인가?

마지막으로 본인을 뽑아야 하는 이유를 솔직담백하게 이야기한다. 제일 좋은 것은 스토리텔링이다. 예를 들어 면접을 준비하면서 본인이 이 회사에 대해 느꼈던 점, 이 회사 면접장에 들어와서 느꼈던 점, 마지막으로 한 번 더 어필하고 싶은 본인의 경쟁력, 회사의 제품, 혹은 현직자와 이야기하면서 느꼈던 점을 어필한다.

답변 예시	사용키워드
A사의 영업사원으로서의 영업 전략을 고심해보기 위해 유통업체 20곳을 돌아다녔습니다. 이를 통해 배운 점은 영업사원은 큰 목표와 작은 섬세함을 함께 지녀야 한다는 점이었습니다. 롯데마트 사당점에서의 한 달 매입 매출이 수천만 원에 달하는 것을 알고 놀라기도 했다가, 행사 제품 가격 300원 차이로 인해 B대신 C비빔면을 선택하자고 이야기하는 고객을 우연히 보고 행사 제품 홍보의 중요성을 서둘러 메모하기도 했었습니다. 분기별 목표에 머무르지 않고, 20% 상회한 목표를 바라보되, 고객이 겪게 될 구매 상황 시나리오와 경쟁사의 프로모션, 그리고 판매 사원의 멘트 한 마디까지 세심하게 고려하여, A사의 목표를 이루고 싶습니다.	

나의 답변

부록

3

새로운 적성진단도구 ICRU로
자가 진단하기

ICRU 진단하기

ICRU는 'I Can Read yoU'의 약자로 '나는 당신을 읽을 수 있어.'라는 의미이다. 많은 사람들이 알고 있는 DISC, MBTI, 에니어그램, BIG-5 등 많은 진단 도구에서 중점적으로 생각하는 외향성과 내향성에서 벗어나, 기질적 특징을 기반으로 개발된 커뮤니케이션 유형을 진단하는 통합형 진단 도구이다.

유형	창조가 Revolutioner	상담가 Emotioner	행동가 Actioner	분석가 Detector
호르몬	Dopamine	Estrogen	Testosterone	Serotonin
시간관념	미래 Future	과거 Past	현재 Present	과거, 현재, 미래 Whole
세계관	I	We	It	Its
학습 스타일	What if	Why	How	What
초점 방향	Idea	Feeling	Action	Facts
두뇌 성격	감성 좌뇌	감성 우뇌	이성 우뇌	이성 좌뇌

© ICRU Institute

그렇다면 커뮤니케이션 유형을 진단하는 이유는 무엇일까?

"

BCD

삶은 B와 D 사이의 C이다.

– 장 폴 사르트르 –

"

"삶은 B와 D 사이의 C다." 프랑스의 실존주의 철학자이자 사상가인 장 폴 사르트르의 명언이다. 그는 출생(Birth)과 죽음(Death) 사이의 선택(Choice)이야말로 인생이라고 정의하였다. 이처럼 우리의 삶에서 선택은 굉장히 중요한 것으로 인생을 살아가는 데 있어 꼭 필요한 단어이다. 그리고 선택을 잘하여 성공적인 삶으로 나아가기 위해서는 반드시 의사소통능력(Communication)을 보유하고 있어야 한다.

커뮤니케이션의 본질은 단어의 어원에서 확인할 수 있다. 커뮤니케이션(Communication)은 공통을 의미하는 Common 또는 공유(Share)라는 의미가 있는 라틴어 Communis에서 유래하여 누군가와 나눈다는 뜻으로 해석된다. 그래서 인간이 사회적인 존재로서 살아가기 위한 도구로 커뮤니케이션을 적극 활용한다. 이처럼 커뮤니케이션은 우리가 관계를 맺고 있는 사람이나 세상을 통해 메시지를 주고받고 해석하는 과정이다. 그러므로 커뮤니케이션을 잘하려면 상대방의 입장에서 상대방이 원하는 방식으로 자신이 먼저다가가 맞추는 것이 중요하다.

하지만 우리는 상대방이 무엇을 원하는지, 어떤 방식을 원하는지 정확하게 알기 어렵다는 문제를 가지고 있다. 뿐만 아니라 자신이 원하는 게 무엇이고, 원하는 방식이 무엇인지도 잘 알지 못하는 큰 문제가 있기 때문에 커뮤니케이션의 문제가 발생하는 것이다. 'DON'T JUDGE TOO QUICKLY(너무 빨리 판단하지 마십시오).'라고 적힌 광고를 통해 알 수 있듯이 우리는 보이는 모습만으로 상대방을 판단해버리는 경우가 많다. 즉, 상대방이 어떠한 행동을 하였을 때, 그 행동의 의도나 의미를 제대로 생각하지 않고, 행동이 곧 본인의 의도라고 그냥 생각해 버리는 것이다.

그래서 Communication을 잘하기 위해서는 ICRU Communication Model에 대한 이해가 필요하다.

〈The ICRU Communication Model〉

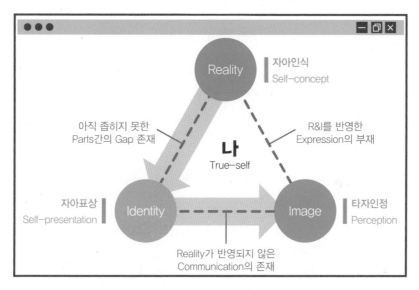

© ICRU Institute

위의 모델을 살펴보면, 우리가 대외적으로 보여지는 모습이나 상대방에게 인식되고 있는 것을 이미지(Image)라고 부른다. 일반적으로 사람들에게 인식되고 있는 이미지는 Identity라고 하는 자아표상과, Reality라고 하는 자아인식 간의 차이를 좁히지 못한 상태가 만들어진다. 즉, 본인의 Reality가 반영되지 않은 상태로 상대방에게 의견을 전달하면 커뮤니케이션의 오류가 발생하게 되고, 상대방은 나의 생각과 다른 의도로 받아들이게 되는 것이다.

쑥스러움을 많이 타는 A가 팀 활동을 하게 되었다. 다른 팀원이 A에게 인사를 먼저 건넸는데, 쑥스러워서 인사를 제대로 받지 못하고 그 자리를 바로 피해버렸다. 먼저 인사를 건넨 팀원은 A가 '나를 싫어해서 피하는구나.'라고

A의 의도와는 다르게 생각해버린다. 내가 쑥스러워서 인사를 받아주지 못했다는 것을 제대로 전달하지 않았기 때문에 이러한 커뮤니케이션 오류가 발생하는 것이다.

ICRU Communication 진단(간이 진단)

나의 진정성을 전달하는 데 효과적인 ICRU진단은 4가지의 커뮤니케이션 유형으로 나눠진다. 커뮤니케이션 유형을 진단하여 먼저 자신을 이해하고, 이를 바탕으로 타인의 유형을 프로파일링하여 타인에 대한 이해도를 넓히면 커뮤니케이션의 폭을 넓힐 수 있다.

ICRU진단 시 주의 사항

첫째. ICRU진단은 유형의 좋고 나쁨이 없으며, 근본적으로 자신을 이해하는 것이 진단의 목적입니다.

둘째. 자신에 대해 솔직해지세요. 평소에 주로 하는 행동을 표시해야 합니다.

셋째. 자발적으로 하세요. 정답이 있는 것처럼 생각하지 말고 자신의 일반적인 모습을 나타내는 항목에 체크하세요.

ICRU 진단하기

1. 아래의 각 문항 별로 제시된 단어를 보고 자신에게 가깝다고 생각하는 정도를 선택하여 우선순위를 매깁니다.
2. 각각 4, 3, 2, 1점으로 점수를 기입한 다음 아래에서 합계를 냅니다(반드시 각 문항별로 1~4점까지 다른 점수를 매겨야 합니다).

이상적인	1	감성적인	4	실용적인	2	객관적인	3

3. 본 진단지를 본인의 진단 외에 외부에서 무단 활용 및 배포는 법으로 금지되어 있습니다.

〈검사문항〉

1	이상적인		감성적인		실용적인		객관적인	
2	창의적인		격려하는		간단명료한		논리적인	
3	통찰력		사교성		결정력		일관성	
4	창의력		협력		결과		체계	
5	새로운 생각		넓은 인맥		성과 중심		책임감	
6	재치 있는		사람 좋은		추진력이 강한		꼼꼼한	
7	호기심 넘치는		이해심 많은		신속한		침착한	
8	독창적인		열정적인		합리적인		조심성 있는	
9	변화		조화		현실		사실	
10	즉흥적인		배려하는		카리스마 있는		꾸준한	
합계								

※ 세로 열의 최대 점수는 40점을 넘을 수 없습니다. 각 열의 합계를 더한 총점은 100점이 되어야 합니다.

※ 기입이 끝났으면 다음 최종 합계 기록에 점수를 표기하면 됩니다.

〈 최종 합계 기록 〉

유형	Revolutioner	Emotioner	Actioner	Detector
합계				

〈 ICRU 진단 점수 〉

Revolutioner	Emotioner	Actioner	Detector	Preference
40	40	40	40	**Strong** Preference
.	.	.	.	
.	.	38	.	
37	.	.	38	
.	37	35	.	
.	.	.	.	
35	.	.	36	
.	33	33	35	
.	32	.	32	
33	31	30	31	
32	30	.	30	
31	29	26	29	
30		25		
28	28	24	28	**Moderate** Preference
27	.	23	.	
26	.	22	.	
25	25	21	26	
24	.	20	.	
23	22	19	23	
22	21	18	22	
			21	

Revolutioner	Emotioner	Actioner	Detector	성향
21	19	17	20	
·	18		19	
·	17	16	18	
19	16		·	
·	·	15	·	
·	·		17	Low
17	13	14	·	Preference
·	·		·	
·	·	13	15	
15	·		14	
14	12	12	13	
13	·		12	
12	·	11	11	
11	·			
10	10	10	10	

〈 나의 ICRU 유형 〉

선호유형	
최소유형	

※ 간이 진단은 정식 진단과는 결과가 상이할 수 있습니다.

ICRU 유형별 성향

창조가(Revolutioner) 유형

창조가 유형은 창의력이 뛰어난 천재적인 성향을 가지고 있다. 이 유형은 모험과 도전을 즐기며, 새로운 자극을 끊임없이 추구한다. 호기심이 많고, 계속되는 질문을 통해 자신의 궁금증을 해결한다. 또한 이것저것 관심이 많기 때문에 활발하게 활동하며, 관심이 가거나 가지고 싶은 것은 반드시 가져야만 직성이 풀린다.

이 유형은 다양한 분야에 관심이 많아서 '아이디어 뱅크'라 불릴 만큼 톡톡 튀는 생각을 잘하며, 나이에 비해 다방면에 지식이 많아서 말을 재미있고 조리 있게 잘하는 능력이 탁월하다. 전문직에 종사할 경우 빛을 발휘하는 유형이다.

상담가(Emotioner) 유형

상담가 유형은 협동심이 강하고 다른 사람을 잘 돕는다. 이 유형은 자신의 물건을 혼자만 사용하지 않고 다른 사람들과 공유한다. 친구도 많고 여러 부류의 사람들과 두루 친하게 지낸다. 성품이 정직해서 자신이 손해를 볼 줄 알면서도 진실을 이야기한다.

이 유형은 가족이나 다른 친구들과 함께 지내면서 자극을 받기도 하고 에너지를 얻는다. 자신뿐만 아니라 다른 사람의 감정과 기분을 잘 파악하고 이해하는 데 타고난 재능을 가지고 있다.

행동가(Actioner) 유형

행동가 유형은 용기 있고 자신감이 넘친다. 이 유형은 행동(Action)을 통해 에너지를 얻는다. 자기 생각을 빠르게 행동으로 옮기고, 행동에 따른 결과를 얻으려고 한다. 이 유형은 자신이 할 수 있다고 믿는 모든 것을 하기를 원한다.

이론적인 것보다 실제적이고 실용적인 방법으로 문제를 해결하고 결과를 성취해낸다. 매사에 건설적이고 탐구하고자 하는 사람으로서 집중력이 높고 문제해결능력이 탁월하다.

분석가(Detector) 유형

분석가 유형은 성실하고 꼼꼼하며, 매사에 올바르게 생활하는 모범적이다. 이 유형의 사람은 사실과 논리, 이론 등을 바탕으로 세상을 이해하려고 한다. 업무도 철저히 하고 자신의 방도 깨끗이 정리한다. 학창시절에도 열심히 공부했다.

자신이 맡은 일은 무슨 일이 있어도 마무리하고, 무엇이든 최선을 다해서 해낸다. 이 유형의 사람은 논리 정연함과 뛰어난 분석력 그리고 정직하고 분명한 성격으로 사람들에게 깊은 신뢰를 끌어낸다.

안심Touch

〈ICRU 유형별 성향(Needs)〉

Revolutioner (Something New)	Emotioner (대인 관계)
• 새롭고 흥분되는 일 • 타인으로부터의 인정과 존경 • 자유로운 환경 • 다양한 활동	• 협력, 동의, 수용 • 타인에 대한 영향력 • 타인의 욕구와 감정 파악 • 인간에 대한 통찰력
Actioner (통제, 성취, 높은 지위)	**Detector (정확, 공정, 성취)**
• 시스템 규칙이나 패턴 • 지적 주제와 실용성 • 목표 설정 및 달성 • 유능함	• 규칙과 위계질서 • 합리성, 조화, 체계성 • 타인에게 믿음직한 존재 • 팩트 중심

〈ICRU 유형별 성향(General)〉

Revolutioner (Something New)	Emotioner (대인 관계)
• 모험과 도전, 자극, 호기심 • 아이디어 뱅크 • 직관력, 낙관적, 자율성 • 스토리텔러 • 불확실성과 혼돈은 불가피한 것	• 의리, 사교적, 인간적 • 정서적 교감 • 동정심, 연민 • 감정적 • 전체의 의견
Actioner (통제, 성취, 높은 지위)	**Detector (정확, 공정, 성취)**
• 주도적, 리더십, 성취욕 • 자기 확신과 신념이 강함 • 경쟁을 즐김 • 실현 가능성을 따짐 • 단호한 태도, 행동 중심	• 질서, 전통, 도덕을 중시 • 계획적, 규칙적 • 변화 대신 기존 체제 고수 • 체계적이고 논리적인 사고 패턴 • 현실적, 구체적, 분석적

〈ICRU 유형별 성향(강점)〉

Revolutioner (Something New)	Emotioner (대인 관계)
• 장기적이고 큰 관점 • 직관력, 통찰력, 예측력 • 독창적인 아이디어로 컨셉 설정 • 탁월한 설득력 • 발상의 전환	• 거울 뉴런의 발달-대인관계 • 뛰어난 공감 능력과 친화력 • 훌륭한 팀 플레이어 • 생각과 행동에 대한 유연성 • 협상력, 이해력, 수용력, 포용력
Actioner (통제, 성취, 높은 지위)	**Detector (정확, 공정, 성취)**
• 업무 집중력, 추진력, 독립적 • 실천력, 대담성, 문제 해결 능력 • 7전 8기의 인내력과 체력 • 시간관념 철저 • 다양한 업무를 한 번에 소화	• 훌륭한 관리자, 행정가 • 꼼꼼함, 완벽함, 체계적 • 규칙적, 철저함, 조심성, 자기절제 • 공공성, 윤리성, 원리원칙 • 근거 자료를 바탕으로 한 자기주장

〈ICRU 유형별 성향(약점)〉

Revolutioner (Something New)	Emotioner (대인 관계)
• 틀에 박힌 업무에 쉽게 싫증 • 타인의 감정에 무관심 • 자기 의견만 고집함 • 참을성 부족 • 결과 평가 · 분석을 간과	• 감정적 • 결정력 부족 • 타인의 기대에 맞춘 행동 • 의존 성향 • 갈등 회피
Actioner (통제, 성취, 높은 지위)	**Detector (정확, 공정, 성취)**
• 충동적, 성급함 • 완고함, 독단적 • 다른 의견에 대한 수용력 부족 • 정서적 교감보다 지적 교감 중시 • 지나치게 높은 기준과 목표	• 변화와 위험을 회피 • 맡은 업무에만 집중 • 타인의 미묘한 감정 변화에 둔감 • 지나치게 비판적인 태도 • 업무에 완급 조절이 어려움

안심Touch

ICRU 유형별 직무적합도

창조가(Revolutioner) 유형

창조가 유형은 새롭고 창의성을 발휘할 수 있는 업무에 적합하여, 재미난 작품 및 작업을 하는 일에 흥미를 느끼고 있다. 그리고 독립적으로 일하는 환경을 선호하기에 규정 통제, 억압이 강한 조직에서는 스트레스를 많이 받는 편이다.

직업은 여가나 개인적 관심사와 밀접하게 관련 있을 것을 선호한다. 또한, 상상력이 필요하거나 감성적이고 독창적인 직업군을 선택하는 경우가 많다.

추천 직업

예술가, 디자이너, 사진작가, 메이크업 아티스트, 패션 코디네이터, 경영전략, 상품기획, 광고, 홍보, 이벤트 기획, PD, 이벤트 사회자, 개그맨, 아나운서, 성우, 모델

상담가(Emotioner) 유형

상담가 유형은 사람들과 함께하는 직업에 적합하며, 사람들을 육성하고, 개발하는 업무를 선호하면서 사람들을 돕는 직무에 적합하다. 그래서 사람들을 도와주면서 본인이 즐거움이나 행복감을 느낀다. 반면, 논리적이거나 분석적인 업무를 하는 곳에서는 굉장한 스트레스를 받기 때문에 적합하지 않다.

추천 직업

상담교사, 교사, 언어치료사, 운동감독, 코치, 진로상담 또는 직업상담, 보육교사, 통역사, 인사(HRD), 교육, 고객서비스, 영업, MD, 샵 마스터, 리셉셔니스, 비서, 관리직, 작가, 간호사, 사회복지사, 심리학자, 승무원

 행동가(Actioner) 유형

행동가 유형은 리더가 되고 책임을 지며, 타인을 관리하는 능력이 탁월하기 때문에 업무 능력이 뛰어나고 집중력이 강하다. 기획, 성과 달성과 관련된 업무와 일을 체계화시키고 관리나 감독을 하는 업무에 적합하다. 반면에 협동심이 요구되는 직업이나 직무는 맞지 않다.

추천 직업

CMO, 캠페인 매니저, 주식 및 채권 중개인, 바이어, 기업가, 건축가, 투자전문가, 군 전략가, 사업가, 언론인, 종교지도자, 정치가, 파일럿, 프로운동선수, 소방관, 각종 기사, 시장조사 전문가, 기술사, 변리사, 엔지니어, 음악가

분석가(Detector) 유형

분석가 유형은 체계적으로 잘 구조화되어 있는 대규모 조직에서 구체적인 정보를 바탕으로 세밀함을 요구하는 업무와 회계나 투자 관리와 같은 업무에 적합하다. 반면에 창의성을 필요하거나 변화가 심한 업무를 수행하거나, 사람들과 정서적으로 교류를 해야 하는 업무에 어려움을 느낀다.

추천 직업

통계관리, 재고관리, 은행 TM, 문서관리, 회계, 상품관리, 물류관리, 변호사, 과학자, 공무원, 시스템 분석가, 회계사, 요리사, 기술자, 측량사, 정비사, 치과위생사, 약사, 안경사, 작사가. 방송작가, 편집자, 번역가, 연구원

② ICRU를 활용한 수시채용 준비 (인재상 및 채용공고 분석방법)

수시채용에서의 최종 합격을 위해서는 업종, 기업, 직무를 모두 고려하여 취업을 준비하는 것이 중요하다. 이를 ICRU진단 도구를 활용하여 나의 성향에 대한 이해와 함께 나에게 적절한 업종, 기업, 직무는 무엇인지를 판단해 볼 수 있다.

열심히 취업 준비를 하고 있는 지원자 A는 체육회에서 사업 보도자료 작성 업무와 「OO스포츠」 인터뷰 섭외 및 뉴스 원고 작성 업무를 수행한 경험을 가지고 있었다. 지원자가 업무를 수행하면서 가장 힘들었던 점은 상사와의 관계에서 발생하는 트러블과 체육회를 통해 만나는 사람 간의 관계에서 발생하는 스트레스였다. 체육회라는 조직의 특성상 강한 행동가 기질을 가지고 있는 상사들이 많았고, 권위적이고 보수적인 성격과, 남성과 여성의 차별 등 사회적 이슈가 빈번하게 발생해서 이에 따른 스트레스를 받고 있었다.

결국 A는 취업 1년 만에 퇴사를 하게 되었고, 다른 분야로 취업하기 위한 준비를 시작했다. 취업 준비를 하면서 ICRU검사를 통해 본인의 기질을 진단하게 되었는데, 이를 통해 자신의 선호유형이 분석가 기질이고, 대체유형이

상담가 기질임을 확인하였다. 그리고 성향에 맞는 업종과 기업, 직무 분석 등을 진행했다. 이를 바탕으로 A는 자신이 성향과 맞는 복지서비스업과 공기업을 선택하였고, 직무는 사무 및 복지지원 직무를 준비하기로 했다. 이처럼 A는 본인의 성향에 맞는 업종과 기업, 직무를 선택 맞춤형 구직을 시작했고, 결국 취업에 성공했다.

수시채용이 증가하고 있는 이 시점에서 더 이상 '묻지마 지원'은 큰 의미가 없다. 본인의 성향에 맞는 맞춤형 취업 전략을 짜거나 만약 본인의 성향에서 벗어나게 되더라도 기업, 직무 맞춤형 취업 전략이 필요하다. 그래서 필자는 자신만의 선택을 할 수 있도록 영화 매트릭스의 장면 중 하나인 주인공 레오가 파란약과 빨간약을 선택하는 장면을 보여주며 상담을 시작한다.

빨간약과 파란약 중 당신의 선택은?

1999년에 상영된 영화 매트릭스는 로봇이 인간을 지배하는 미래 세상을 배경으로 한다. 인간은 로봇의 에너지 자원으로 이용되고, 인간의 오감은 통제되며 가상의 세계에 살게 된다. 이때 인간들의 구원자가 등장하는데 가상 세계에서 해커로 살아가는 네오이다. 현실 세계에서 살고 있던 모피어스는 네오에게 현실 세계로 나갈 수 있는 선택의 기회를 준다. 양손에 빨간약과 파란약을 보여주면서, 빨간약을 먹으면 현실 세계로 돌아가서 실제하는 세상에

살 수 있게 되며, 파란약을 먹으면 모든 것을 잊고 가상 세계에서 계속 살 수 있다고 이야기한다. 매트릭스 속의 네오는 빨간약을 선택하고 현실 세상의 구원자가 되는 스토리가 이어진다. 모피어스가 레오에게 빨간약과 파란약을 선택하라고 했던 장면처럼 필자는 구직자들에게 어떤 선택을 할 것인지를 묻는다.

NEO : 내가 간절히 원하는 취업 VS TOMAS : 주어진 삶에 이끌리는 취업

빨간약은 네오처럼 힘들고 어려운 환경 속에서도 꿋꿋이 이겨나가서 결국 내가 간절히 원하는 취업을 선택할 것을 의미하고, 파란약은 주어진 환경과 삶에 순응하여 이끌려지는 취업을 선택할 것을 의미한다. 여기에서 중요한 건 '선택에는 답이 없다.'는 것이다. 왜냐하면 지원자마다 살아온 환경이 다르고, 생각이 다르기 때문이다.

그러나 분명 생각해봐야 할 것은, 스스로 선택하는 삶을 살아온 사람이 드물다는 것이다. 사회적 시선, 부모님의 기대를 충족시키기 위한 삶 등 다양한 환경 속에서 구직자들은 막연하게 내가 원하는 삶이라는 착각을 하고 그저 상대방을 만족시키기 위한 선택을 해오고 있었다.

필자의 목적은 취업준비생들에게 나의 삶이 '내'가 생각해보고, '내'가 선택해서 행동하고 있는 것인지에 대해 고민할 수 있도록 하는 것이다. 또한 '내'가 선택한 것에 대한 책임감을 가지고 스스로가 더 나은 삶을 위해 노력할 수 있도록 유도하는 것이다.

빨간약과 파란약 중 어느 것을 선택했는지는 중요하지 않다. 중요한 것은 자신이 스스로 생각하고 결정해서 삶의 방향을 선택했고, 이에 대해 책임감을 가지고 살고 있다는 점이다.

이처럼 무언가를 선택하기 위해서는 ICRU와 같은 진단 도구를 활용하여 본인의 기질을 진단하고 성향과 특징에 대해서 이해하는 과정이 필요하다. 그리고 업종, 기업, 직무와 본인의 기질을 비교하며 나에게 맞는 취업 준비를 할 것인지, 아니면 주어진 환경에서 나오는 성향이 좀 다르지만, 이를 인정하고 다른 특징을 가진 업종과 기업, 직무의 성향에 맞춰가는 취업 전략을 세울 것인지 분명하게 결정해야 한다. 그렇다면 어떻게 효과적으로 ICRU를 활용해서 수시채용을 준비할 수 있을까?

첫 번째, 나의 커뮤니케이션 유형과 강점 및 약점 도출

첫 번째는 ICRU진단 도구를 활용하여 나의 유형 판단 및 강점과 약점을 도출하여, 나에 대한 이해를 먼저 해야 한다.

앞에서 확인한 나의 유형을 바탕으로 특징을 바탕으로, 강점 6개와 약점 3개를 작성한다. 작성할 때 하나의 유형별 특징만 반영하는 것이 아니라 선호 유형의 역량과 최소유형의 반대 역량을 활용하여 최적화된 강점 찾고, 최소유형의 역량을 참고하여 자신의 약점을 작성한다. 그리고 도출된 강점과 약점별로 나의 경력 및 경험의 사례를 작성하면, 자소서 작성 및 면접 대비에 효과적이고, 포트폴리오를 만드는 데 좋은 자료가 된다.

나의 커뮤니케이션 유형

※ 나의 선호유형과 최소유형의 특징을 참고해서 강점과 약점을 작성해도 됩니다.

선호유형		최소 선호유형	

• 유형의 강점

1.	2.	3.
4.	5.	6.

• 유형의 약점

1.	2.	3.

두 번째, 기업/직무의 특징 분석

두 번째는 지원하고 싶은 기업의 인재상을 키워드로 분석하고, 지원하고 싶은 직무를 ICRU의 기질적 특징에 따라 분류하여 나에게 적합한 기업인지 분석하는 것이다. 그리고 직무가 나의 기질적 특성과 맞지 않을 경우 어떻게 대처할 것인지에 대한 전략이 필요하다.

〈LG그룹 인재상 분석〉

© LG그룹 홈페이지

　본인이 지원하고자 하는 기업의 인재상, 핵심가치, 비전 등을 찾아보면서 기업에서 강조하는 핵심키워드를 분석하고, 내가 가지고 있는 강점과 비교하여 기업의 특성과 일치하는 강점을 선정한다. 그리고 추후 자기소개서 및 면접에서 나의 강점과 기업의 특징을 결합시켜 활용하고, 이를 근거로 이 기업에 맞는 사람이라는 점을 인사담당자에게 강조한다.

　예를 들어 LG그룹의 인재상은 도전하는 사람, 창의적으로 일하는 사람, 혁신하는 사람, 경쟁하는 사람이다. 검사 결과를 바탕으로 한 나의 역량을 이에 맞게 정리한 뒤, 이 중 가장 매칭이 잘되는 강점을 인사담당자에게 보여주면 기업의 맞춤형 인재라는 것을 강조할 수 있게 되는 것이다.

채용 공고의 직무 분석

본인이 지원하는 직무의 특징을 반영하여, 직무에서 필요로 하는 역량 및 기질별 선호 유형으로 분류하여 직무적합성을 체크한다. 그리고 나의 직무적합성과 비교하여 적합성이 떨어질 경우 어떻게 대처해야 할지에 대한 방안을 수립해야 한다.

© LG그룹 홈페이지

LG전자 영업 직무의 경우 ICRU의 선호 유형은 행동가(A) 기질과 상담가(E) 기질이 필요해 보인다. 따라서 구직자는 행동가 기질을 활용하여 영업성과를 향상시키기 위한 영업 전략을 수립하는 능력과 끊임없이 도전하여 성과를 끌어내려는 성향을 보여줘야 한다. 또한 상담가(E) 기질을 활용하여 B2B 기업 담당자 간의 소통, 협의 등의 역량을 경력 및 경험 사례에 녹여서 준비해야 한다. 만약 B2C 영업에 지원한다면 고객 응대 능력을 바탕으로 한 경력 및 경험 사례를 준비하는 전략이 필요하다.

반면에 본인의 유형이 직무에서 요구하는 기질적 특성과 다를 경우는 A, E 의 기질적 특성을 이해하려는 노력을 먼저 해야 한다. 다음으로 이에 맞는 경력 및 경험을 구축하는 전략과 A, E의 기질에 해당하는 여러 역량 중 자신과 일치하는 것을 최대한 활용하여 A, E와 가장 근접한 경험을 바탕으로 취업 전략을 구상하고, 직무를 잘 수행할 수 있다는 것을 인사담당자에게 전달해야 한다.

예를 들어 분석가와 행동가의 기질을 가지고 있는 지원자의 경우, 행동가 기질로 인해 성과에 대한 경력 및 경험을 효과적으로 상대방에게 보여주는 것이 가능하다. 하지만, 기업 담당자나 고객 간의 소통 및 협의에 관해서는 분석가의 기질 때문에 오히려 약점으로 보일 수 있다. 이런 경우에는 소통과 협의의 방식을 본인의 특성에 맞게 적용하여 잘 이끌어낼 수 있다는 것으로 취업 전략을 구축하면 된다. "저는 고객과 소통할 때 고객의 성향, 성격, 특징 등을 빠르게 분석하여, 고객의 니즈를 빠르게 판단하고 그에 맞는 대응을 제공하여 고객과의 소통과 협업을 끌어냅니다."와 같은 소개를 할 수 있는 것이다. 이러한 맞춤 답변을 할 수 있는 전략은 반드시 가지고 있어야 한다.

이처럼 ICRU진단 도구를 활용하면 확대되고 있는 수시채용을 전략적으로 준비할 수 있으며, 최고의 효과를 만들 수 있다. 자신만의 퍼스널 브랜드를 무기 삼아서 인사담당자들에게 왜 나를 뽑아야 하는지에 대해 충분히 설명하고 당당히 합격하기를 바란다.

끝맺는 말…

취업지킴이(강선구)

- (주) 피플앤피플 대표이사&한국직업능력개발원 (마인드잡 연구소) 원장
- 취업컨설팅 10년 차 경력(진로/취업/상담 등 1,200회 이상 강의)
- NCS 능력단위 및 채용 프로세스 개발 연구원 및 공공기관 외부면접관

책을 쓰면서 취업준비생이었던 과거의 제 모습을 떠올릴 수 있었습니다. 지금처럼 취업에 관한 정보를 쉽게 얻을 수 없는 상태에서 막연히 남들만큼 스펙을 갖춰놔야 한다는 생각에 하루하루가 두려웠습니다. 그러다 보니 미래를 위한 취업이 아니라, '대기업=취업' 성공이라는 생각으로 첫 사회생활을 시작했습니다. 수시채용, AI면접 도입 등의 갑작스러운 기업의 채용변화 상황에서 현재 여러분에게 필요한 것은 제대로 된 취업 정보가 아닐까 생각이 듭니다. 남들보다 뛰어나지 않은 스펙으로 취업에 성공하는 이들의 합격 비결은 진짜 취업 지식과 든든한 동반자가 있었기에 가능한 것입니다.

이 글을 읽는 모든 취업준비생이 희망을 얻고, 누군가의 러닝메이트가 되기를 바랍니다. 저 또한, 누군가의 취업(상담 및 교육)을 도울 때 '그 사람과 함께 미래를 약속한다.'를 전제하여 러닝메이트로서 길고 힘든 취업 시기를

함께 극복하고 있습니다. 사람의 변화와 성장은 생각이 변화할 때 가장 많이 일어납니다. 따라서 이 글을 읽는 저와 당신이 '함께' 성장하는 미래를 꿈꾸며 글을 마칩니다.

오비디우스(박성중)

- (주) 피플앤피플 AI면접솔루션사업팀 팀장
- 마인드잡연구소 대표 컨설턴트
- ICRU 연구소 수석 연구원
- AI면접 솔루션 특강 100회 이상 진행

지금껏 많은 취업준비생과 함께하면서 느낀 점은 마음 속의 아픔과 불안이 많고, 스스로가 만든 마음속 감옥 안에서 자신의 진짜 속마음을 꽁꽁 감추고 있다는 것입니다. 사람들 앞에서는 밝고, 괜찮은 척하면서 뒤에서 혼자 속앓이를 하는 친구들을 대부분이었어요.

그러다보니 학생들의 마음속에 내재된 부정적인 생각과 행동이 무의식적으로 자소서나 면접 답변에 담겨져서 나오는 경우가 많은데, 그 부분을 인지하지 못하는 부분이 더욱 안타까웠습니다.

이 도서를 통해서 변화하고 있는 채용 프로세스에 빠르게 대응하여 효과적인 취업 전략을 수립하고, 자신의 자존감을 조금씩 회복하면서 본인의 내재된 불안과 우울을 빨리 떨쳐내기를 바래요!

취업조로(조현빈)

- 취업컨설팅 10년 차 경력
- 대기업 경영기획팀 10년 차(대기업 現 K그룹, 前 P그룹, 前 S그룹)
- 취업(기업, 직무 등) 전문가 및 모의 면접관

취업컨설팅을 하며 약 천여 명에 이르는 취업준비생을 만났는데, 가장 많이 느끼는 감정은 안타까움입니다. 현재 어려운 취업시장에서 수많은 광탈이 여러분 탓이 아님에도 불구하고, 취준생들은 너무 심한 자책을 하곤 합니다. 수도 없는 서류 광탈, 자기소개서 10개를 제출했을 때 1개 합격도 어려운 현재의 상황, 간신히 면접에 갔는데 준비한 말도 제대로 못 하고 면접 탈락, 최종합격을 바로 앞둔 임원 면접에서 안타깝게 탈락 등의 과정을 반복하다 보면 당연히 자존감은 한없이 낮아질 수밖에 없습니다.

그런데 여러분, 지금의 취업 시장은 기업 경제가 좋지 않은 현 상황(수요의 하락)과 취준생이 많아지고, 온라인 지원으로 서류 제출에 대한 어려움이 없어지다 보니 중고신입도 많아진(공급의 증가) 영향으로 인해 수요와 공급의 불균형이 만들어져있는 상황입니다. 게다가 코로나 같은 예상치 못한 어려움이 발생하고, AI면접이나 수시채용이라는 국내에서 한 번도 경험해 본적 없는 생소한 채용 방식이 확대되고 있어 말 그대로 '유래 없는 어려움'을 겪고 있을 뿐입니다. 여러분의 역량이나, 취업에 대한 마음가짐이 남들보다 뒤쳐져서 탈락을 경험하는 것이 절대 아닙니다. 많이 힘들 수 있습니다. 그렇지만 자책은 하지 마십시오.

열심히 중 · 고등학교 학창시절을 보내고, 치열한 대학 생활까지 견뎌내며
열심히 살아온 것, 잘 알고 있습니다. 이 말을 꼭 해주고 싶습니다.

66

당신은 틀리지 않았습니다.

99

좋은 책을 만드는 길
독자님과 함께하겠습니다.

도서나 동영상에 궁금한 점, 아쉬운 점, 만족스러운 점이
있으시다면 어떤 의견이라도 말씀해 주세요.
SD에듀는 독자님의 의견을 모아 더 좋은 책으로 보답하겠습니다.

www.sdedu.co.kr

수시채용이 두렵지 않은 READY TO 취업

개정1판1쇄	2023년 01월 05일 (인쇄 2022년 09월 22일)
초 판 발 행	2020년 10월 05일 (인쇄 2019년 09월 21일)
발 행 인	박영일
책 임 편 집	이해욱
편 저	취업지킴이(강선구), 오비디우스(박성중), 취업조로(조현빈)
편 집 진 행	김지운 · 이유진
표지디자인	김지수
편집디자인	임아람 · 박서희
발 행 처	(주)시대고시기획
출 판 등 록	제 10-1521호
주 소	서울시 마포구 큰우물로 75 [도화동 538 성지 B/D] 9F
전 화	1600-3600
팩 스	02-701-8823
홈 페 이 지	www.sdedu.co.kr
I S B N	979-11-383-3285-9 (13320)
정 가	20,000원